“十四五”时期国家重点出版物出版专项规划项目
“中国山水林田湖草生态产品监测评估及绿色核算”系列丛书
王　兵 ■ 总主编

河北省张承地区
森林生态产品绿色核算与碳中和评估

鲁少波　刘　润　张卫强　牛　香
王　兵　陈立标　张洪泉　李慧杰 ■ 著

中国林业出版社
China Forestry Publishing House

审图号：冀S（2024）001号

图书在版编目（CIP）数据

河北省张承地区森林生态产品绿色核算与碳中和评估 / 鲁少波等著. -- 北京：中国林业出版社，2024.1
（"中国山水林田湖草生态产品监测评估及绿色核算"系列丛书）
ISBN 978-7-5219-2574-6

Ⅰ. ①河… Ⅱ. ①鲁… Ⅲ. ①生态经济－经济核算－研究－河北②森林资源－经济核算－研究－河北 Ⅳ. ①F127.22 ②F326.272.2

中国国家版本馆CIP数据核字（2023）第254963号

策划编辑：于界芬　于晓文
责任编辑：于晓文

出版发行　中国林业出版社（100009，北京市西城区刘海胡同7号，电话 010-83143549）
电子邮箱　cfphzbs@163.com
网　　址　www.forestry.gov.cn/lycb.html
印　　刷　河北京平诚乾印刷有限公司
版　　次　2024年1月第1版
印　　次　2024年1月第1次印刷
开　　本　889mm×1194mm　1/16
印　　张　11
字　　数　237千字
定　　价　98.00元

《河北省张承地区森林生态产品绿色核算与碳中和评估》
著者名单

项目完成单位：

河北省林业和草原调查规划设计院

中国林业科学研究院森林生态环境与自然保护研究所

中国森林生态系统定位观测研究网络（CFERN）

国家林业和草原局“典型林业生态工程效益监测评估国家创新联盟”

项目首席科学家：

王　兵　中国林业科学研究院森林生态环境与自然保护研究所

参加人员（按姓氏笔画排序）**：**

王　凤　王　圣　王　芳　王　兵　王　南　王以惠　王玉彬
王志强　王丽华　王宝雪　王贵生　王康康　王瑞英　牛　香
石君杰　史进文　史志勇　白永福　冯国锋　权建忠　刘　军
刘　润　刘　蕾　刘利斌　米高扬　安春林　许庭毓　闫　浩
李凤莲　李东胜　李红星　李雪峰　李慧杰　杨启盟　吴庆辉
佟晶伟　宋　莎　宋庆丰　张　岩　张　炜　张小婧　张卫强
张东方　张冰颖　张江涛　张宇瑶　张临春　张洪泉　张晓英
陈　波　陈占稳　陈立标　陈盈鑫　邵全琴　苗宏志　孟君朝
赵　飞　赵卫波　赵云静　赵军鹏　赵萌萌　荆华飞　侯晓凤
秦　通　秦卫国　高　扬　郭　珂　郭少波　郭双月　曹　哲
曹迎春　崔　明　彭　博　韩文玲　鲁少波　解　婷　穆孜颉

编写组成员：

鲁少波　刘　润　张卫强　牛　香　王　兵　陈立标　张洪泉
李慧杰

特别提示

1. 基于森林生态系统连续观测与清查体系（简称：生态连清体系），开展张家口市和承德市（简称“张承地区”）森林生态产品绿色核算与碳中和功能评估。张家口市包括桥东区（含张家口市经开区）、桥西区（含张家口市直林场）、宣化区、下花园区、张北县（含察北管理区）、康保县、沽源县（含塞北管理区）、尚义县、蔚县（含小五台山国家级自然保护区蔚县部分）、阳原县、怀安县、万全县、怀来县、涿鹿县（含小五台山国家级自然保护区涿鹿部分）、赤城县、崇礼区共16个区域；承德市包括双桥区（含狮子沟林场）、双滦区、鹰手营子矿区、承德县、宽城满族自治县、兴隆县（含雾灵山自然保护区）、平泉市、滦平县（含滦平国有林场）、围场满族蒙古族自治县（含御道口牧场、木兰林场、塞罕坝机械林场）、丰宁满族自治县、隆化县共11个区域。

2. 评估所采用的数据源包括：①张承地区森林资源调查更新数据：以河北省森林资源年度变化监测评价数据与第三次全国国土调查数据对接融合得到的资源数据；②森林生态系统生态连清数据集：张承地区区域内及周边陆地生态系统野外科学观测研究站长期监测数据；③社会公共数据集：国家权威部门、河北省以及张承地区公布的社会公共数据。

3. 依据国家标准《森林生态系统服务功能评估规范》（GB/T 38582—2020），按照支持服务、调节服务、供给服务和文化服务四大服务类别对张承地区森林生态系统保育土壤、林木养分固持、涵养水源、固碳释氧、净化大气环境、森林防护、生物多样性保护、林木产品供给和森林康养等9项生态系统服务功能25个指标进行评估，并将森林植被滞纳TSP、PM_{10}、$PM_{2.5}$指标进行单独核算。

4. 当现有的野外观测值不能代表同一生态单元同一目标林分类型的结构或功能时，为更准确获得这些地区生态参数，引入森林生态系统服务修正系数，以反映同一林分类型在同一区域的真实差异。

5. 书中所有地图的界线仅作参考，不作为划界依据。

凡是不符合上述条件的其他研究结果均不宜与本研究结果简单类比。

前　言

2018年5月，习近平总书记在全国生态环境保护大会上发表的重要讲话指出："生态兴则文明兴，生态衰则文明衰"。2021年，习近平总书记在参加十三届全国人大五次会议内蒙古代表团审议时，对内蒙古大兴安岭森林与湿地生态系统每年6159.74亿元的生态服务价值评估作出肯定，"你提到的这个生态总价值，就是绿色GDP的概念，说明生态本身就是价值。这里面不仅有林木本身的价值，还有绿肺效应，更能带来旅游、林下经济等。"绿水青山就是金山银山，这实际上是增值的。"

2022年3月，习近平总书记在参加首都义务植树活动时强调：森林是水库、钱库、粮库，现在应该再加上一个"碳库"。森林和草原对国家生态安全具有基础性、战略性作用，林草兴则生态兴；现在，我国生态文明建设进入了实现生态环境改善由量变到质变的关键时期。我们要坚定不移贯彻新发展理念，坚定不移走生态优先、绿色发展之路，统筹推进山水林田湖草沙一体化保护和系统治理，科学开展国土绿化，提升林草资源总量和质量，巩固和增强生态系统碳汇能力，为推动全球环境和气候治理、建设人与自然和谐共生的现代化作出更大贡献。

为深入落实习近平生态文明思想，全面贯彻党的十九大和十九届二中、三中、四中、五中全会精神，统筹推进山水林田湖草沙一体化保护和修复，服务"双碳"战略目标，进一步提升森林、草原、湿地生态系统监测和评价分析能力，国家林业和草原局发布了《关于开展国家林草生态综合监测评价工作的通知》，决定开展国家林草生态综合监测评价工作，并制定了林草生态综合监测评价体系以及技术方案和技术规程，为进一步掌握国家林草生态状况，为生态文明建设提供更加科学、精准、详实的决策依据；是用系统观念推进山水林田湖草沙综合治理、实施"双碳"战略和推动林草工作高质量发展的基础性工作。

2021年10月，国家林业和草原局发布国家林草生态综合监测站遴选名单，全国40个野外科学观测研究站成功入选。国家林草生态综合监测的实践与生态产品核算紧密相连，森林生态产品核算基于4项国家标准《森林生态系统长期定位观测研究站建设规范》（GB/T 40053—2021）、《森林生态系统定位观测指标体系》（GB/T 35377—2017）、《森林生态系统长期定位观测方法》（GB/T 33027—2016）和《森林生态系统服务功能评估规范》（GB/T 38582—2020）进行，并应用森林生态系统服务连续观测与清查技术（简称"森林生态连清"）。森林生态连清技术依托CFERN实现了森林生态功能的全面监测，森林生态系统定位观测站的建立有利于实现林草生态监测数据统一采集、统一处理、综合评价，形成统一时点的林草生态综合监测评价成果，支撑林草生态网络感知系统，服务林草资源监管、林长制督查考核以及碳达峰碳中和战略。

目前，碳中和问题成为政府和社会大众关注的热点。在实现碳中和的过程中，除了提升工业碳减排能力外，增强生态系统碳汇功能也是主要手段之一，森林作为陆地生态系统的主体必将担任重要的角色。但是，由于碳汇方法学上的缺陷，我国森林生态系统碳汇能力被低估。为此，王兵研究员提出了森林全口径碳汇，即森林全口径碳汇＝森林资源碳汇（乔木林＋竹林＋特灌林）＋疏林地碳汇＋未成林造林地碳汇＋非特灌林灌木林碳汇＋苗圃地碳汇＋荒山灌丛碳汇＋城区和乡村绿化散生林木碳汇＋土壤碳汇。2021年，国家林业和草原局公布的第三期中国森林资源核算研究成果显示，我国森林全口径碳汇每年达4.34亿吨碳当量，相当于中和了2018年工业碳排放量的15.91%，且近40年来我国森林全口径碳汇量相当于中和了1978—2018年全国工业碳排放量的21.55%，起到显著的碳中和作用，对于生态文明建设整体布局具有重大的推进作用。

为更好地践行习近平总书记提出的"两山"理念和"双碳"战略目标，以及绿色发展理念，积极推动生态文明建设。张承地区森林生态产品绿色核算与碳中和评估以中国森林生态系统定位观测研究网络（CFERN）为技术依托，基于河北省森林资源年度变化监测评价数据以及第三次全国国土调查地类划分数据，结合其森林资源的实际情况，以国家标准《森林生态系统服务功能评估规范》（GB/T 38582—2020）为依据，采用分布式测算方法，选取保育土壤、林木养分固持、涵养水源、固碳释氧、净化大气环境、森林防护、生物多样性保护、林木产品供给和森林康养9项功能进行评估。评估结果显示，2020年张承地区森林系统服务功能总价值量为 2699.69 亿元 / 年。2020 年张家口市森林生态系统服务功能总价值量为 862.21 亿元 / 年，其中绿色“水库”价值量为 153.25 亿元 / 年、绿色“碳库”价值量为 109.67 亿元 / 年、绿色“氧库”价值量为 282.93 亿元 / 年、绿色“基因库”价值量为 153.87 亿元 / 年；2020 年承德市森林生态系统服务功能总价值量为 1837.48 亿元 / 年，其中绿色“水库”价值量为 427.43 亿元 / 年、绿色“碳库”价值量为 258.49 亿元 / 年、绿色“氧库”价值量为 879.64 亿元 / 年、绿色“基因库”价值量为 299.43 亿元 / 年。

张承地区森林生态产品绿色核算以直观的货币形式呈现了森林生态系统为人们提供生态产品的服务价值，用详实的数据诠释了“绿水青山就是金山银山”理念，充分反映了张承地区生态建设成果，对确定森林在生态环境建设中的主体地位和作用具有非常重要的意义，有助于推动张承地区生态效益科学量化补偿和生态 GDP 核算体系的构建，进而推进张承地区森林资源由直接产品生产为主转向生态、经济、社会三大效益统一的科学发展道路，为实现习近平总书记提出的林业工作“三增长”目标提供技术支撑，并为构建生态文明制度、全面建成小康社会、实现中华民族伟大复兴的中国梦不断创造更好的生态条件。

著 者

2023年7月

目 录

第一章

张承地区森林生态系统连续观测与清查体系

张家口市和承德市（简称“张承地区”）森林生态系统服务功能评估基于张承地区森林生态系统服务功能连续观测与清查体系（简称“森林生态连清体系”）（图 1-1），以生态地理区划为单位，依托我国现有森林生态系统定位观测研究站，采用长期定位观测技术和分布式测算方法，与张承地区森林资源调查更新数据相耦合，对张承地区森林生态系统进行全指标、全周期、全口径观测与评估。

森林生态系统服务连续观测与清查技术（简称“森林生态连清”）：是以生态地理区划为单位，以国家现有森林生态站为依托，采用长期定位观测技术和分布式测算方法，定期对同一森林生态系统进行重复观测与清查的技术，它可以配合国家森林资源连续清查，形成国家林草生态综合监测体系生态产品绿色核算与价值化实现的最新方法学。

森林生态连清体系由野外观测连清体系和分布式测算评估体系两部分组成，森林生态连清体系的内涵主要反映在这两大体系中（图 1-1）。野外观测连清体系包括观测体系布局、观测站点建设、观测标准体系和观测数据采集传输系统，是数据保证体系，其基本要求是统一测度、统一计量、统一描述。分布式测算评估体系包括分布式测算方法、测算评估指标体系、数据源耦合集成和评估公式与模型包，是精度保证体系，可以解决张承地区森林在不同地理区划中生态功能发生发展的机理与过程，明确华北暖温带落叶阔叶林及油松侧柏林区和内蒙古东部森林草原及草原地区森林植被在不同的自然因素（温度、降水量、土壤条件等）下防风固沙、涵养水源、固碳释氧、生物多样性保护和净化大气环境等功能的空间异质性以及生态系统服务功能间权衡与协同的相互关系，为进一步推进生态产品价值化实现探明空间流和辐射转化的技术途径。

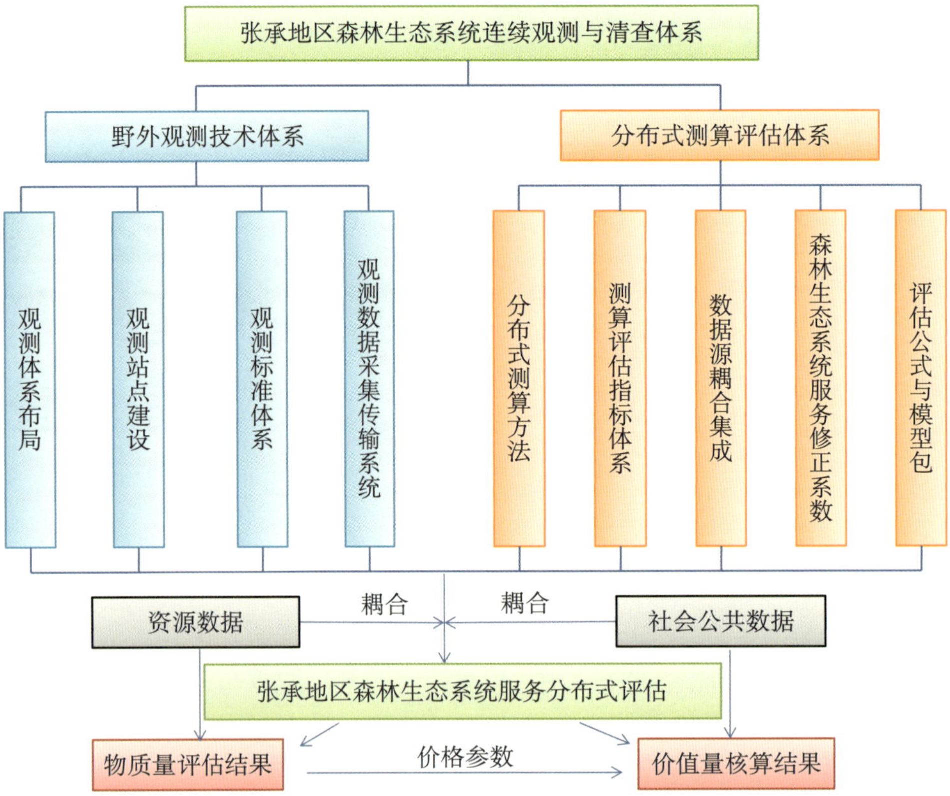

图 1-1　张承地区森林生态系统连续观测与清查体系框架

第一节　野外观测技术体系

一、张承地区森林生态系统服务监测站布局与建设

野外观测技术体系是构建森林生态连清体系的重要基础，为了做好这一基础工作，需要考虑如何构架观测体系布局。森林生态站与各类林业监测点作为张承地区森林生态系统服务监测的两大平台，在建设时坚持“统一规划、统一布局、统一建设、统一规范、统一标准、资源整合、数据共享”的原则（Angel U，2004）。

森林生态系统服务监测站的建设首先要考虑其在区域上的代表性，选择能代表该区域主要林分类型，且能表征土壤、水文及生境等特征，交通、水电等条件相对便利的典型植被区域。

森林生态系统定位观测研究站（简称“森林生态站”）：是通过在典型森林地段，建立长期观测点与监测样地，对森林生态系统的组成、结构、生产力、养分循环、水循环和能量利用等在自然状态下或某些人为活动干扰下的动态变化格局与过程进行长期定位观测，阐明森林生态系统发生、发展、演替的内在机制和自身的动态平衡，以及参与生物地球化学循环过程的长期定位观测站点。

森林生态站作为森林生态系统服务监测站，在张承地区森林生态系统服务功能评估中发挥着极其重要的作用。本次评估所采用的数据主要来源于覆盖张承地区的森林生态站及周边相同生态区位站点和监测数据，并对数据进行补充和修正（图 1-2）。目前，张承地区的森林生态站和辅助站点在布局上已经能够充分体现区位优势和地域特色（表 1-1），森林生态站布局在全省和地方等层面的典型性和重要性已经得到兼顾，并且已形成层次清晰、代表性强的森林生态站网，可以负责相关站点所属区域的森林生态连清工作，同时对张承地区森林生态系统长期监测也起到了重要的服务作用。

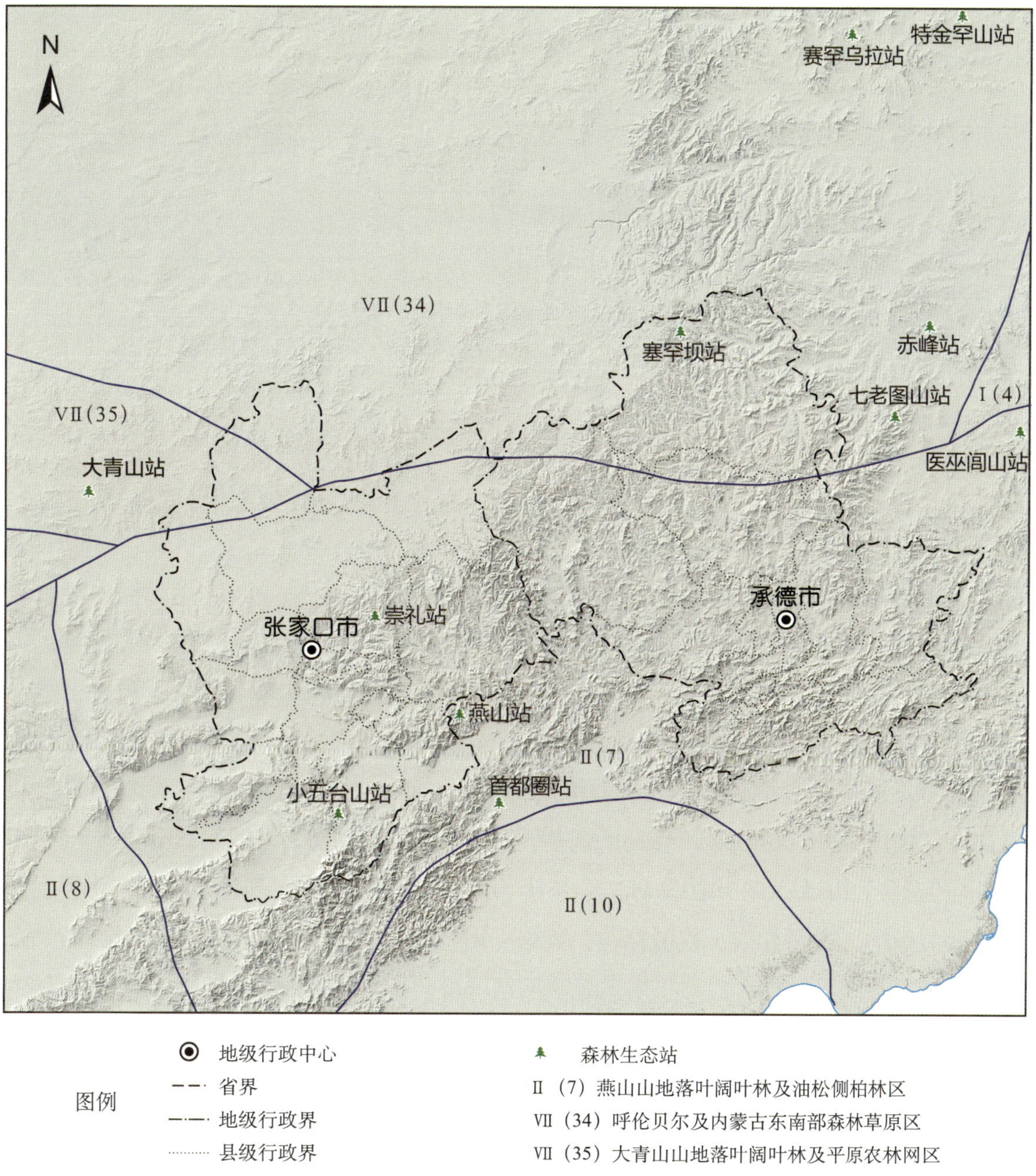

图 1-2　张承地区所处生态区森林生态站布局

表 1-1　张承地区所处生态区森林生态站基本情况

植被气候区	地带性森林植被	县（区、市）	野外科学观测站
华北暖温带落叶阔叶林及油松侧柏林区	燕山山地落叶阔叶林及油松侧柏林区	张家口市：康保、尚义、张北、沽源、崇礼、赤城、怀安、宣化、阳原、蔚县、涿鹿、怀来； 承德市：丰宁、隆化、滦平、承德、双滦、双桥、兴隆、宽城、平泉、鹰手营子矿	河北小五台山森林生态系统国家定位观测研究站
			河北崇礼森林生态系统国家定位观测研究站
			北京燕山森林生态系统国家定位观测研究站
			首都圈森林生态系统国家定位观测研究站
			内蒙古七老图山森林生态系统国家定位观测研究站
			辽宁医巫闾山野外科学观测研究站
内蒙古东部森林草原及草原地区	呼伦贝尔及内蒙古东南部森林草原区	张家口市：康保、沽源； 承德市：丰宁、围场、隆化	河北塞罕坝人工林生态系统国家野外科学观测研究站
			内蒙古赤峰森林生态系统国家定位观测研究站
			内蒙古特金罕山森林生态系统国家定位观测研究站
			内蒙古赛罕乌拉森林生态系统国家定位观测研究站
	大青山山地落叶阔叶林及平原农田林网区	张家口市：康保、尚义、张北	内蒙古大青山森林生态系统国家定位观测研究站

二、张承地区森林生态连清监测评估标准体系

由于森林生态系统长期定位观测涉及不同气候带、不同区域，范围广、类型多、领域多、影响因素复杂，这就要求在构建森林生态系统长期定位观测标准体系时，应综合考虑各方面因素，紧扣林业生产的最新需求和科研进展，既要符合当前森林生态系统长期定位观测研究的需求，又要具有良好的扩充和发展的弹性。通过长期定位观测研究经验的积累和借鉴国内外先进的野外观测理念，构建了包括四项国家标准（GB/T 33027、GB/T 35377、GB/T 38582 和 GB/T 40053）在内的森林生态系统长期定位观测标准体系（图 1-3），涵盖生态站建设、观测指标、观测方法、数据管理、数据应用等方面，确保了各生态站所提供的生态观测数据的准确性和可比性，提升了生态观测网络标准化建设和联网观测研究能力。森林生态系统服务监测站点建设、观测指标、观测方法、数据管理及数据应用的标准化保证了不同监测站点所提供的森林生态连清数据的准确性和可比性，为张承地区森林生态系统服务评估的顺利开展提供了保障（王兵，2012）。

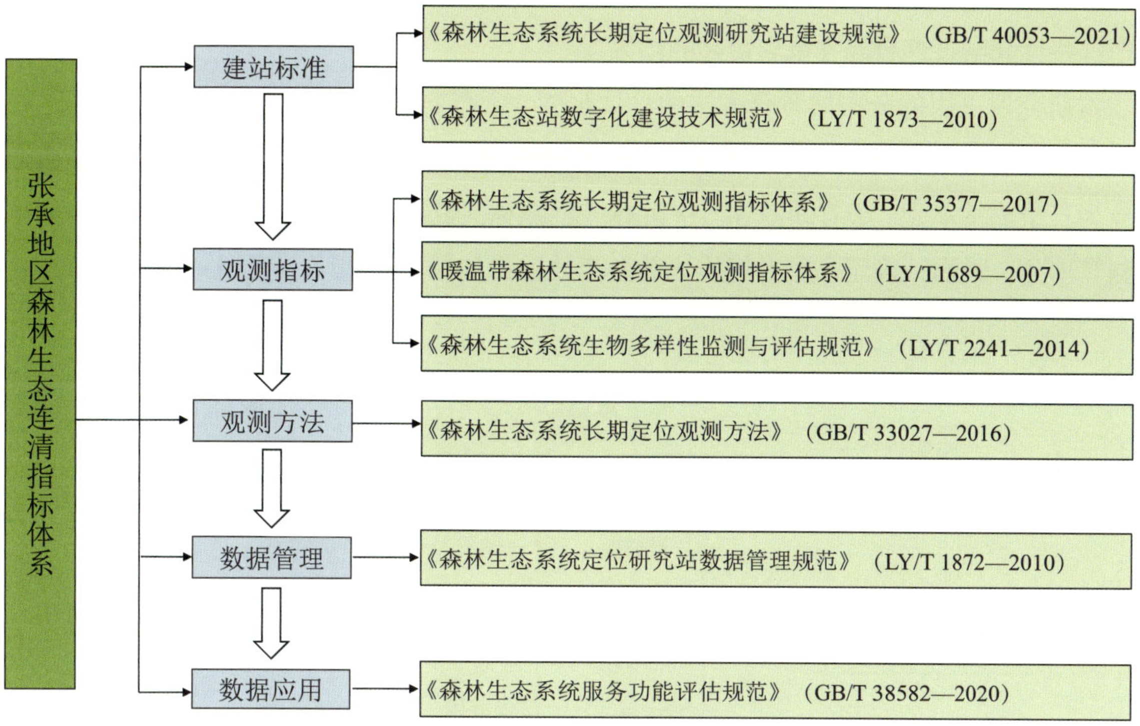

图 1-3　张承地区森林生态连清监测评估标准体系

第二节　分布式测算评估体系

一、分布式测算方法

分布式测算源于计算机科学，是研究如何把一项整体复杂的问题分割成相对独立运算的单元，并将这些单元分配给多个计算机进行处理，最后将计算结果综合起来，统一合并得出结论的一种科学计算方法（Hagit Attiya，2008）。森林生态系统服务评估是一项非常庞大、复杂的系统工程，很适合划分成多个均质化的生态测算单元开展评估。因此，分布式测算方法是目前评估森林生态系统服务所采用的一种较为科学有效的方法，通过诸多森林生态系统服务功能评估案例也证实了分布式测算方法能够保证结果的准确性及可靠性。

分布式测算方法：将复杂的生态系统服务功能测算整体过程分割成不同层次、若干个相对独立运算的均质单元，再将这些均质单元分别测算并逐级累加的一种科学测算方法。

分布式测算方法已经被用于使用世界各地成千上万位志愿者的计算机的闲置计算能力，来解决复杂的数学问题（如 GIMPS 搜索梅森素数的分布式网络计算）和研究寻找最为安全的密码系统（如 RC4）等，这些项目都很庞大，需要惊人的计算量，而分布式测算是把需要有巨大计算量才能解决的问题分成许多小块，然后将这些小块分配给许多计算机处理，最后把这些计算结果综合起来得到最终的结果。

本研究所采用的分布式测算方法的具体步骤：①将张承地区的27个县（区）划分为一级测算单元；②将15个优势树种组划分为二级测算单元；③按林分起源（人工林和天然林）划分为三级测算单元；④将幼龄林、中龄林、近熟林、成熟林和过熟林5个林龄级划分为四级测算单元。最后，确定了相对均质化的生态效益评估单元4030个（图1-4）。

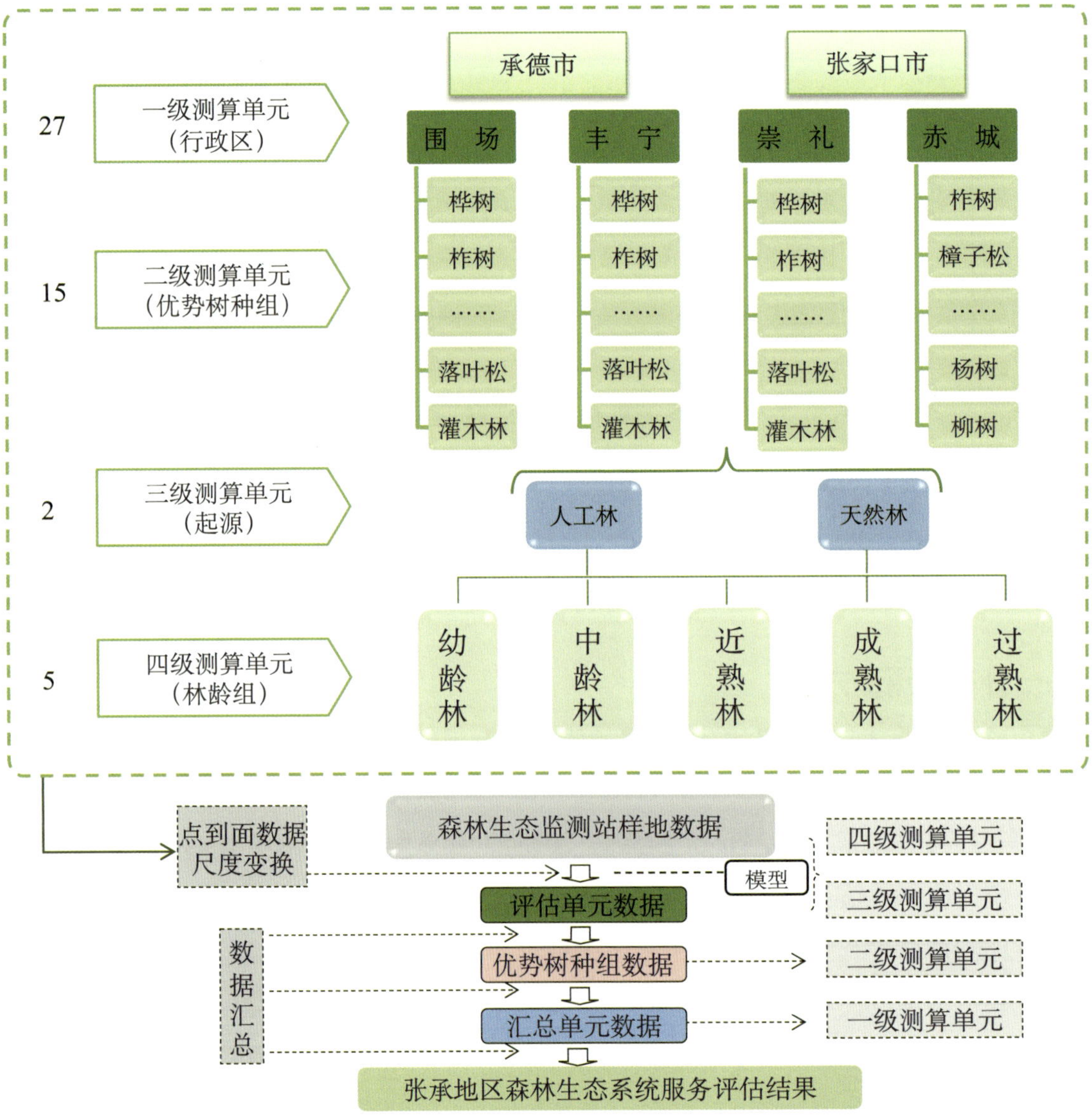

图1-4 张承地区森林生态系统服务评估分布式测算方法

基于生态系统尺度的定位实测数据，运用遥感反演、模型模拟等技术手段，进行由点到面的数据尺度转换，将点上实测数据转换至面上测算数据，得到各生态系统服务评估单元的测算数据；以上均质化的单元数据累加的结果即为张承地区森林生态系统服务功能评估结果。

二、监测评估指标体系

森林作为陆地生态系统的主体，其生态系统服务体现于生态系统和生态过程所形成的有利于人类生存与发展的生态环境条件与效用。如何真实地反映森林生态系统服务功能的效果，观测评估指标体系的建立非常重要。依据国家标准《森林生态系统服务功能评估规范》(GB/T 38582—2020)，结合张承地区森林生态系统实际情况，在满足代表性、全面性、简明性、可操作性以及适应性等原则的基础上，本研究选取的指标体系如图 1-5 所示。

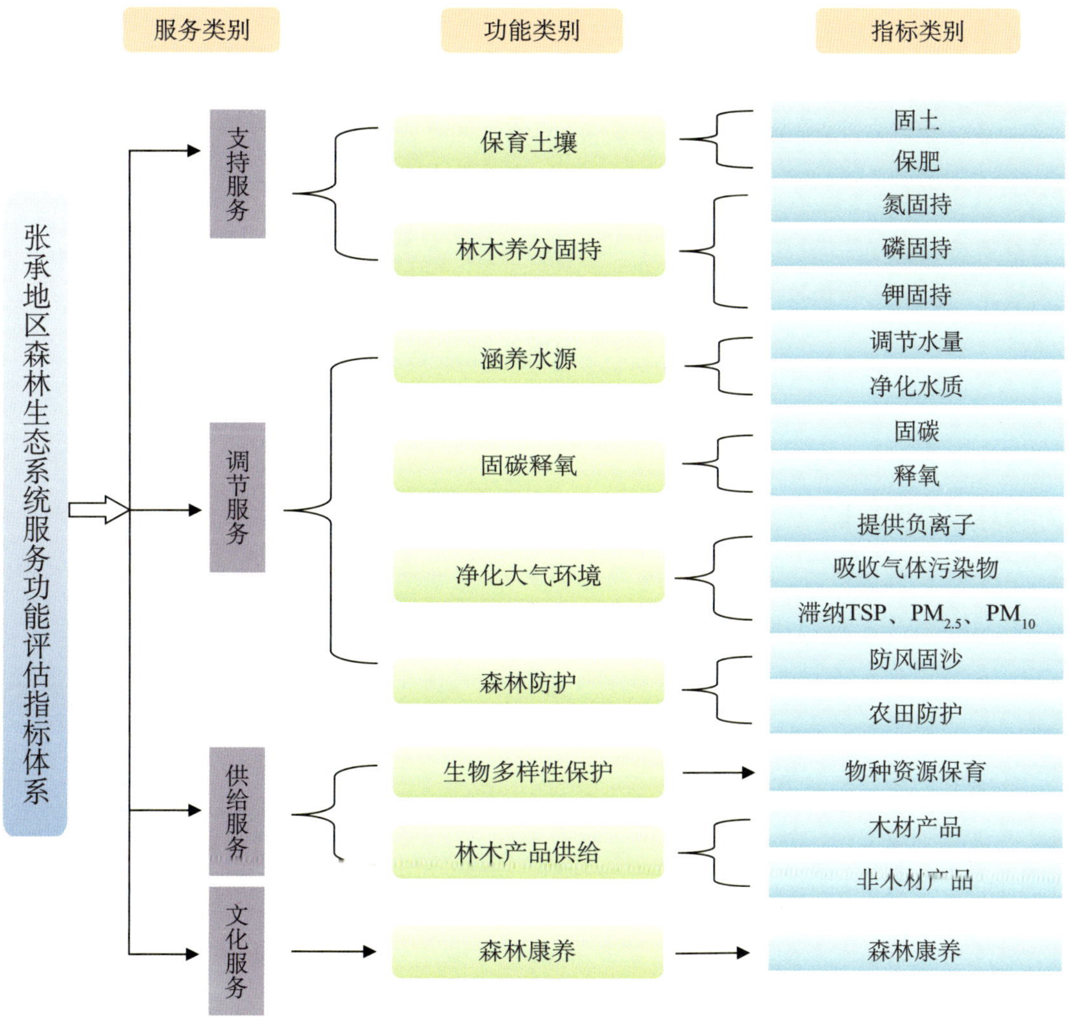

图 1-5 张承地区森林生态连清评估监测评估指标体系

三、数据来源与耦合集成

张承地区森林生态产品核算分为物质量和价值量两部分。物质量评估所需数据包括张承地区森林生态连清数据集和张承地区 2020 年森林资源调查更新数据集；价值量评估所需数据除以上两个来源外还包括社会公共数据集（图 1-6）。

资源连清数据集	• 林分面积　林分蓄积量　林分采伐消耗量
生态连清数据集	• 年降水量　林分蒸散量　非林区降水量　无林地蒸发散　森林土壤侵蚀模数　无林地土壤侵蚀模数、土壤容重　土壤含氮量　土壤有机质含量　土层厚度　土壤含钾量　泥沙容重　生物多样性指数　蓄积量/生物量　吸收二氧化硫能力　吸收氟化物能力　吸收氮氧化物能力　滞尘能力　木材密度
社会公共数据集	• 水资源市场交易价格　水质净化费用　磷酸二铵含氮量　磷酸二铵含磷量　氯化钾含钾量　磷酸二铵价格　氯化钾价格　有机质价格　二氧化碳含碳比例　碳价格　氧气价格　二氧化硫治理费用　燃煤污染收费标准　大气污染收费标准　排污收费标准

图 1-6　数据来源与集成

数据来源主要包括以下三部分：

1. 森林资源数据集

该资源数据集来源于河北省 2020 年森林资源年度变化监测评价数据与第三次全国国土调查（简称国土“三调”）对接融合后得到的资源数据。同时，森林类型划分的依据为国家标准《森林资源连续清查技术规程》（GB/T 38590—2020）。因为其来源较广，且数据类型多样化程度高，对分析张承地区森林资源具有重要的价值，所以其属于大数据范畴。

2. 森林生态连清数据集

张承地区森林生态连清数据集主要来源于张承地区及周边森林生态站以及辅助观测点的监测结果。其中，森林生态站以国家林业和草原局森林生态站为主体。同时，根据国家标准《森林生态系统长期定位观测方法》（GB/T 33027—2016）、《森林生态系统长期定位观测指标体系》（GB/ T 35377—2017）和《森林生态系统服务功能评估规范》（GB/T 38582—2020）获取张承地区森林生态连清数据。

3. 社会公共数据集

社会公共数据来源于我国权威机构所公布的社会公共数据，包括《中国水利年鉴》、《中华人民共和国水利部水利建筑工程预算定额》、《水利部水利建筑工程预算定额》、中国农业信息网（http：//www.agri.gov.cn/）、国家卫生健康委员会（http：//www.nhc.gov.cn/）、《中华人民共和国环境保护税法》、“环境保护税税目税额表”、张家口市物价局网站（https：//www.zjk.gov.cn/）、承德市物价局网站（https：//drc.chengde.gov.cn/）、《河北省水资源公报

(2021)》、《河北省水土保持公报（2021）》以及《河北省经济年鉴（2021）》等。

将上述三类数据源有机地耦合集成，应用于一系列的评估公式中，最终可以获取评估区域森林生态连清评估结果。

生态系统服务功能评估：是指采用森林生态系统长期连续定位观测数据、森林资源清查数据及社会公共数据对森林生态系统服务功能开展的实物量与价值量评估。

四、森林生态系统服务修正系数

在野外数据观测中，研究人员仅能得到观测站点附近的实测生态数据，对于无法实地观测到的数据，则需要一种方法对已经获得的参数进行修正，因此引入了森林生态系统服务修正系数。

森林生态系统服务修正系数（forest ecosystem services correction coefficient，简称 *FES-CC*）：是指评估林分生物量和实测林分生物量的比值，反映森林生态服务评估区域森林的生态质量状况，还可以通过森林生态功能的变化修正森林生态服务的变化。

森林生态系统服务价值的合理测算对绿色国民经济核算具有重要意义，社会进步程度、经济发展水平、森林资源质量等对森林生态系统服务均会产生一定影响，而森林自身结构和功能状况则是体现森林生态系统服务可持续发展的基本前提。“修正”作为一种状态，表明系统各要素之间具有相对“融洽”的关系。当用现有的野外实测值不能代表同一生态单元同一目标林分类型的结构或功能时，就需要采用森林生态系统服务修正系数客观地从生态学精度的角度反映同一林分类型在同一区域的真实差异，这是森林生态系统服务功能得以准确评估的关键。生态系统服务功能与该生态系统的生物量有密切关系。一般来说，生物量越大，生态服务功能越强。其理计算论公式如下：

$$FES\text{-}CC=\frac{B_e}{B_o}=\frac{BEF\times V}{B_o} \tag{1-1}$$

式中：$FES\text{-}CC$——森林生态系统服务修正系数（以下简称 F）；

B_e——评估林分的单位面积生物量（千克 / 立方米）；

B_o——实测林分的单位面积生物量（千克 / 立方米）；

BEF——蓄积量与生物量的转换因子；

V——评估林分蓄积量（立方米）。

生物量在张承地区森林资源二类调查结果中还没有完全统计。通过评估林分蓄积量和生物量转换因子（*BEF*）（附表 1 和附表 2），测算评估林分的生物量（方精云等，1996；Fang et al.，1998，2001）。

五、贴现率

森林生态系统服务价值量评估中，由物质量转价值量时，部分价格参数并非评估年价格参数。因此，需要使用贴现率将非评估年份价格参数换算为评估年份价格参数以计算各项功能价值量的现价，其计算公式如下：

$$t=（D_r+L_r）/2 \tag{1-2}$$

式中：t——存贷款均衡利率（%）；

D_r——银行的平均存款利率（%）；

L_r——银行的平均贷款利率（%）。

贴现率利用存贷款均衡利率，将非评估年份价格参数，逐年贴现至评估年的价格参数。贴现率的计算公式如下：

$$d=(1+t_n)(1+t_{n+1})\cdots(1+t_m) \tag{1-3}$$

式中：d——贴现率；

t——存贷款均衡利率（%）；

n——价格参数可获得年份（年）；

m——评估年份（年）。

六、核算公式与模型包

张承地区森林生态系统服务功能评估主要是从物质量和价值量的角度对各项生态服务功能进行定量评估；在价值量评估中，主要采用等效替代原则，并用替代品的价格进行等效替代核算某项评估指标的价值量。同时，在具体选取替代品的价格时应遵守权重当量平衡原则，考虑计算所得的各评估指标价值量在总价值量中所占的权重，使其保证相对平衡。

等效替代法：是当前生态环境效益经济评价中最普遍采用的一种方法，是生态系统功能物质量向价值量转化的过程中，在保证某评估指标生态功能相同的前提下，将实际的、复杂的生态问题和生态过程转化为等效的、简单的、易于研究的问题和过程来估算生态系统各项功能价值量的研究和处理方法。

权重当量平衡原则：是指生态系统服务功能价值量评估过程中，当选取某个替代品的价格进行等效替代核算某项评估指标的价值量时，应考虑计算所得的各评估指标价值量在总价值量中所占的权重，使其保持相对平衡。

（一）保育土壤

森林凭借庞大的树冠、深厚的枯枝落叶层及强壮且成网络的根系截留大气降水，减少或免遭雨滴对土壤表层的直接冲击，有效地固持土体，降低了地表径流对土壤的冲蚀，使土壤流失量大大降低。而且森林的生长发育及其代谢产物不断对土壤产生物理及化学影响，参与土体内部的能量转换与物质循环，使土壤肥力提高，森林凋落物是土壤养分的主要来源之一（图 1-7）。为此，本研究选用固土和保肥 2 个指标来反映森林保育土壤功能。

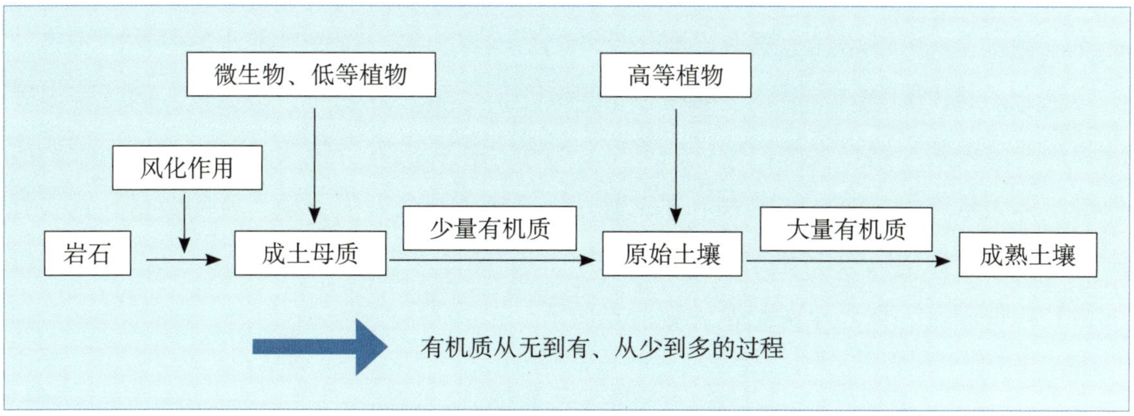

图 1-7 植被对土壤形成的作用

1. 固土指标

因为森林的固土功能是从地表土壤侵蚀程度表现出来的，所以可通过无林地土壤侵蚀程度和有林地土壤侵蚀程度之差来估算森林的保土量。该评估方法是目前国内外多数人使用并认可的。例如，日本在 1972 年、1978 年和 1991 年评估森林防止土壤泥沙侵蚀效能时，都采用了有林地与无林地之间侵蚀对比方法来计算。

（1）年固土量。林分年固土量计算公式如下：

$$G_{固土}=A\times(X_2-X_1)\times F \tag{1-4}$$

式中：$G_{固土}$——评估林分年固土量（吨 / 年）；

X_1——有林地土壤侵蚀模数 [吨 /（公顷 · 年）]；

X_2——无林地土壤侵蚀模数 [吨 /（公顷 · 年）]；

A——林分面积（公顷）；

F——森林生态系统服务修正系数。

（2）年固土价值。由于土壤侵蚀流失的泥沙淤积于水库中，减少了水库蓄积水的体积，因此本研究根据蓄水成本（替代工程法）计算林分年固土价值，计算公式如下：

$$U_{固土}=C_{固土}\times C_{土}/\rho \tag{1-5}$$

式中：$U_{固土}$——评估林分年固土价值（元/年）；

$G_{固土}$——评估林分年固土量（吨/年）；

$C_{土}$——挖取和运输单位体积土方所需费用（元/立方米）；

ρ——土壤容重（克/立方厘米）。

2. 保肥指标

林木的根系可以改善土壤结构、孔隙度和通透性等物理性状，有助于土壤形成团粒结构。在养分循环过程中，枯枝落叶层不仅减小了降水的冲刷和径流，而且还是森林生态系统归还的主要途径，可以增加土壤有机质、营养物质（氮、磷、钾等）和土壤碳库的积累，提高土壤肥力，起到保肥的作用。土壤侵蚀带走大量的土壤营养物质，根据氮、磷、钾等养分含量和森林减少的土壤损失量，可以估算出森林每年减少的养分流失量。因土壤侵蚀造成了氮、磷、钾大量流失，使土壤肥力下降，通过计算年固土量中氮、磷、钾的数量，再换算为化肥价格即为森林年保肥价值。

（1）年保肥量。林分年保肥量计算公式如下：

$$G_{氮}=A\times N\times(X_2-X_1)\times F \tag{1-6}$$

$$G_{磷}=A\times P\times(X_2-X_1)\times F \tag{1-7}$$

$$G_{钾}=A\times K\times(X_2-X_1)\times F \tag{1-8}$$

$$G_{有机质}=A\times M\times(X_2-X_1)\times F \tag{1-9}$$

式中：$G_{氮}$——评估林分固持土壤而减少的氮流失量（吨/年）；

$G_{磷}$——评估林分固持土壤而减少的磷流失量（吨/年）；

$G_{钾}$——评估林分固持土壤而减少的钾流失量（吨/年）；

$G_{有机质}$——评估林分固持土壤而减少的有机质流失量（吨/年）；

X_1——实测林分有林地土壤侵蚀模数[吨/（公顷·年）]；

X_2——无林地土壤侵蚀模数[吨/（公顷·年）]；

N——实测林分中土壤含氮量（%）；

P——实测林分中土壤含磷量（%）；

K——实测林分中土壤含钾量（%）；

M——实测林分中土壤有机质含量（%）；

A——林分面积（公顷）；

F——森林生态系统服务修正系数。

（2）年保肥价值。年固土量中氮、磷、钾的数量换算成化肥即为林分年保肥价值。本研究的林分年保肥价值以固土量中的氮、磷、钾数量折合成磷酸二铵化肥和氯化钾化肥的价值来体现。计算公式如下：

$$U_{肥}=G_{氮}\times C_1/R_1+G_{磷}\times C_1/R_2+G_{钾}\times C_2/R_3+G_{有机质}\times C_3 \tag{1-10}$$

式中：$U_{肥}$——评估林分年保肥价值（元/年）；

$G_{氮}$——评估林分固持土壤而减少的氮流失量（吨/年）；

$G_{磷}$——评估林分固持土壤而减少的磷流失量（吨/年）；

$G_{钾}$——评估林分固持土壤而减少的钾流失量（吨/年）；

$G_{有机质}$——评估林分固持土壤而减少的有机质流失量（吨/年）；

R_1——磷酸二铵化肥含氮量（%）；

R_2——磷酸二铵化肥含磷量（%）；

R_3——氯化钾化肥含钾量（%）；

C_1——磷酸二铵化肥价格（元/吨）；

C_2——氯化钾化肥价格（元/吨）；

C_3——有机质价格（元/吨）。

（二）林木养分固持

生态系统的所有生物体内贮存着各种营养元素，并通过元素循环，促使生物与非生物环境之间的元素变换，维持生态过程。有关学者指出“森林生态系统在其生长过程中不断从周围环境吸收营养元素，固定在植物体中”。本研究综合以上两个定义，认为“林木养分固持指森林植物通过生化反应，在土壤、大气、降水中吸收氮、磷、钾等养分并贮存在体内各营养器官的功能”。

这里所要测算的林木养分氮、磷、钾含量与前面述及的森林生态系统保育土壤功能中保肥的氮、磷、钾有所不同，前者是被森林植被吸收进植物体内的营养物质，后者是森林生态系统中林下土壤中所含的营养物质。因此，在测算过程中将二者区分开分别计量。

森林植被在生长过程中每年从土壤或空气中要吸收大量营养物质，如氮、磷、钾等，并贮存在植物体中。考虑到指标操作的可行性，本研究主要考虑主要养分元素氮、磷、钾三种元素物质的含量。在计算森林养分固持量时，以氮、磷、钾在植物体中的百分含量为依据，再结合中国森林森林资源清查数据及森林净生产力数据计算出张承地区森林生态系统年固持养分氮、磷、钾的总量。国内很多研究均采用了这种方法。

1. 林木养分固持量

林木固持氮、磷、钾量计算公式如下：

$$G_{氮}=A\times N_{营养}\times B_{年}\times F \tag{1-11}$$

$$G_{磷}=A\times P_{营养}\times B_{年}\times F \tag{1-12}$$

$$G_{钾}=A\times K_{营养}\times B_{年}\times F \tag{1-13}$$

式中：$G_{氮}$——评估林分年氮固持量（吨/年）；

$G_{磷}$——评估林分年磷固持量（吨/年）；

$G_{钾}$——评估林分年钾固持量（吨/年）；

$N_{营养}$——实测林木氮元素含量（%）；

$P_{营养}$——实测林木磷元素含量（%）；

$K_{营养}$——实测林木钾元素含量（%）；

$B_{年}$——实测林分年净生产力[吨/（公顷·年）]；

A——林分面积（公顷）；

F——森林生态系统服务修正系数。

2. 年林木养分固持价值

把林木养分折合成磷酸二铵化肥和氯化钾化肥方法计算林木养分固持价值，计算公式如下：

$$U_{氮}=G_{氮}\times C_1 \tag{1-14}$$

$$U_{磷}=G_{磷}\times C_1 \tag{1-15}$$

$$U_{钾}=G_{钾}\times C_2 \tag{1-16}$$

式中：$U_{氮}$——评估林分氮固持价值（元/年）；

$U_{磷}$——评估林分磷固持价值（元/年）；

$U_{钾}$——评估林分钾固持价值（元/年）；

$G_{氮}$——评估林分年氮固持量（吨/年）；

$G_{磷}$——评估林分年磷固持量（吨/年）；

$G_{钾}$——评估林分年钾固持量（吨/年）；

C_1——磷酸二铵化肥价格（元/吨）；

C_2——氯化钾化肥价格（元/吨）。

（三）涵养水源

森林涵养水源功能主要是指森林对降水的截留、吸收和贮存，将地表水转为地表径流或地下水的作用（图1-8）。主要功能表现在增加可利用水资源、净化水质和调节径流三个方面。本研究选定2个指标，即调节水量指标和净化水质指标，以反映森林的涵养水源功能。

1. 调节水量指标

（1）年调节水量。森林生态系统年调节水量计算公式如下：

$$G_{调}=10A\times（P_{水}-E-C）\times F \tag{1-17}$$

式中：$G_{调}$——评估林分年调节水量（立方米/年）；

$P_{水}$——实测林外降水量（毫米/年）；

E——实测林分蒸散量（毫米/年）；

C——实测林分地表快速径流量（毫米/年）；

A——林分面积（公顷）；

F——森林生态系统服务修正系数。

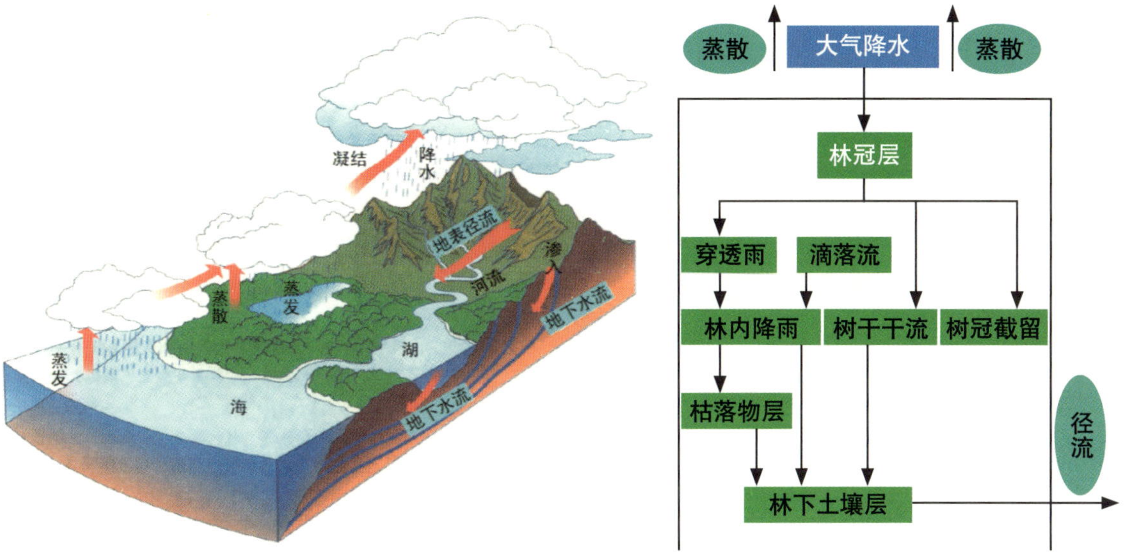

图 1-8　全球水循环及森林对降水的再分配示意

（2）年调节水量价值。森林生态系统年调节水量价值根据水库工程的蓄水成本（替代工程法）来确定，计算公式如下：

$$U_{调}=G_{调}\times C_{库} \qquad (1\text{-}18)$$

式中：$U_{调}$——评估林分年调节水量价值（元/年）；

$G_{调}$——评估林分年调节水量（立方米/年）；

$C_{库}$——水资源市场交易价格（元/立方米）。

2. 净化水质指标

（1）年净化水量。森林生态系统年净化水量采用年调节水量的计算公式如下：

$$G_{净}=10A\times(P_{水}-E-C)\times F \qquad (1\text{-}19)$$

式中：$G_{净}$——评估林分年净化水量（立方米/年）；

$P_{水}$——实测林外降水量（毫米/年）；

E——实测林分蒸散量（毫米/年）；

C——实测林分地表快速径流量（毫米/年）；

A——林分面积（公顷）；

F——森林生态系统服务修正系数。

（2）年净化水质价值。森林生态系统年净化水质价值根据河北省水污染物应纳税额计算。“应税污染物和当量值表”中，每一排放口的应税水污染物按照污染当量数从大到小排序，对第一类水污染物按照前五项征收环境保护税；对其他类水污染物按照前三项征收环境保护税；对同一排放口中的化学需氧量、生化需氧量和总有机碳，只征收一项，按三者中污染当量数最高的一项收取。计算公式如下：

$$U_{净}=G_{净}\times K_{水} \tag{1-20}$$

式中：$U_{净}$——评估林分净化水质价值（元/年）；

$G_{净}$——评估林分年净化水量（立方米/年）；

$K_{水}$——水的净化费用（元/年）。

（四）固碳释氧

森林与大气的物质交换主要是二氧化碳与氧气的交换，即森林固定并减少大气中的二氧化碳并增加大气中的氧气（图1-9），这对维持大气中的二氧化碳和氧气动态平衡、减少温室效应以及为人类提供生存的基础都有巨大和不可替代的作用。为此，本研究选用固碳、释氧2个指标反映森林生态系统固碳释氧功能。根据光合作用化学反应式，森林植被每积累1.00克干物质，可以吸收（固定）1.63克二氧化碳，释放1.19克氧气。本研究通过森林的固碳（植被固碳和土壤固碳）功能和释氧功能2个指标计量固碳释氧物质量。

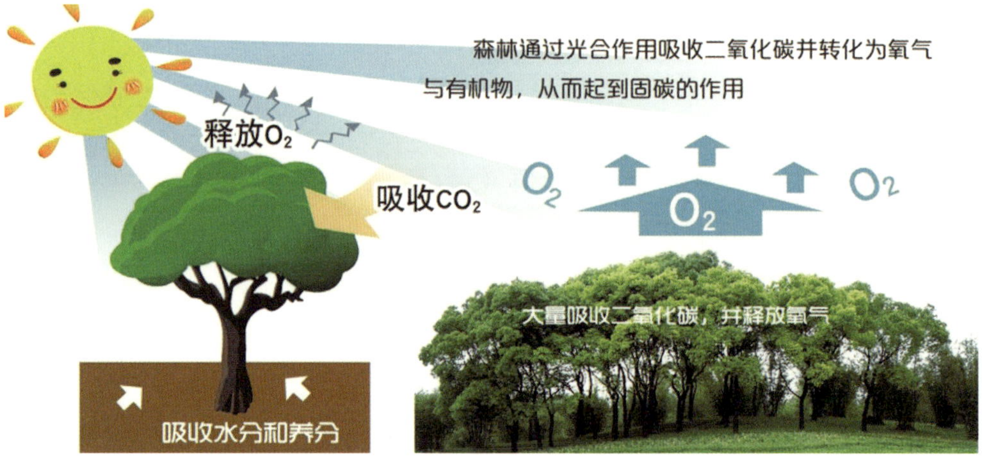

图1-9　森林生态系统固碳释氧作用

1. 固碳指标

根据光合作用和呼吸作用方程式确定森林每年生产1吨干物质固定吸收二氧化碳的量，再根据树种的年净初级生产力计算出森林每年固定二氧化碳的总量。

（1）植被和土壤年固碳量。计算公式如下：

$$G_{碳}=G_{植被固碳}+G_{土壤固碳} \tag{1-21}$$

$$G_{植被固碳}=1.63R_{碳} \times A \times B_{年} \times F \tag{1-22}$$

$$G_{土壤固碳}=A \times S_{土壤} \times F \tag{1-23}$$

式中：$G_{碳}$——评估林分年固碳量（吨 / 年）；

$G_{植被固碳}$——评估林分年植被固碳量（吨 / 年）；

$G_{土壤固碳}$——评估林分年土壤固碳量（吨 / 年）；

$R_{碳}$——二氧化碳中碳的含量，为 27.27%；

$B_{年}$——实测林分净生产力 [吨 /（公顷 · 年）]；

$S_{土壤碳}$——单位面积实测林分土壤的固碳量 [吨 /（公顷 · 年）]；

A——林分面积（公顷）；

F——森林生态系统服务修正系数。

公式计算得出森林的潜在年固碳量，再从其中减去由于森林年采伐造成的生物量移出从而损失的碳量，即为森林的实际年固碳量。

（2）年固碳价值。鉴于我国实施温室气体排放税收制度，并对二氧化碳的排放征税。因此，采用中国碳交易市场碳税价格加权平均值进行评估。林分植被和土壤年固碳价值的计算公式如下：

$$U_{碳}=G_{碳} \times C_{碳} \tag{1-24}$$

式中：$U_{碳}$——评估林分年固碳价值（元 / 年）；

$G_{碳}$——评估林分年固碳量（吨 / 年）；

$C_{碳}$——固碳价格（元 / 吨）。

公式得出森林的潜在年固碳价值，再从其中减去由于森林年采伐消耗量造成的碳损失，即为森林的实际年固碳价值。

2. 释氧指标

（1）年释氧量。计算公式如下：

$$G_{氧}=1.19A \times B_{年} \times F \tag{1-25}$$

式中：$G_{氧}$——评估林分年释氧量（吨 / 年）；

$B_{年}$——实测林分净生产力 [吨 /（公顷 · 年）]；

A——林分面积（公顷）；

F——森林生态系统服务修正系数。

（2）年释氧价值。因为价值量的评估属经济的范畴，是市场化、货币化的体现。因此，本研究采用国家权威部门公布的氧气商品价格计算森林的年释氧价值。计算公式如下：

$$U_{氧}=G_{氧}\times C_{氧} \tag{1-26}$$

式中：$U_{氧}$——评估林分年释氧价值（元/年）；

$G_{氧}$——评估林分年释氧量（吨/年）；

$C_{氧}$——制造氧气的价格（元/吨）。

（五）净化大气环境

森林提供负离子：是指森林的树冠、枝叶的尖端放电以及光合作用过程的光电效应促使空气电解，产生空气负离子，同时森林植被释放的挥发性物质，如植物精气等也能促进空气电离，增加空气负离子浓度。

森林滞纳空气颗粒物：是指由于森林增加地表粗糙度，降低风速从而提高空气颗粒物的沉降几率，同时，植物叶片结构特征的理化特性为颗粒物的附着提供了有利的条件；此外，枝、叶、茎还能够通过气孔和皮孔滞纳空气颗粒物。

空气质量状况是民众和政府部门的关注焦点，大气颗粒物（如 PM_{10}、$PM_{2.5}$）被认为是造成雾霾天气的罪魁出现在人们的视野中。如何控制大气污染、改善空气质量成为科学研究的热点。如何控制大气污染、改善空气质量成为众多科学家研究的热点。

森林能有效吸收有害气体、滞纳粉尘、提供负离子、降低噪声、降温增湿等，从而起到净化大气环境的作用（图 1-10）。为此，本研究选取提供负离子、吸收污染物（二氧化硫、氟化物和氮氧化物）、滞纳 TSP、PM_{10}、$PM_{2.5}$ 等指标反映森林的净化大气环境能力。

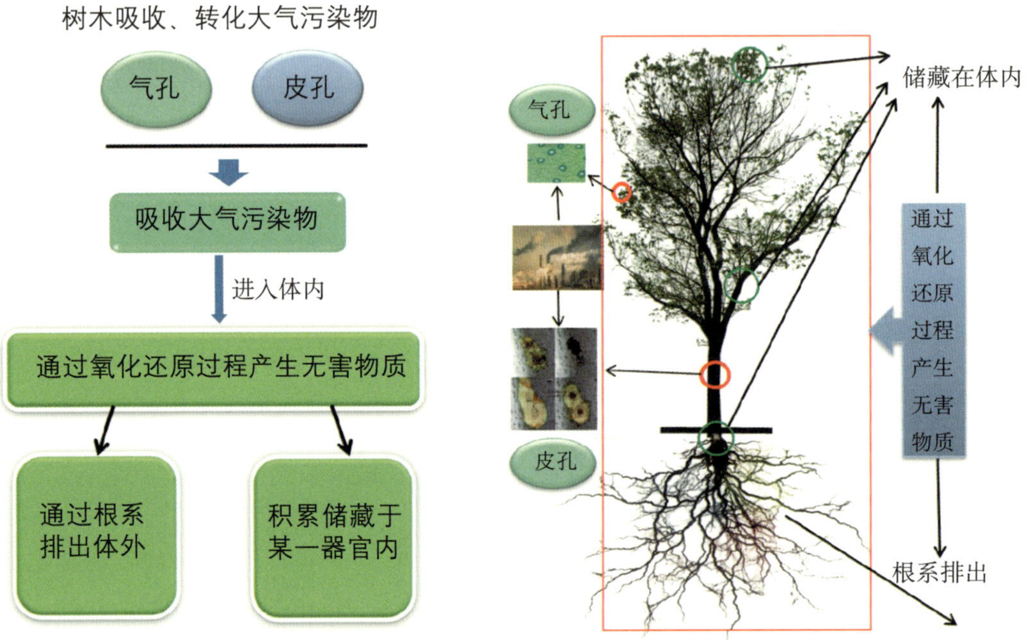

图 1-10 树木吸收空气污染物示意

1. 提供负离子指标

（1）年提供负离子量。计算公式如下：

$$G_{负离子}=5.256\times10^{15}\times Q_{负离子}\times A\times H\times F/L \tag{1-27}$$

式中：$G_{负离子}$——评估林分年提供负离子个数（个/年）；

$Q_{负离子}$——实测林分负离子浓度（个/立方厘米）；

H——实测林分高度（米）；

L——负离子寿命（分钟）；

A——林分面积（公顷）；

F——森林生态系统服务修正系数。

（2）年提供负离子价值。国内外研究证明，当空气中负离子达到 600 个/立方厘米以上时，才能有益人体健康，所以林分年提供负离子价值采用的计算公式如下：

$$U_{负离子}=5.256\times10^{15}\times A\times H\times F\times K_{负离子}\ (Q_{负离子}-600)\ /L \tag{1-28}$$

式中：$U_{负离子}$——评估林分年提供负离子价值（元/年）；

$K_{负离子}$——负离子生产费用（元/10^{18}个）；

$Q_{负离子}$——实测林分负离子浓度（个/立方厘米）；

L——负离子寿命（分钟）；

H——实测林分高度（米）；

A——林分面积（公顷）；

F——森林生态系统服务修正系数。

2. 吸收气体污染物指标

二氧化硫、氟化物和氮氧化物是大气污染物的主要物质（图 1-11）。因此，本研究选取森林吸收二氧化硫、氟化物和氮氧化物 3 个指标核算森林吸收污染物的能力。森林对二氧化硫、氟化物和氮氧化物的吸收，可使用面积—吸收能力法、阈值法、叶干质量估算法等。本研究采用面积—吸收能力法核算森林吸收污染物的总量，采用应税污染物法评估价值量。

（1）吸收二氧化硫。主要计算林分年吸收二氧化硫的物质量和价值量。

①林分年吸收二氧化硫量计算公式如下：

$$G_{二氧化硫}=Q_{二氧化硫}\times A\times F/1000 \tag{1-29}$$

式中：$G_{二氧化硫}$——评估林分年吸收二氧化硫量（吨/年）；

$Q_{二氧化硫}$——单位面积实测林分吸收二氧化硫量[千克/（公顷·年）]；

A——林分面积（公顷）；

F——森林生态系统服务修正系数。

②林分年吸收二氧化硫价值计算公式如下：

$$U_{二氧化硫}=G_{二氧化硫}\times K_{二氧化硫} \tag{1-30}$$

式中：$U_{二氧化硫}$——评估林分年吸收二氧化硫价值（元/年）；

$G_{二氧化硫}$——评估林分年吸收二氧化硫量（吨/年）；

$K_{二氧化硫}$——二氧化硫的治理费用（元/千克）。

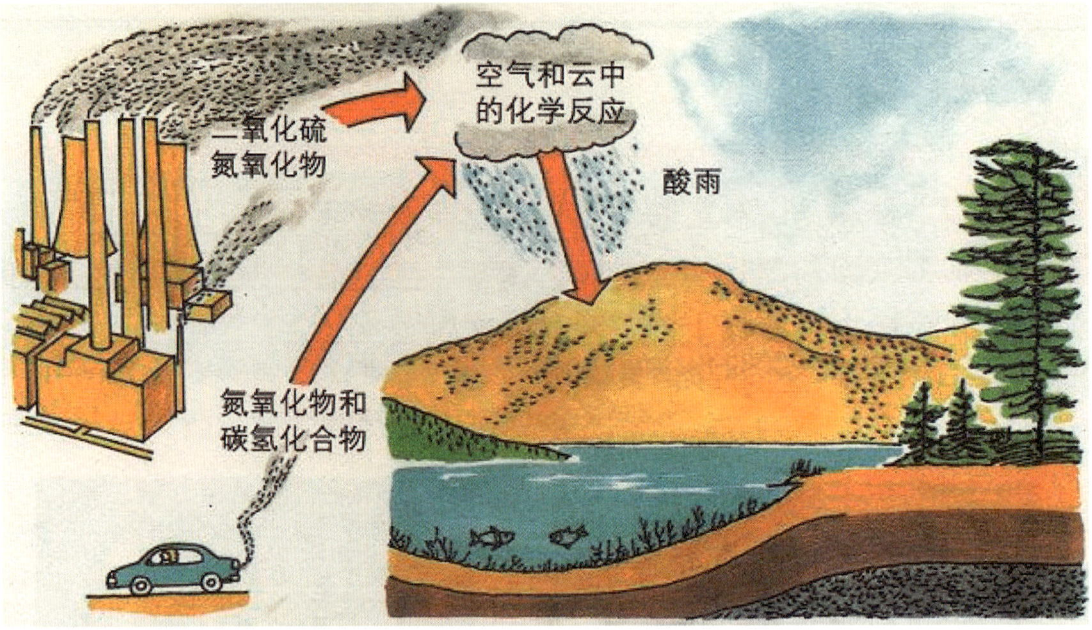

图 1-11　污染气体的来源及危害

（2）吸收氟化物。

①林分年吸收氟化物量计算公式如下：

$$G_{氟化物}=Q_{氟化物}\times A\times F/1000 \tag{1-31}$$

式中：$G_{氟化物}$——评估林分年吸收氟化物量（吨/年）；

$Q_{氟化物}$——单位面积实测林分年吸收氟化物量[千克/（公顷·年）]；

A——林分面积（公顷）；

F——森林生态系统服务修正系数。

②林分年吸收氟化物价值公式如下：

$$U_{氟化物}=G_{氟化物}\times K_{氟化物} \tag{1-32}$$

式中：$U_{氟化物}$——评估林分年吸收氟化物价值（元/年）；

$G_{氟化物}$——评估林分年吸收氟化物量（吨/年）；

$K_{氟化物}$——氟化物治理费用（元/千克）。

（3）吸收氮氧化物。

①林分年氮氧化物吸收量计算公式如下：

$$G_{氮氧化物}=Q_{氮氧化物}\times A\times F/1000 \tag{1-33}$$

式中：$G_{氮氧化物}$——评估林分年吸收氮氧化物量（吨/年）；

$Q_{氮氧化物}$——单位面积实测林分年吸收氮氧化物量[千克/（公顷·年）]；

A——林分面积（公顷）；

F——森林生态系统服务修正系数。

②林分年吸收氮氧化物价值计算公式如下：

$$U_{氮氧化物}=G_{氮氧化物}\times K_{氮氧化物} \tag{1-34}$$

式中：$U_{氮氧化物}$——评估林分年吸收氮氧化物价值（元/年）；

$G_{氮氧化物}$——评估林分年吸收氮氧化物量（吨/年）；

$K_{氮氧化物}$——氮氧化物治理费用（元/千克）。

3. 滞尘指标

森林有阻挡、过滤和吸附粉尘的作用，可提高空气质量。因此，滞尘功能是森林生态系统重要的服务功能之一。鉴于近年来人们对 PM_{10} 和 $PM_{2.5}$（图 1-12）的关注，本研究在评估总滞尘量及其价值的基础上，将 PM_{10} 和 $PM_{2.5}$ 从总滞尘量中分离出来进行单独的物质量和价值量评估。

（1）年总滞纳 TSP 量。计算公式如下：

$$G_{TSP}=Q_{TSP}\times A\times F/1000 \tag{1-35}$$

式中：G_{TSP}——评估林分年潜在滞纳 TSP（总悬浮颗粒物）量（吨/年）；

Q_{TSP}——实测林分单位面积年滞滞纳 TSP 量[千克/（公顷·年）]；

A——林分面积（公顷）；

F——森林生态系统服务修正系数。

（2）年滞尘价值。本研究用应税污染物法计算林分滞纳 PM_{10} 和 $PM_{2.5}$ 的价值。其中，PM_{10} 和 $PM_{2.5}$ 采用炭黑尘（粒径 0.4 ~ 1 微米）污染当量值结合应税额度进行核算。林分滞纳其余颗粒物的价值一般性粉尘（粒径＜ 75 微米）污染当量值结合应税额度进行核算。计算公式如下：

$$U_{滞尘}=(G_{TSP}-G_{PM_{10}}-G_{PM_{2.5}})\times K_{TSP}+U_{PM_{10}}+U_{PM_{2.5}} \tag{1-36}$$

式中：$U_{滞尘}$——评估林分年潜在滞尘价值（元/年）；

G_{TSP}——评估林分年潜在滞纳 TSP（总悬浮颗粒物）量（吨/年）；

$G_{PM_{2.5}}$——评估林分年潜在滞纳 $PM_{2.5}$ 的量（千克/年）；

$G_{PM_{10}}$——评估林分年潜在滞纳 PM_{10} 的量（千克/年）；

$U_{PM_{10}}$——评估林分年滞纳 PM_{10} 的价值（元/年）；

$U_{PM_{2.5}}$——评估林分年滞纳 $PM_{2.5}$ 的价值（元/年）；

K_{TSP}——降尘清理费用（元/千克）。

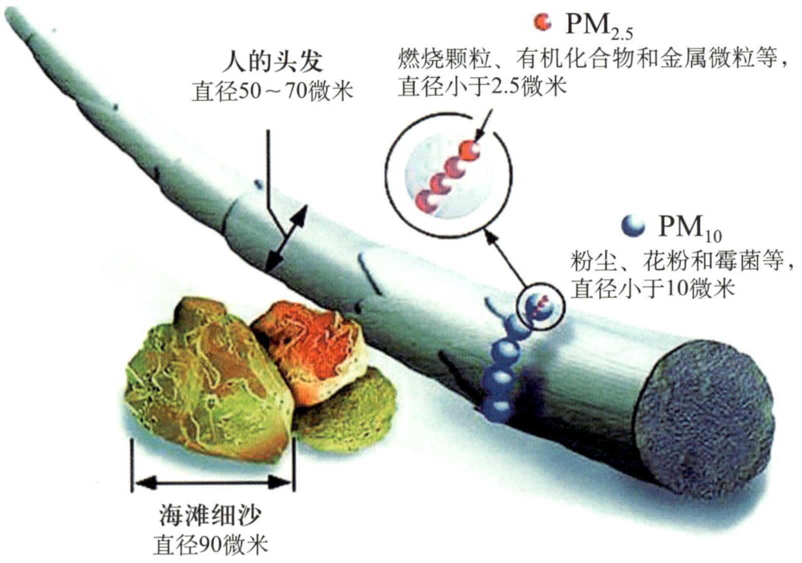

图 1-12 $PM_{2.5}$ 颗粒直径示意

4. 吸滞 $PM_{2.5}$

（1）年滞纳 $PM_{2.5}$ 量。计算公式如下：

$$G_{PM_{2.5}}=10\times Q_{PM_{2.5}}\times A\times n\times F\times LAI \tag{1-37}$$

式中：$G_{PM_{2.5}}$——评估林分年潜在滞纳 $PM_{2.5}$（直径≤ 2.5 微米的可吸入颗粒物）的量（千克/年）；

$Q_{PM_{2.5}}$——实测林分单位叶面积滞纳 $PM_{2.5}$ 量（克/平方米）；

A——林分面积（公顷）；

n——年洗脱次数；

LAI——叶面积指数；

F——森林生态系统服务修正系数。

（2）年滞纳 $PM_{2.5}$ 价值。计算公式如下：

$$U_{PM_{2.5}}=G_{PM_{2.5}}\times C_{PM_{2.5}} \tag{1-38}$$

式中：$U_{PM_{2.5}}$——评估林分年滞纳 $PM_{2.5}$ 价值（元/年）；

$G_{PM_{2.5}}$——评估林分年潜在滞纳 $PM_{2.5}$ 的量（千克/年）；

$C_{PM_{2.5}}$——税额（元）。

5. 滞纳 PM_{10}

（1）年滞纳 PM_{10} 量。计算公式如下：

$$G_{PM_{10}}=10\times Q_{PM_{10}}\times A\times n\times F\times LAI \tag{1-39}$$

式中：$G_{PM_{10}}$——评估林分年潜在滞纳 PM_{10}(直径≤10 微米的可吸入颗粒物)量(千克/年)；

$Q_{PM_{10}}$——实测林分单位叶面积滞纳 PM_{10} 量（克/平方米）；

A——林分面积（公顷）；

F——森林生态系统服务修正系数；

n——年洗脱次数；

LAI——叶面积指数。

（2）年滞纳 PM_{10} 价值。计算公式如下：

$$U_{PM_{10}}=G_{PM_{10}}\times C_{PM_{10}} \tag{1-40}$$

式中：$U_{PM_{10}}$——实测林分年滞纳 PM_{10} 价值（元/年）；

$G_{PM_{10}}$——评估林分年潜在滞纳 PM_{10} 量（千克/年）；

$C_{PM_{10}}$——税额（元）。

（六）森林防护

植被根系能够固定土壤，改善土壤结构，降低土壤的裸露程度；植被地上部分能够增加地表粗糙程度，降低风速，阻截风沙。地上地下的共同作用能够减弱风的强度和携沙能力，减少因风蚀导致的土壤流失和风沙危害。

1. 防风固沙量

计算公式如下：

$$G_{防风固沙}=A_{防风固沙}\times (Y_2-Y_1)\times F \tag{1-41}$$

式中：$G_{防风固沙}$——评估林分防风固沙量（吨/年）；

Y_1——有林地风蚀模数[吨/（公顷·年）]；

Y_2——无林地风蚀模数[吨/（公顷·年）]；

$A_{防风固沙}$——防风固沙林面积（公顷）；

F——森林生态系统服务修正系数。

2. 防风固沙价值

计算公式如下：

$$U_{防风固沙}=K_{防风固沙}\times G_{防风固沙} \tag{1-42}$$

式中：$U_{防风固沙}$——评估林分防风固沙价值量（元/年）；

$G_{防风固沙}$——评估林分防风固沙量（吨/年）；

$K_{防风固沙}$——固沙成本（元/吨）。

3. 农田防护价值

计算公式如下：

$$U_{农田防护}=K_a\times V_a\times m_a\times A_{农} \tag{1-43}$$

式中：$U_{农田防护}$——评估林分农田防护功能的价值量（元/年）；

K_a——平均1公顷农田防护林能够实现农田防护面积19公顷；

V_a——农作物、牧草的价格（元/千克）；

m_a——农作物、牧草平均增产量[千克/（公顷·年）]；

$A_{农}$——农田防护林面积（公顷）。

（七）生物多样性保护

生物多样性维护了自然界的生态平衡，并为人类的生存提供了良好的环境条件。生物多样性是生态系统不可缺少的组成部分，对生态系统服务的发挥具有十分重要的作用。Shannon-Wiener 指数是反映森林中物种的丰富度和分布均匀程度的经典指标。传统 Shannon-Wiener 指数对生物多样性保护等级的界定不够全面。本研究增加濒危指数、特有种指数以及古树年龄指数对生物多样性保护价值进行核算，以利于生物资源的合理利用和相关部门保护工作的合理分配。

修正后的生物多样性保护功能计算公式如下：

$$U_{总}=(1+0.1\sum_{m=1}^{x}E_m+0.1\sum_{n=1}^{y}B_n+0.1\sum_{r=1}^{z}O_r)\times S_{生}\times A \tag{1-44}$$

式中：$U_{总}$——评估林分年生物多样性保护价值（元/年）；

E_m——评估林分或区域内物种 m 的濒危指数（表1-2）；

B_n——评估林分或区域内物种 n 的特有种指数（表1-3）；

O_r——评估林分或区域内物种 r 的古树年龄指数（表1-4）；

x——计算珍稀濒危指数物种数量；

y——计算特有种物种数量；

z——计算古树物种数量；

$S_{生}$——单位面积物种资源保育价值［元/（公顷·年）］；

A——林分面积（公顷）。

本研究根据 Shannon-Wiener 指数计算生物多样性保护价值，共划分 7 个等级：

当指数 <1 时，$S_{生}$为 3000［元/（公顷·年）］；

当 1 ≤指数＜ 2 时，$S_{生}$为 5000［元/（公顷·年）］；

当 2 ≤指数＜ 3 时，$S_{生}$为 10000［元/（公顷·年）］；

当 3 ≤指数＜ 4 时，$S_{生}$为 20000［元/（公顷·年）］；

当 4 ≤指数＜ 5 时，$S_{生}$为 30000［元/（公顷·年）］；

当 5 ≤指数＜ 6 时，$S_{生}$为 40000［元/（公顷·年）］；

当指数≥ 6 时，$S_{生}$为 50000［元/（公顷·年）］。

表 1-2 物种濒危指数体系

濒危指数	濒危等级	物种种类
4	极危	参见《中国物种红色名录》第一卷：红色名录
3	濒危	
2	易危	
1	近危	

表 1-3 特有种指数体系

特有种指数	分布范围
4	仅限于范围不大的山峰或特殊的自然地理环境下分布
3	仅限于某些较大的自然地理环境下分布的类群，如仅分布于较大的海岛（岛屿）、高原、若干个山脉等
2	仅限于某个大陆分布的分类群
1	至少在2个大陆都有分布的分类群
0	世界广布的分类群

注：参见《植物特有现象的量化》（苏志尧，1999）。

表 1-4 古树年龄指数体系

古树年龄	指数等级	来源及依据
100～299年	1	参见2011年，全国绿化委员会、国家林业局《关于开展古树名木普查建档工作的通知》
300～499年	2	
≥500年	3	

（八）林木产品供给

1. 木材产品价值

计算公式如下：

$$U_{\text{木材产品}}=\sum_{i}(A_i \times S_i \times U_i)\ (i=1,\ 2,\ \cdots,\ n) \tag{1-45}$$

式中：$U_{\text{木材产品}}$——年木材产品价值（元/年）；

A_i——第 i 种木材产品面积（公顷）；

S_i——第 i 种木材产品单位面积蓄积量［立方米/（公顷·年）］；

U_i——第 i 种木材产品市场价格（元/立方米）。

2. 非木材产品价值

计算公式如下：

$$U_{\text{非木材产品}}=\sum_{j}^{n}(A_j \times V_j \times P_j)\ (j=1,\ 2,\ \cdots,\ n) \tag{1-46}$$

式中：$U_{\text{非木材产品}}$——年非木材产品价值（元/年）；

A_j——第 j 种非木材产品种植面积（公顷）；

V_j——第 j 种非木材产品单位面积产量［千克/（公顷·年）］；

P_j——第 j 种非木材产品市场价格（元/千克）。

（九）森林康养

森林康养是指森林生态系统为人类提供休闲和娱乐场所所产生的价值，包括直接产值和带动的其他产业产值。直接产值采用林业旅游与休闲产值替代法进行核算。计算公式如下：

$$U_{\text{康养}}=(U_{\text{直接}}+U_{\text{间接}})\times 0.8 \tag{1-47}$$

式中：$U_{\text{康养}}$——森林康养价值量（元/年）

$U_{\text{直接}}$——林业旅游与休闲产值，按照直接产值对待（元/年）；

$U_{\text{间接}}$——林业旅游与休闲带动的其他产业产值（元/年）；

0.8——森林公园接待游客量和创造的旅游产值约占森林旅游总规模的百分比。

（十）森林生态系统服务功能总价值评估

森林生态系统服务功能总价值为上述各分项生态系统服务价值之和，计算公式如下：

$$U_I=\sum_{i=1}^{25}U_i \tag{1-48}$$

式中：U_I——森林生态系统服务总价值（元/年）；

U_i——森林生态系统服务各分项年价值（元/年）。

第二章

张承地区绿色生态屏障

生态屏障是处于某特定区域的复合生态系统，并具有一定的空间效应，这种空间效应可称为生态屏障效应。开展生态屏障功能研究可识别生态系统服务的受益区范围，揭示不同服务功能的流动路径，并建立基于生态系统服务流的区域生态补偿框架，为跨区域生态补偿政策提供科学依据。

第一节　生态屏障概况

生态屏障结构和功能符合人类生存和发展的生态要求，并且能够影响生态系统服务流动方向和范围，具有一定的空间跨度，在空间上呈封闭或半封闭分布状态保障区域或国家生态安全区（王玉宽等，2005；傅伯杰，2017；李双成等，2020）。一旦生态屏障的生态环境遭到破坏，脆弱的生态系统所提供的生态服务不仅不能满足当地需求，甚至会对周边及下游的生态环境造成一定的危害。

一、生态屏障的区位特征

张承地区位于河北省北部东经 113°50′ ~ 119°15′、北纬 39°18′ ~ 42°37′（图 2-1），地处森林—草原过渡带，毗邻农牧交错区；地势呈西北高、东南低，涵盖坝上高原、冀北山地以及冀西北黄土丘陵 3 种地貌类型，气候干燥，多大风，沙漠化敏感性程度极高。该区域属温带大陆性季风气候区，坝上高原多年平均降水量为 300 ~ 400 毫米，年平均蒸发量为 1400 ~ 1700 毫米，年平均气温为 -1 ~ 2℃，年平均 8 级以上大风日数在 60 天以上，最大风速可达 30 米 / 秒，坝下山地气候受地形和纬度影响，由北到南温度逐渐增高，多年平均降水量为430～600毫米，年平均气温为5～9℃。张家口市境内分布有海河流域的永定河、潮白河、大清河、滦河和内陆河5大水系，承德市境内有滦河、北三河（潮白河、白河、蓟运河）、辽河和大凌河4大水系，区域内河流众多，水资源丰富。

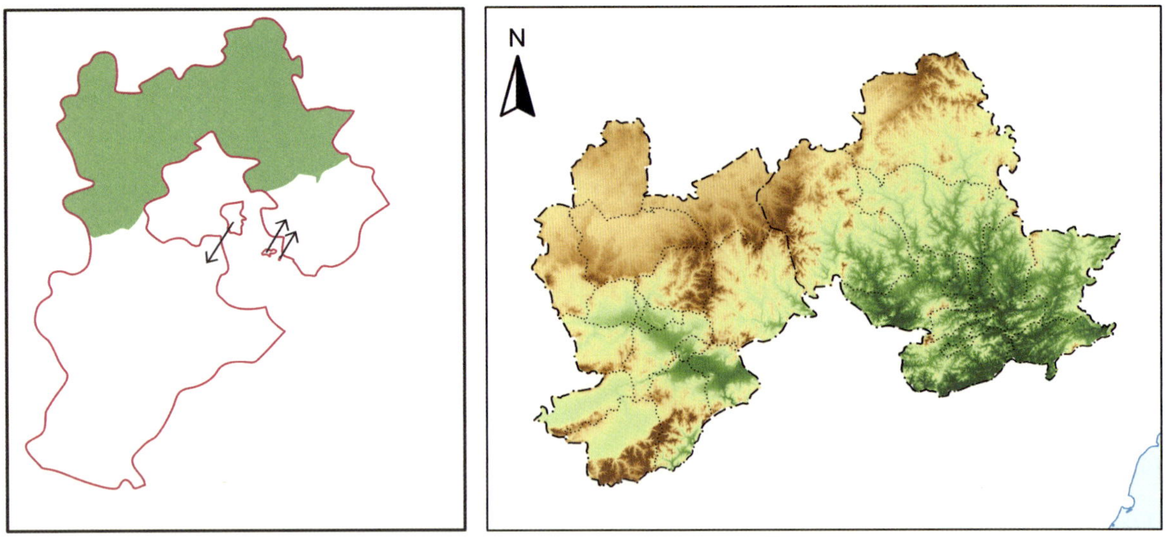

图 2-1　张承地区生态屏障区位示意

随着三北防护林、太行山绿化、草原保护和修复、防沙治沙等工程的实施，北方防沙带生态环境逐渐好转、土壤侵蚀强度减弱、土壤保肥保水能力提高，生态质量逐步提升，生态安全屏障功能不断增强。但是其自然生态系统敏感脆弱，森林、草原、湿地、荒漠等生态系统功能不强，防风固沙、涵养水源、保育土壤等生态屏障功能较弱，是“十二五”规划纲要“两屏三带”生态安全战略格局规划北方防沙屏障带的重要组成部分，该区所在的浑善达克沙漠化防治生态功能区与阴山北麓和科尔沁草原生态功能区紧密相连，是京津乃至华北地区的重要生态屏障。在《全国重要生态系统保护和修复重大工程总体规划（2021—2035年）》中将北方防沙带保护和修复重大工程列为九大工程之一。张承地区张北、康保、沽源、尚义、崇礼、平泉等19个县（市、区）被列入《北方防沙带生态保护和修复重大工程建设规划（2021—2035年）》京津冀协同发展生态保护和修复工程重点项目中（图2-2和表2-1）。2023年6月，习总书记在加强荒漠化综合防治和推进三北等重点生态工程建设座谈会上的讲到：强化区域联防联治，打破行政区域界限，实行沙漠边缘和腹地、上风口和下风口、沙源区和路径区统筹谋划，构建点、线、面结合的生态防护网络。张承地区位于三北工程建设影响的东北林草交错生态脆弱区和北方农牧交错生态脆弱区，因此必须坚持系统观念，以水定绿，扎实推进山水林田湖草沙一体化保护和系统治理，在东北林草交错生态脆弱区，要大力提升其生态系统的质量和稳定性，进而全力打好荒漠化土地治理歼灭战；在北方农牧交错生态脆弱区，要坚持“宜林则林、宜牧则牧”，打赢防沙治沙攻坚战；正是因其独特的地理位置和气候特征，需因地制宜，分区施策，以系统治理的方式共同筑牢生态安全屏障，发挥其维护区域生态安全与水源涵养、固碳释氧、净化大气环境和防风固沙等生态屏障功能，成为北京和天津天然的生态屏障。

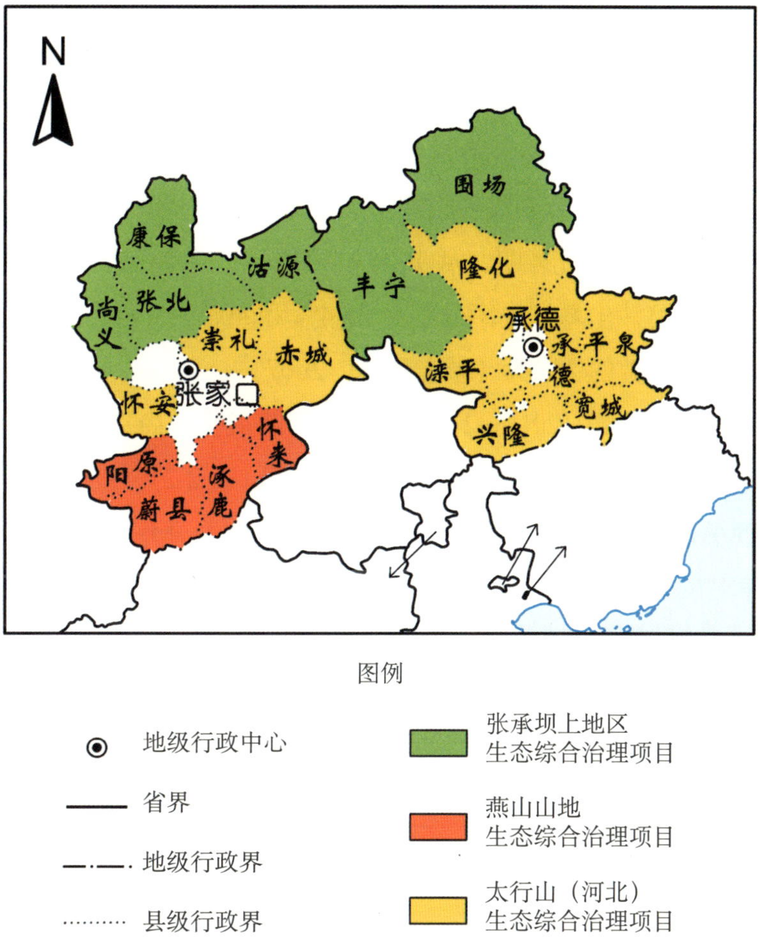

图 2-2　京津冀协同发展生态保护和修复工程重点项目布局

表 2-1　京津冀协同发展生态保护和修复工程重点项目布局

重点项目	市	县（区）	数量
张承坝上地区生态综合治理项目	张家口市	张北县、康保县、沽源县、尚义县	4
	承德市	丰宁满族自治县、围场满族蒙古族自治县	2
燕山山地生态综合治理项目	张家口市	怀安县、崇礼区、怀来县、赤城县	4
	承德市	平泉市、承德县、兴隆县、滦平县、隆化县、宽城满族自治县	6
太行山（河北）生态综合治理项目	张家口市	蔚县、阳原县、涿鹿县	3

二、生态屏障功能特征

（一）京津地区重要的防风固沙屏障带

根据起沙情况，将沙尘源地划分为初始源地和加强源地，影响京津地区的境外初始沙尘源地位于蒙古国中南部和东南部地区，境内初始源地位于中蒙边界接壤处，境内加强源地位于内蒙古中西部地区的沙漠、戈壁和沙化草原地区，甘肃河西走廊和农牧交错带大面积的开垦地。影响京津地区沙尘天气的传输路径主要有两条：第一条（北路）是从蒙古国东南部—内蒙古乌兰察布—锡林郭勒盟西部的二连浩特市、阿巴嘎旗—浑善达克沙地西部—朱日和—四子王旗—张家口—北京；第二条（西北路）从蒙古国中、南部—内蒙古阿拉善盟的中蒙边境—额济纳旗—河西走廊—贺兰山南、北两侧分别经毛乌素沙地和乌兰布和沙漠—呼和浩特—张家口—北京。研究表明，从1980—2005年，由外来源传输来的沙尘天气共62次。其中，北路和西北路沙尘暴发生率分别为27.4%和40.3%，西北路和北路共同出现的次数占到沙尘暴发生频次总数的24.2%（张志刚等，2007）。

在《全国主体功能区规划（2014—2020年）》中，将康保、尚义、张北、沽源、丰宁、围场满族蒙古族自治县列入浑善达克沙漠化防治生态功能区（表2-2），该区域气候干旱，多大风，沙漠化敏感性程度极高，属于防风固沙重要区，也是北京乃至华北地区的主要沙尘暴源区，张承地区处于京津上风上水的位置，可有效地阻止风沙的传输，成为京津地区的一道天然生态屏障。

表2-2 浑善达克生态功能区所含县（区）

区域	市	县（区）	数量
浑善达克沙漠化防治生态功能区	张家口市	沽源县、张北县、尚义县、康保县	4
	承德市	丰宁满族自治县、围场满族蒙古族自治县	2

注：引自《全国主体功能区规划（2014—2020年）》国家重点生态功能区名录。

在西伯利亚冷高压气流的作用下形成的西北季风，携带大量的沙尘，通过坝头沿线的六大风口（怀安马市口、万全新河口、张北黑风口、崇礼三龙口、赤城独石口和丰宁小坝子）直逼坝下，沿着九条风沙通道（以洋河、桑干河、壶流河、清水河、潮河、白河、黑河、天河和汤河）形成的峡谷沟道，刮向洋河、桑干河河畔，将河道积沙连同携来的沙尘一起，卷向天空，形成桑洋河岸百里风沙线。在河道两侧森林、草地、山体的阻拦下以及张承地区北方防沙带的阻碍下，部分飞沙沉积、截留，堆积在河流南岸的山麓地带，形成五大沙滩（淮安金沙滩、宣化黄羊滩、阳原开阳滩、怀来甘家滩以及南马场滩）（顾松圃，2008；张英，2004）（图2-3）。张承地区森林生态屏障有效地阻止了风沙南侵，保护了京津地区的生态安全。

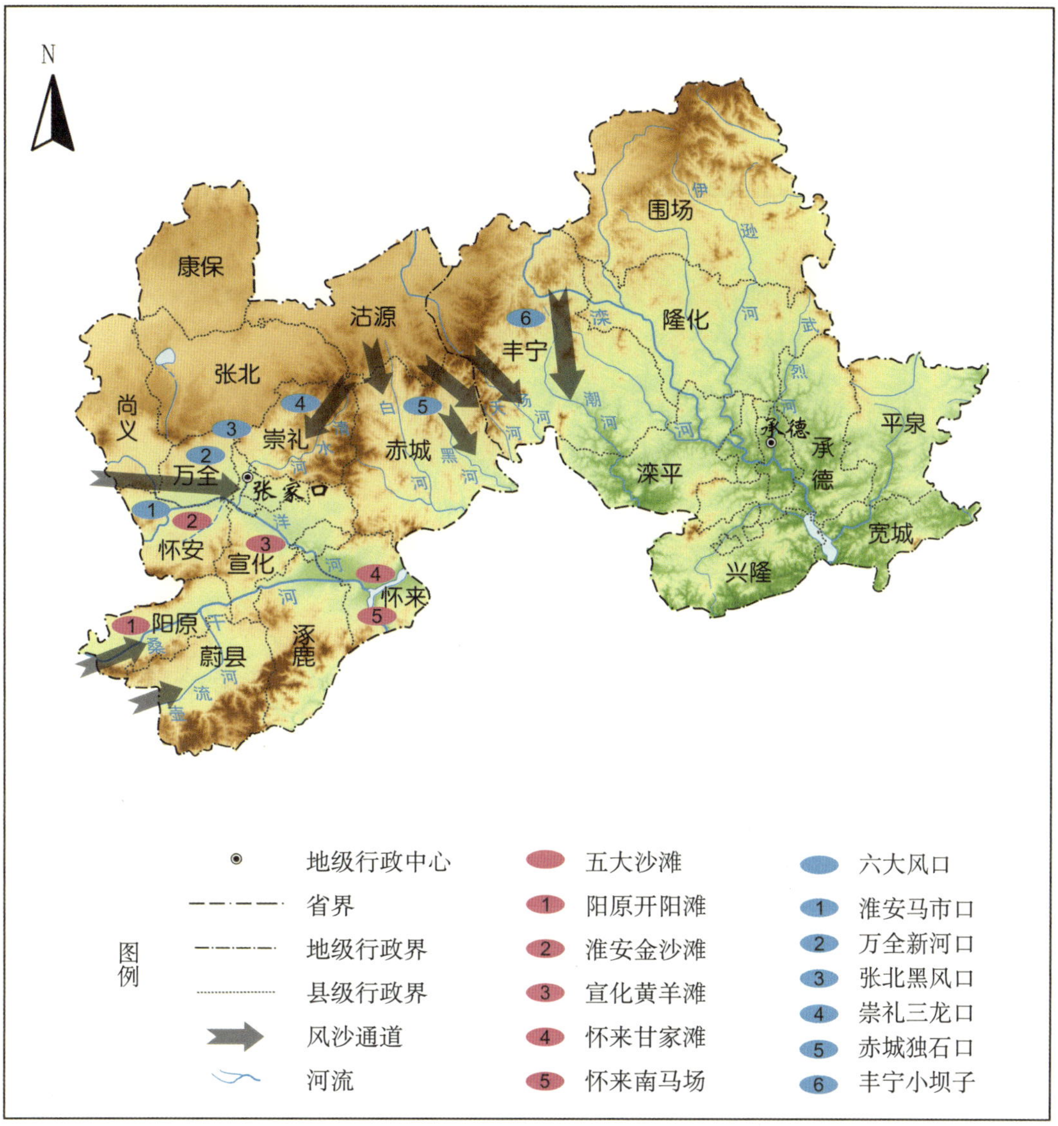

图 2-3　影响京津地区的重要风口和主要通道示意

（二）京津地区重要的水源地

张承地区处于北京密云水库、官厅水库及天津于桥水库、潘家口水库的上游，是海河、滦河和辽河的重要水源涵养区，是京津地区重要的水源地（图 2-4）。承德市境内有滦河、北三河（潮白河、白河、蓟运河）、辽河和大凌河 4 大水系；同时，承德市位于内蒙古科尔沁和浑善达克沙地前沿和京津上风头，是京津地区的生态屏障和重要水源地。发源于丰宁县黄旗镇的潮河，流经滦平县出境汇入密云水库，干流总长度为 253 千米，承德市境内河长为 185.8 千米，年均径流量为 8.96 亿立方米，占密云水库年径流量的 56.7%，是密云水库的主要水源之一；供天津用水的滦河发源于承德市丰宁县大滩镇孤石村，承德市境内河长为 374 千米，年均向潘家口水库供水 17 亿立方米，是天津市和唐山市等地的重要水源地。张家口市境内主要分布有永定河、潮白河、大清河、滦河和内陆河 5 大水系。大清河水系流域面积在张家口市东南有 1218 平方千米，主要流入保定市境内；潮白河水系主要有白河与黑河，流域面积为 5611 平方千米，大部分流入北京市密云水库；永定河水系干流有洋河、桑干河，主要支流有东洋河、西洋河、南洋河、清水河、洪塘河和壶流河等，洋河、桑干河横贯全市东西，流域面积为 1.76 万平方千米，并汇入官厅水库；滦河水系分布在张家口市东北，流域面积为 926 平方千米；内陆河水系为坝上地区季节性河流和淖泊湿地，流域面积为 1.16 万平方千米，主要有安固里淖、大青沟淖及察汗淖、囫囵淖等。此外，张家口市的地势条件迫使西伯利亚气流经过内蒙古高原后在过张家口坝下地区获得一次较大的降尘过程，使沙尘气流在进入北京市之前能够得到一次自然净化（李庆旭，2017）。

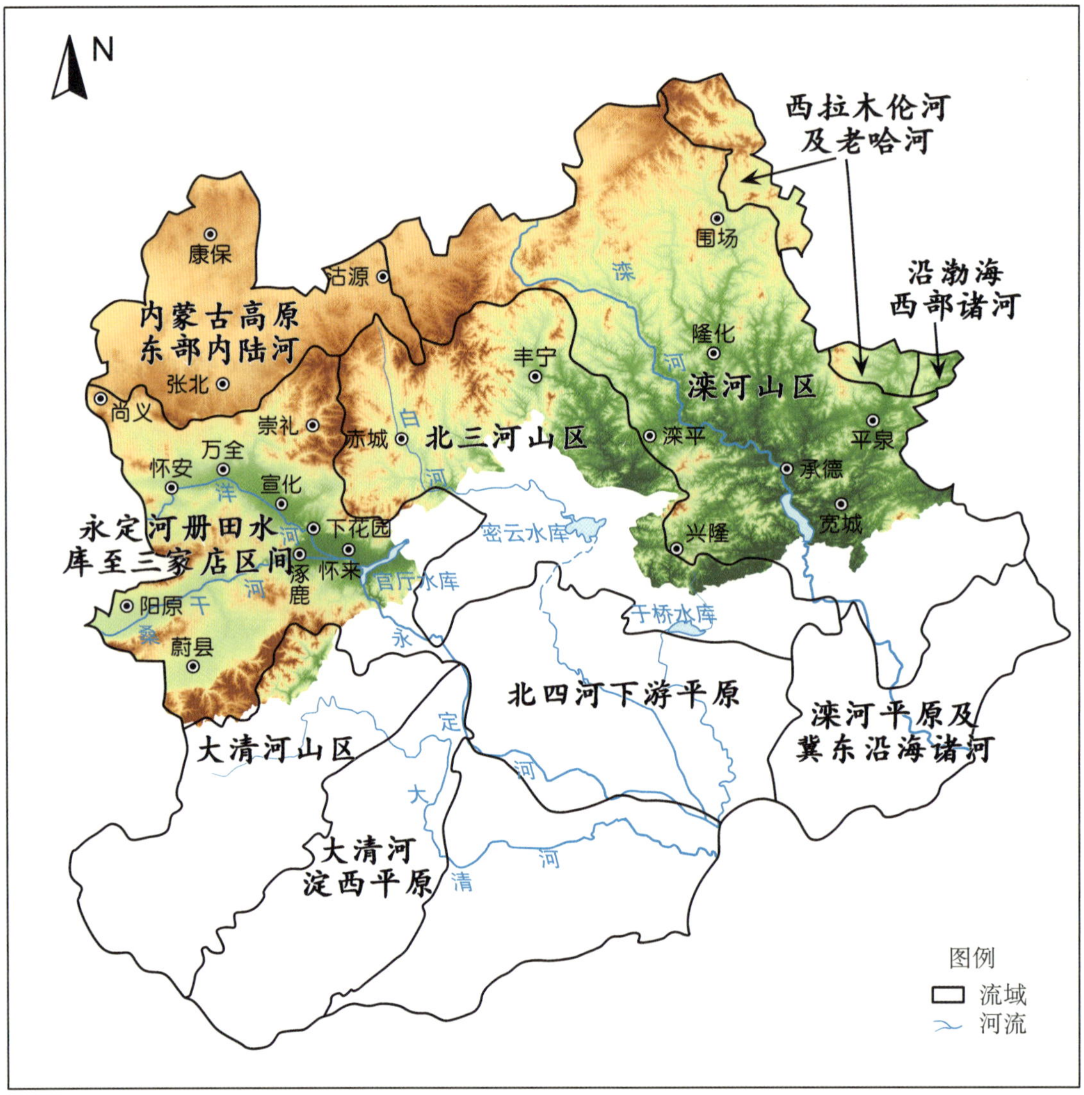

图 2-4　研究区各大水系与水库分布

第二节 生态屏障森林资源特征

张承地区地形复杂多样，特殊的地理位置造就了张承地区丰富多样的气候类型和自然类型环境，从而孕育了生物种类繁多、植被类型多样的森林资源，为张承地区人民提供了丰富的物质资源。依据河北省2020年森林资源年度变化监测评价数据与第三次全国国土调查对接融合后的资源数据结果，按照土地权属统计张承地区各类林地总面积为763.29万公顷，其中张家口市和承德市分别占总面积的48.25%和51.75%。森林包括乔木林、特灌林和经济林，其数量指标包括面积和蓄积量。张承地区森林面积为351.55万公顷。其中，张承地区乔木林面积为272.46万公顷，森林蓄积量为11234.28万立方米。

一、森林资源数量特征

张承地区林地分为乔木林、经济林、疏林地、特灌林、一般灌木林、未成林、苗圃、采伐迹地、火烧迹地和其他林地，总面积为420.51万公顷。其中，乔木林、经济林、疏林地、特灌林、一般灌木林、未成林地和苗圃的面积分别为272.46万公顷、25.84万公顷、4.87万公顷、53.24万公顷、26.51万公顷、31.27万公顷和2.03万公顷，分别占其总面积的64.79%、6.15%、1.16%、12.66%、6.31%、7.44%和0.48%，其余各类林地总面积占比为1.01%。有四旁树377.29万株、散生木279.64万株。

张承地区乔木林、特灌林和经济林按照起源分为天然林和人工林。天然林面积为209.00万公顷，占比为59.45%；人工林面积为142.55万公顷，占比为40.55%。天然林蓄积量为5576.49万立方米，占比为49.64%；人工林蓄积量为5657.79万立方米，占比为50.36%。

（一）不同林木权属森林面积及蓄积量

张承地区乔木林、特灌林和经济林按林木所有权分为国有林、集体林、个人所有林和合作林。各权属的面积和蓄积量如图2-5所示。森林面积中国有林面积为60.08万公顷，占比为17.09%；集体林面积为221.64万公顷，占比为63.05%；个人所有林面积为68.39万公顷，占比为19.45%；合作林面积为1.43万公顷，占比为0.41%。张承地区森林蓄积量中国有林蓄积量为4006.14万立方米，占比为35.66%；集体林蓄积量为6054.72万立方米，占比为53.87%；个人所有林蓄积量为1078.30万立方米，占比为9.60%；合作林蓄积量为98.12万立方米，占比为0.87%。

（二）乔木林分林种面积及蓄积量

《中华人民共和国森林法》将森林分为防护林、用材林、特用林、薪炭林和经济林五大类。张承地区五大林种总面积为298.3 1万公顷，森林蓄积量为11234.28万立方米。张承地区五大林种面积和蓄积量如图2-6所示。张承地区防护林、特用林、用材林、薪炭林和经济林的面积分别为168.75万公顷、24.48万公顷、72.78万公顷、6.46万公顷和25.84万公顷，分别占其总面积的56.57%、8.21%、24.40%、2.16%和8.66%；防护林、特用林、用材林和薪炭林蓄积量分别为6076.63万立方米、1619.02万立方米、3532.32万立方米和6.30万立方米，分别占其总蓄积量的54.09%、14.41%、31.44%和0.06%。

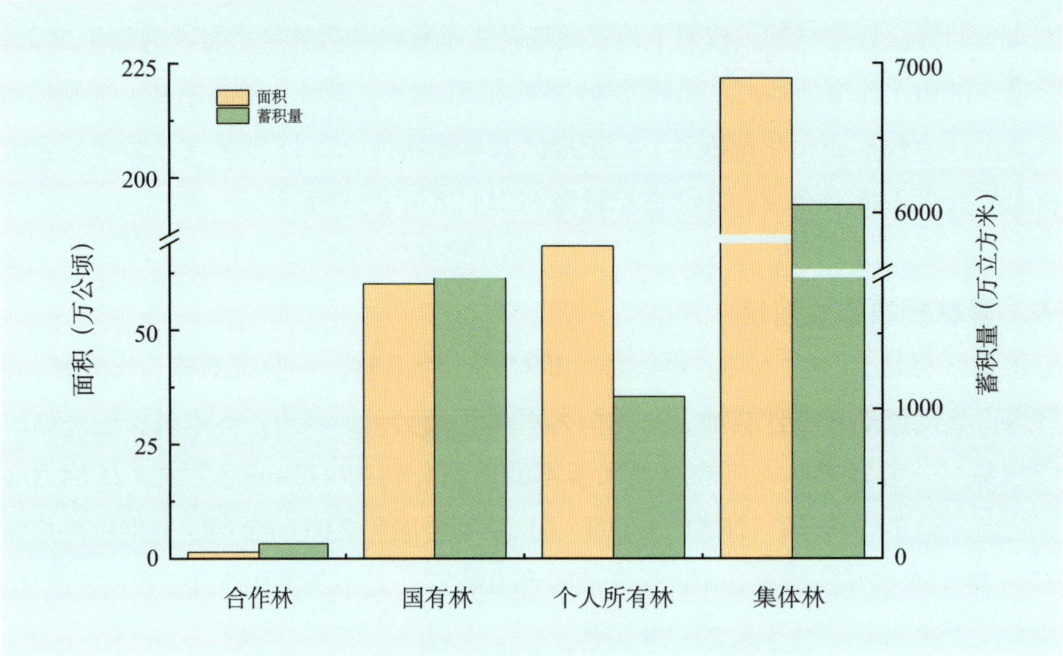

图2-5 不同林木权属的森林面积和蓄积量

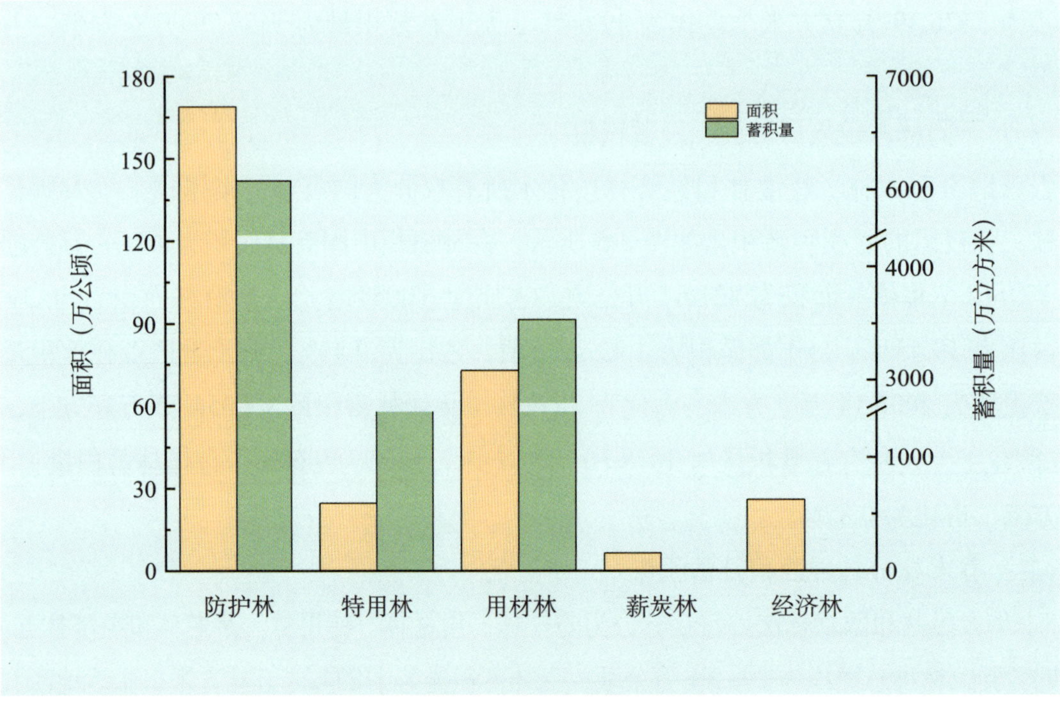

图2-6 五大林种面积和蓄积量

（三）乔木林分龄组面积及蓄积量

张承地区乔木林分龄组面积及蓄积量见表 2-3。张承地区幼龄林面积和蓄积量分别占各龄组总面积和总蓄积量的 55.09% 和 22.38%。其中，丰宁满族自治县、隆化县、承德县、围场满族蒙古族自治县、赤城县、兴隆县、滦平县和宽城满族自治县幼龄林面积和蓄积量分别占其总面积和总蓄积量的比例为 5.0% ~ 18.0% 和 3.40% ~ 17.50%，八县幼龄林面积和蓄积量占比分别为 76.01% 和 76.05%，其余县（区）幼龄林面积和蓄积量占比均小于 5.0% 和 3.0%。中龄林面积和蓄积量分别占各龄组总面积和蓄积量的 22.23% 和 30.39%。其中，围场满族蒙古族自治县、丰宁满族自治县、隆化县、赤城县、承德县和平泉市中龄林面积和蓄积量分别占其总面积和总蓄积量的比例为 5.0% ~ 27.50% 和 3.0% ~ 34.64%，合计占其总面积和蓄积量的 68.92% 和 75.08%。近熟林面积和蓄积量分别占各龄组总面积和蓄积量的 0.46% 和 18.99%。其中，围场满族蒙古族自治县、丰宁满族自治县、承德县、平泉市、隆化县、赤城县和滦平县近熟林面积和蓄积量分别占其总面积和总蓄积量的比例为 5.0% ~ 24.11% 和 2.32% ~ 35.71%，合计占其总面积和蓄积量的 71.06% 和 71.93%。成熟林面积和蓄积量分别占各龄组总面积和蓄积量的 7.26% 和 16.95%。其中，围场满族蒙古族自治县、平泉市、隆化县、承德县、丰宁满族自治县和滦平县成熟林面积和蓄积量分别占其总面积和总蓄积量的比例为 4.50% ~ 25.89% 和 2.30% ~ 39.33%，合计占其总面积和蓄积量的 75.35% 和 77.05%。过熟林面积和蓄积量分别占各龄组总面积和总蓄积量的 4.96% 和 11.29%。其中，张北县、康保县、沽源县、围场满族蒙古族自治县、尚义县、万全区、平泉市过熟林面积和蓄积量分别占其总面积和总蓄积量的比例为 5.50% ~ 21.98% 和 3.50% ~ 26.23%，合计占其总面积和蓄积量的 73.13% 和 71.36%。

表 2-3 张承地区乔木林分龄组蓄积和面积

龄组	合计		张家口市		承德市	
	面积（公顷）	蓄积量（立方米）	面积比（%）	蓄积比（%）	面积比（%）	蓄积比（%）
幼龄林	150.09	2514.30	21.74	19.13	78.26	80.87
中龄林	60.58	3413.82	26.04	24.50	73.96	75.50
近熟林	28.49	2133.27	22.71	22.17	77.29	77.83
成熟林	19.78	1903.99	14.68	13.27	85.32	86.73
过熟林	13.52	1268.90	78.92	78.19	21.08	21.81
合计	272.46	11234.28	25.12	27.02	74.88	72.98

（四）乔木林分优势树种（组）面积及蓄积量

张承地区各县（区、市）不同优势树种（组）面积及蓄积量分布如图 2-7 所示。张承地区柞树占乔木林总面积的比例最大，为 26.18%，蓄积量占比为 15.90%；其次为桦树和山杏，其占乔木林总面积为32.78%，蓄积量占比为26.78%；落叶松（*Larix gmelinii*）、油松（*Pinus tabuliformis*）和慢生杨占乔木林总面积的比例介于6.0%～12.0%，三者合计占乔木林总面积的28.88%，蓄积量占比为47.57%；刺槐（*Robinia pseudoacacia*）、山杨（*Populus davidiana*）、樟子松（*Pinus sylvestris* var. *mongholica*）、榆树（*Ulmus pumila*）、硬阔、针阔混、侧柏（*Platycladus orientalis*）和山榆（*Ulmus davidiana* var. *japonica*）占乔木林总面积的比例介于0.5%～5.0%，合计占乔木林总面积的10.87%，蓄积量占比为8.56%；其余树种（组）由于面积较少合为其他树种组，其面积占乔木林总面积的1.29%，蓄积量占比为1.01%。

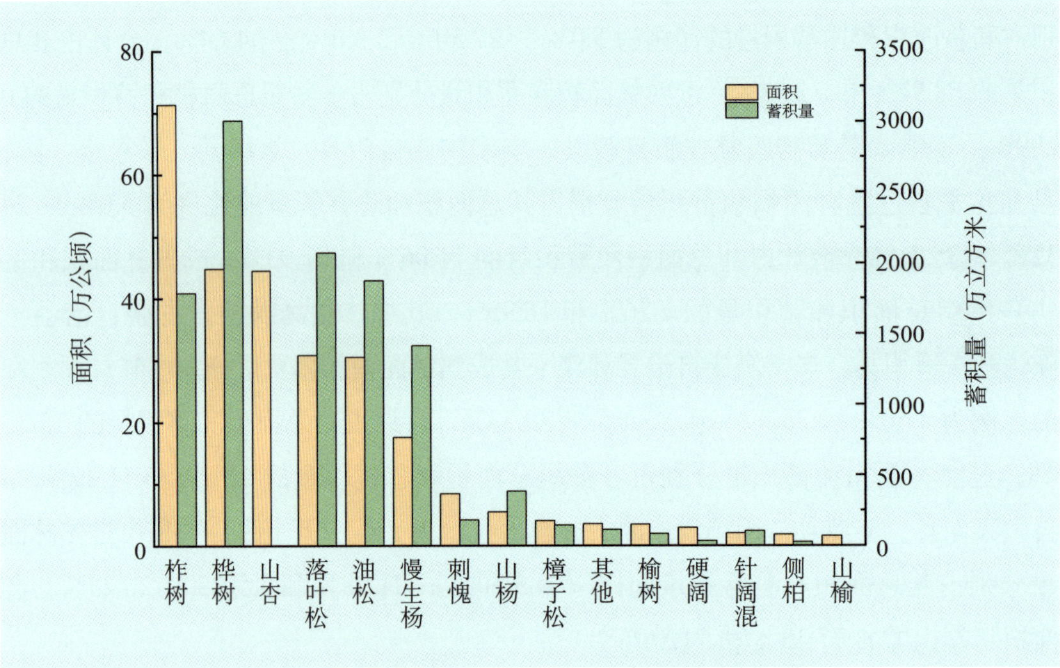

图2-7 不同优势树种（组）面积及蓄积量分布

（五）特灌林和经济林面积

张承地区灌木林包括特灌林和一般灌木林。灌木林总面积为75.75万公顷。特灌林占灌木林总面积的66.75%，其中张家口和承德市特灌林分别占特灌林总面积的73.0%和27%。一般灌木林占灌木林总面积的33.25%，且均分布在承德市。特灌林分布最广的是丰宁满族自治县，其面积占特灌林总面积的20.64%；其次为赤城县，占总特灌林的13.21%；涿鹿县、康保县、崇礼区、怀来县、尚义县、围场满族蒙古族自治县、蔚县、张北县、宣化区、沽源县、怀安县和阳原县占特灌林总面积的比例介于2.16%～9.50%之间，合计占比为61.41%；其余县（区）特灌林占比均小于1.0%。

张承地区经济林总面积为25.84万公顷，其中张家口市和承德市的经济林面积分别占总面积的47.30%和52.70%。通过统计发现，兴隆县经济林面积占比最大，为26.44%；其次为涿鹿县和宽城满族自治县，合计占比为23.46%；怀来县、蔚县、承德县、宣化区、赤城县、阳原县、怀安县、万全区和滦平县经济林面积的占比介于 2.0% ~ 10.0% 之间，合计占比为 38.98%。其余县（区）经济林面积占比均小于 2.0%。

二、森林资源结构特征

张承地区森林类型丰富、结构多样。森林结构是指森林植被的构成及其状态。其大致分为林地组成结构、所有权属结构、林组结构、树种组成结构等。

（一）林地组成结构

张承地区各县（区）乔木林、特灌林、经济林的空间分布如图 2-8 所示。张承地区乔木林面积占其总面积的 87.93%，特灌林占其总面积的的 6.20%，经济林占其总面积的 5.87%。承德市的围场满族蒙古族自治县和丰宁满族自治县乔木林、特灌林、经济林面积占比最大，占其总面积的 19.08%；隆化县、赤城县、兴隆县、承德县和平泉市的乔木林、特灌林、经济林占比介于 5.00% ~ 10.0%，滦平县、涿鹿县、宽城满族自治县、崇礼区、蔚县、怀来县、张北县、康保县、沽源县、尚义县、宣化区的乔木林、特灌林、经济林占比介于 1.00% ~ 4.60%，其余县（区）的面积占比均小于 1.00%。特灌林主要集中在张家口市，丰宁满族自治县的东北部地区也有少量分布；经济林主要集中在张家口市的蔚县、涿鹿县、阳原县、怀安县、兴隆县以及宽城满族自治县。

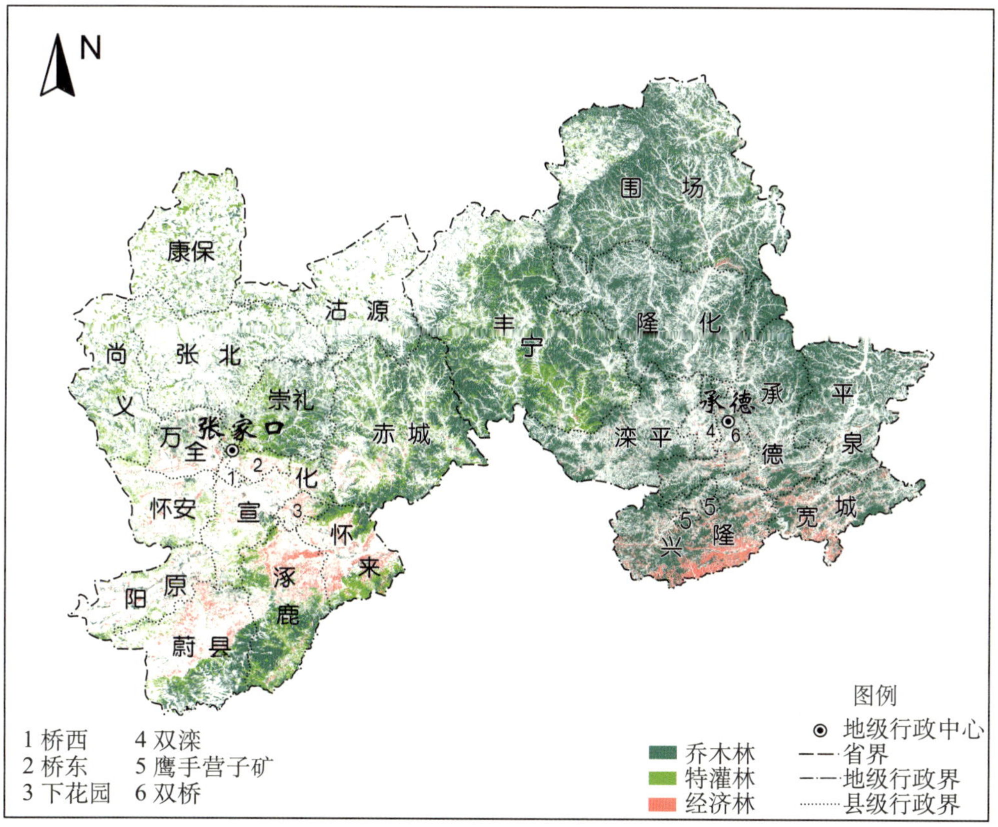

图 2-8　各县（区）乔木林、特灌林和经济林空间分布

（二）所有权属结构

张承地区各县（区）乔木天然林和人工林空间分布如图 2-9 所示。经统计，张承地区天然林面积为 209.00 万公顷，占比为 59.45%；人工林面积为 142.55 万公顷，占比为 40.55%。张承地区天然林蓄积量为 5576.49 万立方米，占比为 49.64%；人工林蓄积量为 5657.79 万立方米，占比为 50.36 %。

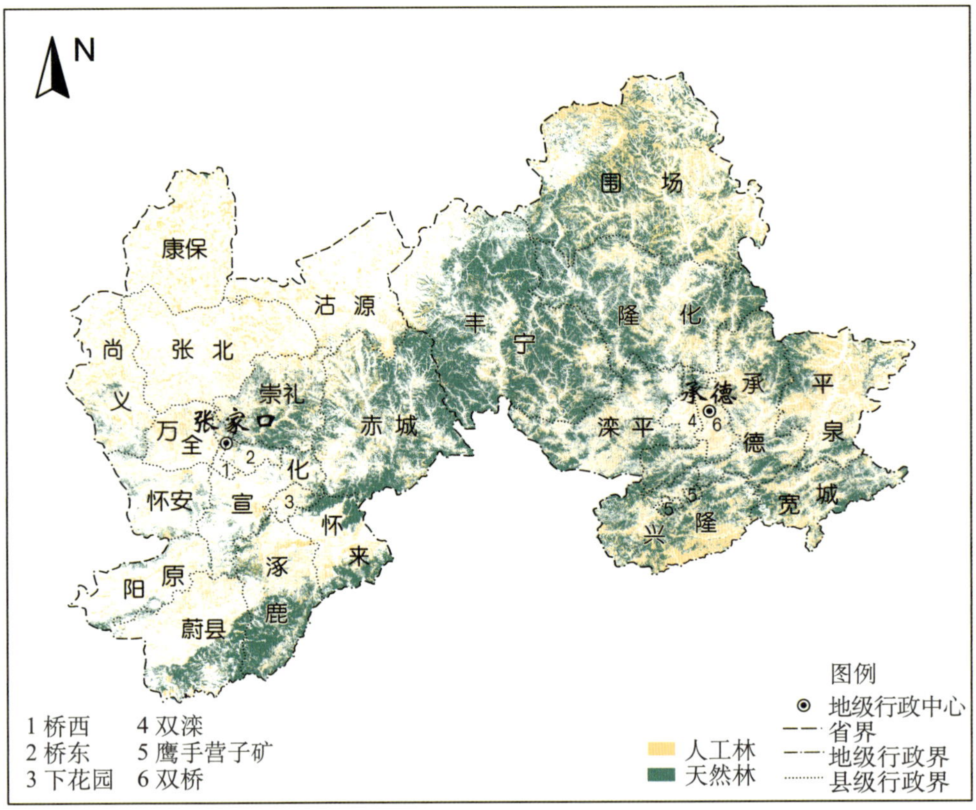

图 2-9 各县（区）乔木林天然林和人工林空间分布

张承地区天然乔木林面积蓄积按权属统计如图 2-10 所示。张承地区天然林面积 209.00 万公顷，其中乔木林面积为 166.83 万公顷、特灌林面积为 42.123 万公顷，分别占其天然林总面积 79.83%，特灌林占其天然林总面积 20.17%。张承地区天然乔木林中国有林、集体林、个人所有林和合作林的面积分别为 28.61 万公顷、117.16 万公顷、20.90 万公顷和 0.16 万公顷，占比分别为 17.15%、70.22%、12.53% 和 0.10%。天然乔木林中国有林、集体林、个人所有林和合作林的蓄积量分别为 1718.20 万立方米、3323.32 万立方米、525.95 万立方米和 9.01 万立方米，占比分别为 30.81%、59.60%、9.43% 和 0.16%。天然灌木林中国有林、集体林、个人所有林的面积分别为 3.49 万公顷、32.88 万公顷、5.76 万公顷和 0.04 万公顷，占比分别为 1.67%、15.73%、2.76% 和 0.02%。

张承地区人工林面积和蓄积量按照林木权属统计如图 2-11 所示。张承地区人工林面积 142.55 万公顷，其中乔木林 105.63 万公顷，占人工林总面积 74.10%；特灌林 11.07 万公顷，占人工林总面积 7.77%；经济林面积为 25.84 万公顷，占人工林总面积的 18.13%。张承地区人工乔木林中国有林、集体林、个人所有林和合作林的面积分别为 27.08 万公顷、62.02 万公顷、15.34 万公顷和 1.18 万公顷，占比分别为 16.23%、37.17%、9.19% 和 0.71%；人工经济林中国有林、集体林、个人所有林的面积分别占其总面积的 0.004%、0.005%、0.454%。人工特灌林中国有林、集体林、个人所有林和合作林的面积分别占其总面积的 0.32%、4.45%、0.51% 和 0.02%。张承地区人工林蓄积量中，国有林、集体林、个人所有林和合作林的蓄积量分别占其总蓄积量的 41.03%、48.93%、9.90% 和 1.60%。

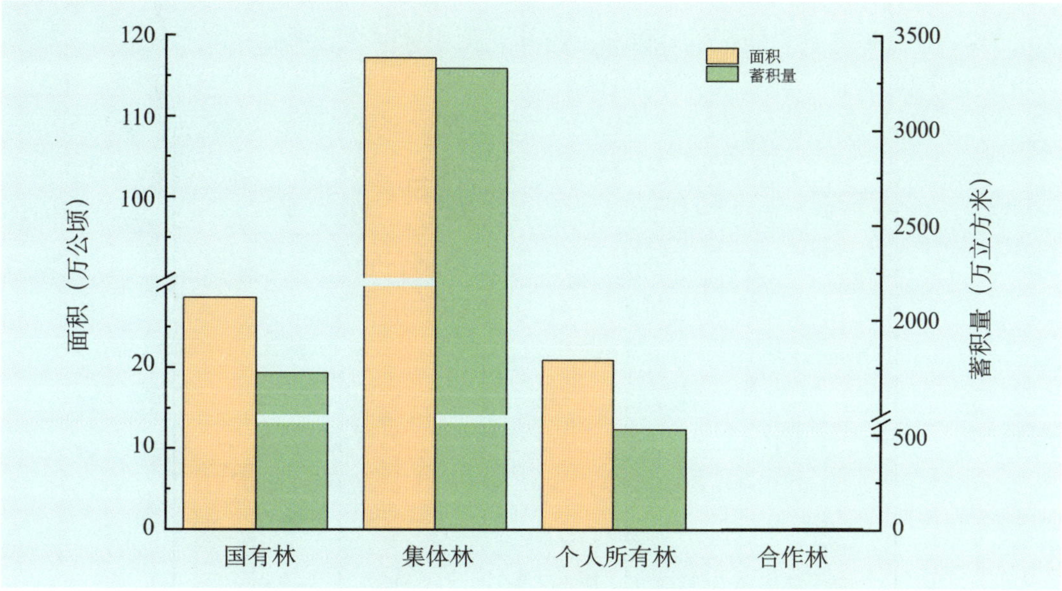

图 2-10　天然乔木林按不同权属面积和蓄积量

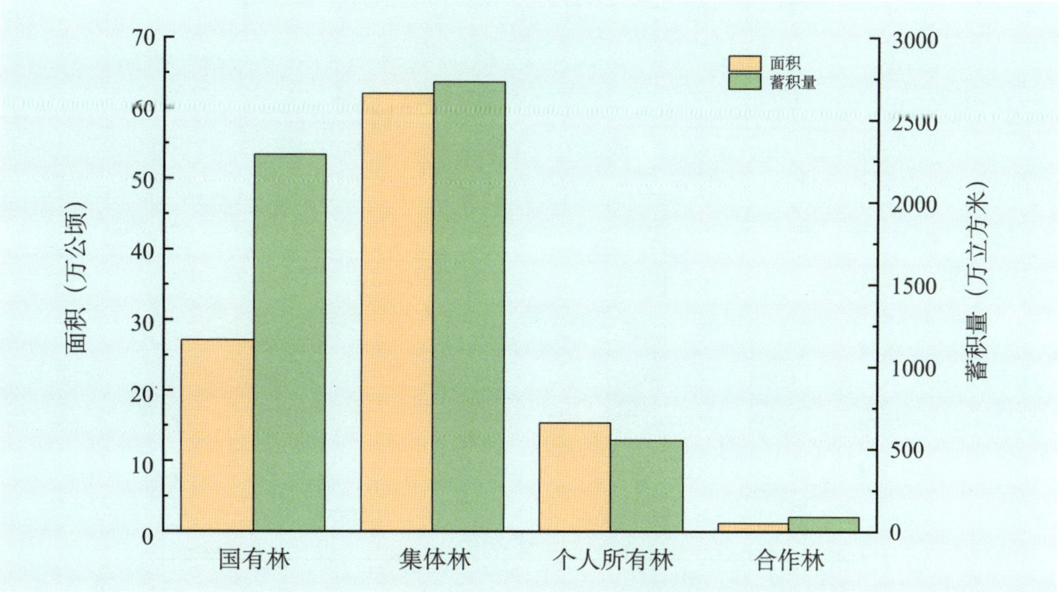

图 2-11　人工乔木林按不同权属面积和蓄积量

（三）林龄组结构

张承地区天然林面积、蓄积量按照龄组分布如图 2-12 所示。幼龄林面积占其总面积的 73.11%，占其总蓄积量的 41.13%；中龄林面积占其总面积的 23.11%，占其总蓄积量的 46.70%；近熟林面积占其总面积的 2.96%，占其总蓄积量的 8.90%；成熟林面积占其总面积的 0.72%，占其总蓄积量的 2.74%；过熟林占其总面积的 0.10%，占其总蓄积量的 0.52%。张承地区人工林面积蓄积按照龄组统计如图 2-13 所示。幼龄林面积占其总面积的 55.09%，占其总蓄积量的 22.38%；中龄林面积占其总面积的 22.23%，占其总蓄积量的 30.39%；近熟林面积占其总面积的 10.46%，占其总蓄积量的 18.99%；成熟林面积占其总面积的 7.26%，占其总蓄积量的 16.95%；过熟林占其总面积的 4.96%，占其总蓄积量的 11.29%。

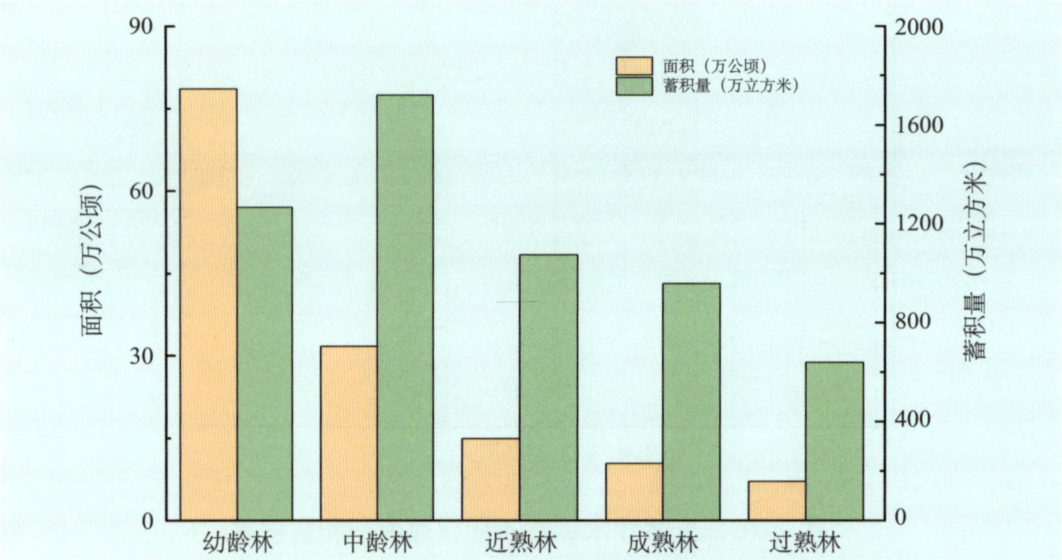

图 2-12 天然乔木林按林龄结构面积和蓄积量

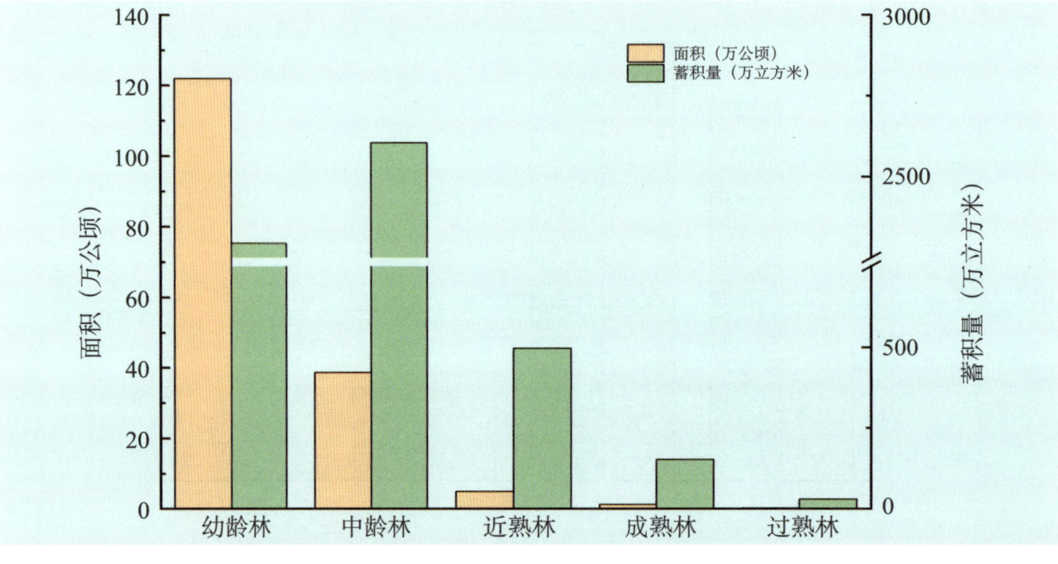

图 2-13 人工乔木林按林龄结构面积和蓄积量

（四）树种组成结构

张承地区各县（区）小班中乔木林不同优势树种组空间分布如图 2-14 所示。依据本次资源数据分析，张承地区树种组种类较多，且均为适宜于当地的树种，这些树种多分布在水热条件都比较好的区域。张承地区主要以本地适生的天然遗存油松、山杨、桦树为主，小叶杨等逐渐退出了主导地位，取而代之的是人工引进的或干预成林的落叶松、桦树等。张承地区优势树种结构组成的基本特点是其森林资源分布不均匀、植被种类较单一。森林覆盖率较高或林地面积较大的县（区）基本上都分布在承德市和张家口市东南部，这主要是因为其自然条件适宜植被生长。

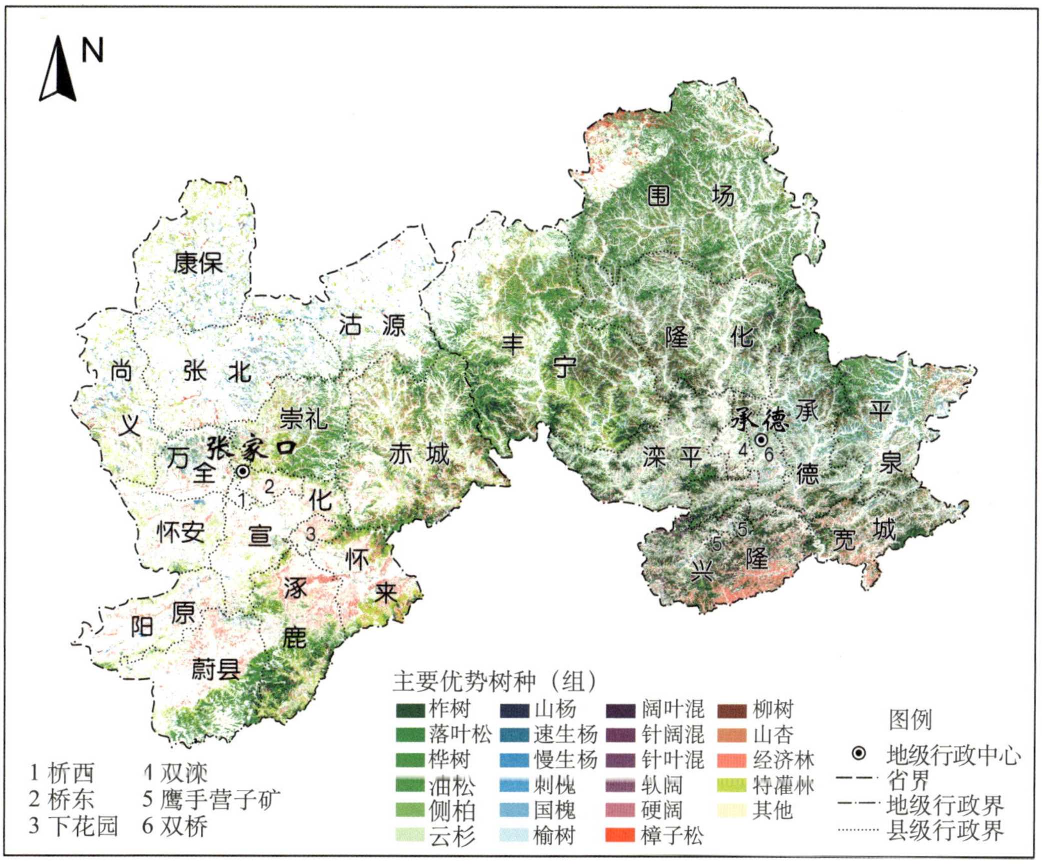

图 2-14　各县（区）乔木林主要优势树种（组）空间分布

第三节　森林生态系统质量与生物多样性

张承地区森林生态系统的类型和状况决定了生态产品供给的数量、质量、分布和结构。在自然因素和人为因素的影响下，森林资源的数量和质量始终处于动态变化中，及时掌握森林资源状况，对于分析张承地区森林生态产品价值和空间分布特征，加强对自然生态系统的管理和保护，提升生态产品供给能力具有重要意义。

一、森林生态系统质量

在全球和国家尺度，最能体现森林质量评价指标的文献应为联合国发布的《全球森林资源评估报告》。衡量森林质量的指标一般包括单位面积蓄积量、单位面积生长量、单位面积株树、平均郁闭度、平均胸径、平均树高及树种组成等。乔木林是森林资源的主体，森林质量通常采用乔木林的质量指标反映。经统计，张承地区乔木林每公顷 1052 株，平均郁闭度为 0.58，平均胸径为 13.4 厘米，平均树高为 10.5 米。

（一）乔木林质量

1. 单位面积蓄积量

张承地区乔木林各林种每公顷蓄积量空间分布如图 2-15 所示。张承地区乔木林每公顷蓄积量 43.49 立方米。按起源分，天然林每公顷蓄积量 33.43 立方米，人工林每公顷蓄积量 53.56 立方米。按林木权属分，国有林每公顷蓄积量 71.63 立方米，集体林每公顷蓄积量为 33.78 立方米，个人所有林每公顷蓄积量为 29.76 立方米，合作林每公顷蓄积量为 72.46 立方米；人工林每公顷蓄积量占天然林蓄积量的 62.41%，国有林和合作林的蓄积量明显高于集体所有林和个人所有林的蓄积量。张承地区乔木林各林种不同龄组蓄积量占比见表 2-4。

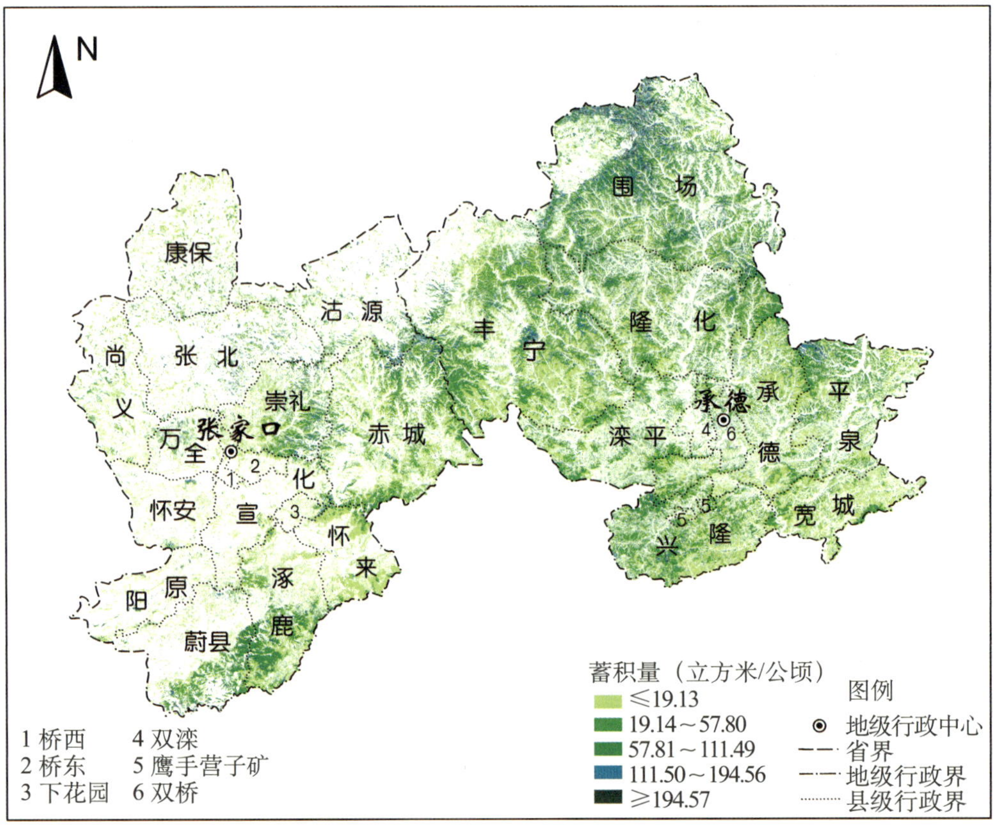

图 2-15 各县（区）乔木林单位面积蓄积量空间分布

表 2-4　张承地区乔木林各林种不同龄组蓄积量占比

林种	幼龄林（%）	中龄林（%）	近熟林（%）	成熟林（%）	过熟林（%）
合计	22.38	30.39	18.99	16.95	11.29
防护林	24.10	31.72	16.79	14.03	13.35
特用林	16.23	34.73	25.33	20.23	3.49
用材林	22.14	26.14	19.89	20.48	11.35
薪炭林	81.56	10.13	5.48	2.76	0.07

2. 平均郁闭度

张承地区各县（区）乔木林平均郁闭度空间分布如图 2-16 所示。张承地区乔木林平均郁闭度 0.45。按起源分，天然林 0.46，人工林 0.45。按土地所有权分，国有林 0.48，集体林 0.53；按林木所有权分，国有林 0.53，集体林 0.45，个人所有林 0.43，合作林 0.58。《森林采伐作业规程》（LY/T 1646—2005）规定，郁闭度 0.7 以上的天然中、幼林和郁闭度在 0.8 以上的人工中、幼林视为过密乔木林；郁闭度在 0.2 ～ 0.4 的中龄林和近、成、过熟林视为疏乔木林。张承地区过密的乔木林面积占乔木林总面积的 7.28%，过疏林的乔木林面积为 33.67 万公顷，占乔木林总面积的 12.36%。张承地区乔木林各龄林组按郁闭度等级面积比率见表 2-5。

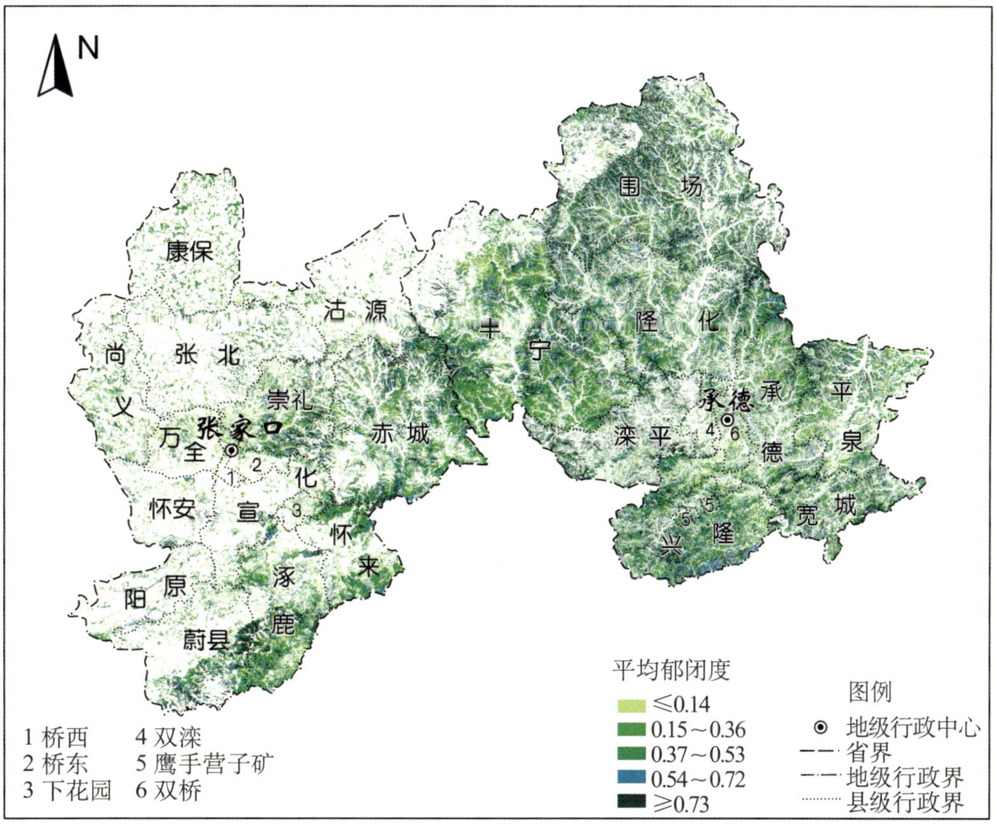

图 2-16　各县（区）乔木林平均郁闭度空间分布

表 2-5 乔木林各龄林组按郁闭度等级面积比率

龄组	总面积（万公顷）	比率（%）		
		0.2～0.4	0.5～0.7	0.8～1.0
幼龄林	150.09	47.89	45.27	6.83
中龄林	60.58	26.30	58.05	15.66
近熟林	28.49	24.34	59.57	16.09
成熟林	19.78	22.61	62.63	14.76
过熟林	13.52	46.78	49.68	3.54

3. 平均胸径

张承地区各县（区）乔木林平均胸径空间分布如图 2-17 所示。张承地区乔木林平均胸径 9.71 厘米。按起源分，天然林平均胸径 7.57 厘米，人工林平均胸径 11.10 厘米。按土地所有权分，国有林平均胸径 12.01 厘米，集体林平均胸径 9.35 厘米。按林木所有权分，国有林平均胸径 11.93 厘米，集体林平均胸径 9.52 厘米，个人所有林平均胸径 8.25 厘米，合作林平均胸径 12.42 厘米。按林龄分，幼龄林平均胸径 4.58 厘米，中龄林平均胸径 10.40 厘米，近熟林平均胸径 12.86 厘米，成熟林平均胸径 15.15 厘米，过熟林平均胸径 17.34 厘米。

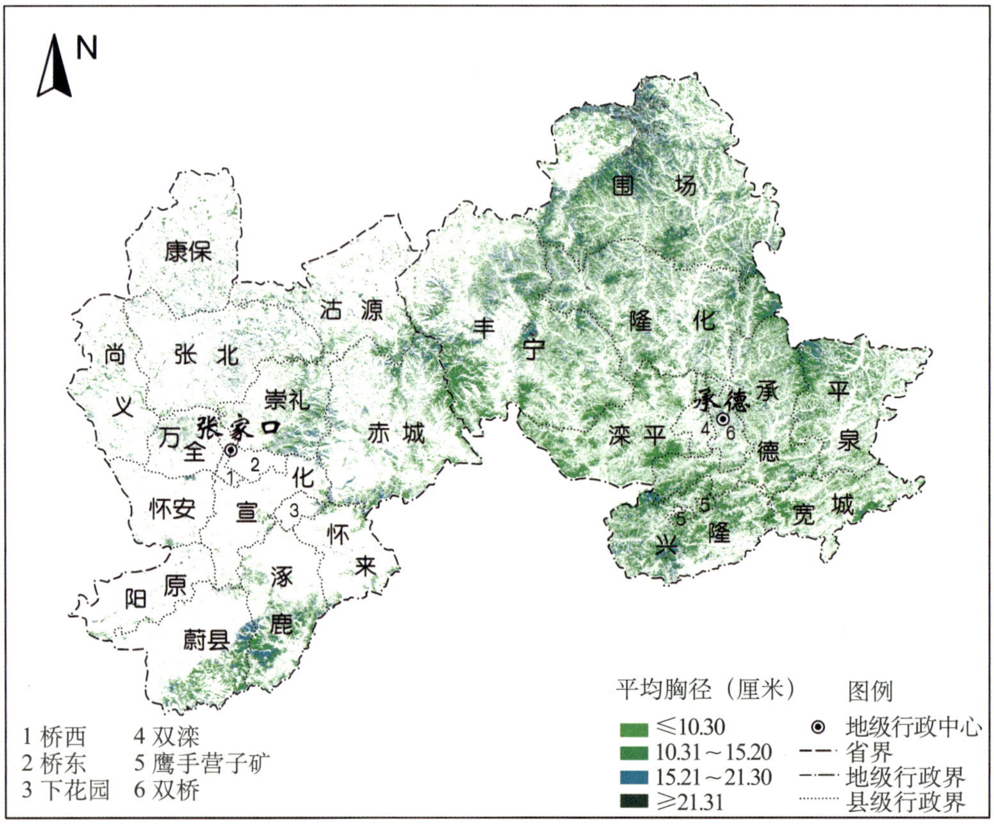

图 2-17 各县（区）乔木林平均胸径空间分布

张承地区乔木林各林种按径级组株树见表 2-6。林木按照径级可分为 4 类径级组，即 6 ～ 12 厘米为小径组、14 ～ 24 厘米为中径组、26 ～ 36 厘米为大径组、38 厘米以上为特大径组。张承地区乔木林按林木径级组分，小径组为 11911.88 万株、占比为 42.08%；中径组为 2589.75 万株、占比为 9.15%，大径组为 127.05 万株、占 0.45%，特大径组为 0.59 万株、占比为 0.002%。

表 2-6　张承地区乔木林各林种不同径级组株树

林种	总株树（万株）	小径组		中径组		大径组		特大径组	
		株树（万株）	比率（%）	株树（万株）	比率（%）	株树（万株）	比率（%）	株树（万株）	比率（%）
合计	28308.92	11911.88	42.08	2589.75	9.15	127.05	0.45	0.59	0.002
防护林	19030.40	8311.21	43.67	1372.40	7.21	70.50	0.37	0.41	0.002
特用林	1900.71	720.06	37.88	451.62	23.76	15.75	0.83	0.04	0.002
用材林	5329.75	2861.88	53.70	482.29	9.05	40.80	0.77	0.14	0.003
薪炭林	382.61	18.73	4.89	283.44	74.08	0	0	0	0
经济林	1665.45	—	—	—	—	—	—	—	—

4. 平均树高

张承地区各县（区）乔木林平均树高空间分布如图 2-18、表 2-7 所示。张承地区乔木林

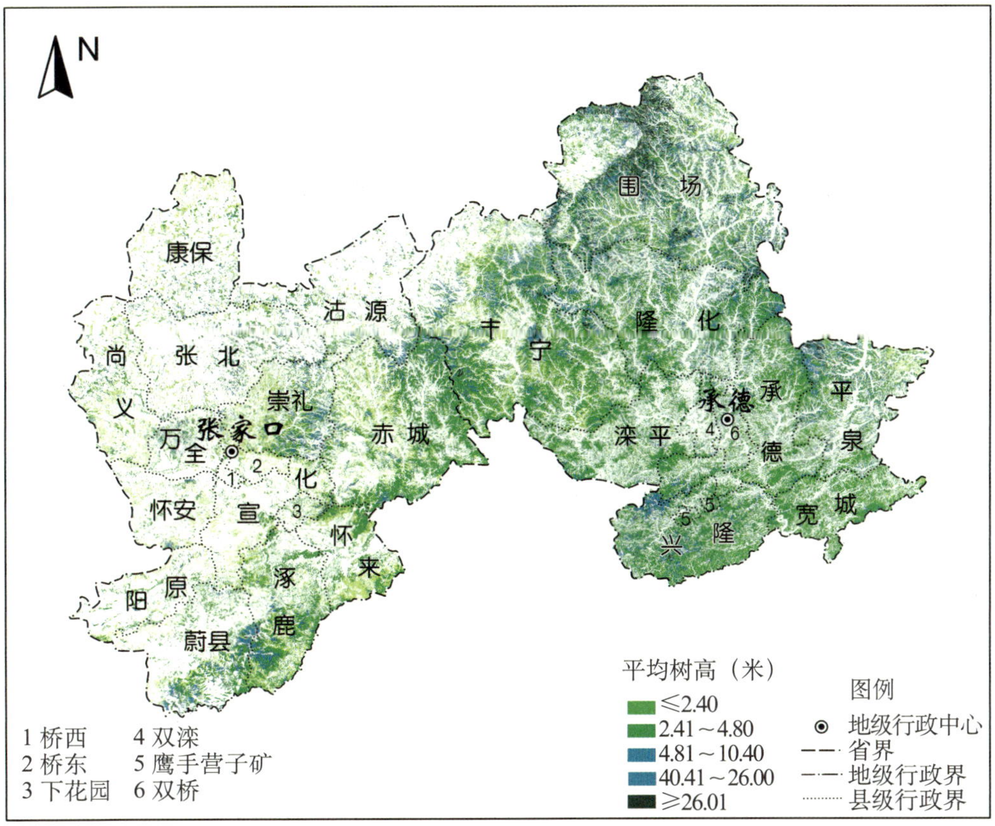

图 2-18　各县（区）乔木林平均树高空间分布

平均树高 8.64 米。按起源分，天然乔木林平均树高 4.85 米，人工乔木林平均树高 6.50 米。按林木所有权分，国有林平均树高 7.17 米，集体林平均树高 5.21 米，个人所有林平均树高 5.40 米，合作林平均树高 8.77 米。按照林龄分，幼龄林平均树高 4.11 米，中龄林林平均树高 6.65 米，近熟林平均树高 7.50 米，成熟林平均树高 8.48 米，过熟林平均树高 8.96 米。

表 2-7　张承地区乔木林按起源各高度级面积占比

高度级（米）	乔木林		天然乔木林	人工乔木林
	面积（公顷）	占比（%）	占比（%）	占比（%）
合计	272.46	100.0	100.0	100.0
＜5.0	107.91	39.60	65.01	34.99
5.0～10.0	141.64	51.99	62.62	37.38
10.0～15.0	22.10	8.110	35.70	64.30
15.0～20.0	0.81	0.300	12.60	87.40
20.0～25.0	0.004	0.002	11.50	88.50

5. 单位面积株数

张承地区各县（区）乔木林单位面积（亩）株数空间分布如图 2-19、表 2-8 所示。张承地区乔木林每亩株数为 69 株。按起源分，天然林亩株数 67 株，人工林亩株数 71 株。按林

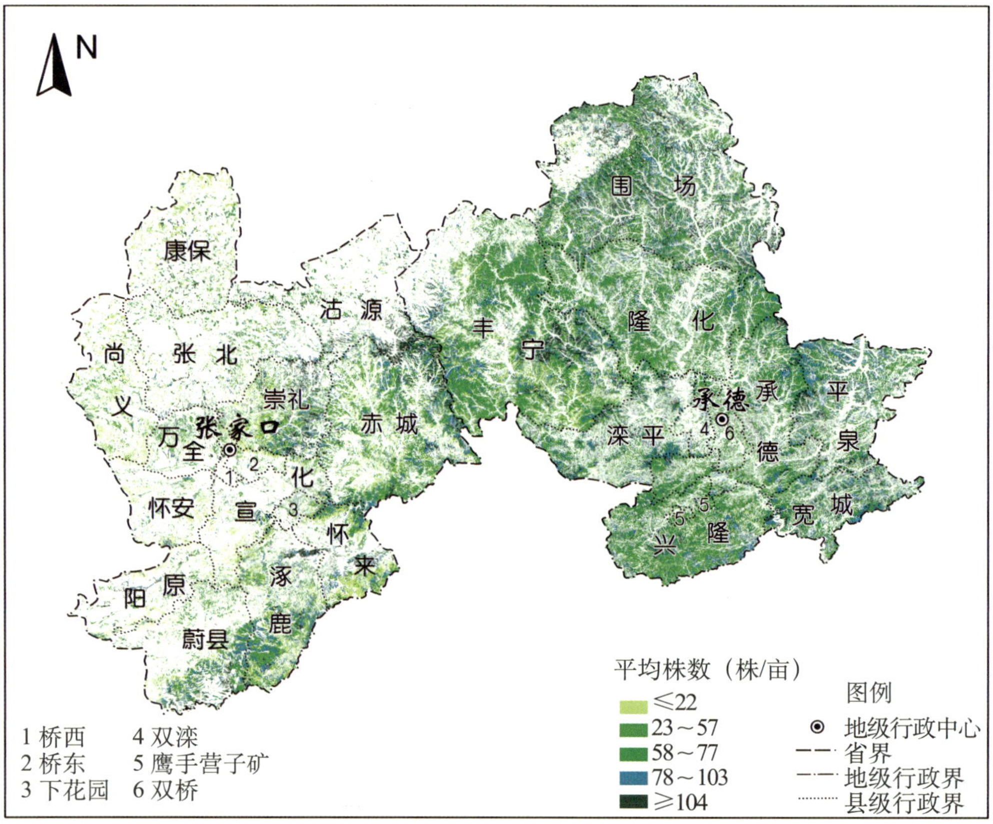

图 2-19　各县（区）乔木林单位面积株数空间分布

木所有权分，国有林亩株数 75，集体林亩株数 68，个人所有林亩株数 66 株，合作林亩株数 73 株。按照林龄分，幼龄林亩株数 69 株，中龄林亩株数 70 株，近熟林亩株数 68 株，成熟林亩株数 66 株，过熟林亩株数 59 株。

表 2-8 张承地区乔木林每公顷株树等级面积占比

每公顷株数等级（株）	合计（万公顷）	幼龄林（%）	中龄林（%）	近熟林（%）	成熟林（%）	过熟林（%）
合计	272.46	55.09	22.23	10.46	7.26	4.96
＜500	7.75	40.23	17.36	12.12	14.62	15.67
500～1000	115.21	57.60	18.90	8.95	7.11	7.43
1000～1500	114.20	52.61	24.44	11.79	8.08	3.08
1500～2000	26.47	57.16	27.74	10.78	3.62	0.70
≥2000	8.83	61.05	24.94	10.47	3.00	0.55

（二）特灌林质量

1. 平均覆盖度

张承地区特灌林平均覆盖度为 50.14%。按起源分，天然特灌林 79.20%，人工特灌林 20.80%。按林木所有权分，国有特灌林占比为 7.82%，集体特灌林 79.22%，个人所有特灌林 12.82%，合作特灌林为 0.14%。平均覆盖度 30% ～ 40% 的面积占该区特灌林的 32%；40% ～ 60% 的占 29.90%，60% 以上的占 38.10%。平均覆盖度 30% ～ 40% 的面积约占该区特灌林面积的 1/3。

2. 平均高度

张承地区特灌林平均高度 1.4 米。按起源分，天然特灌林 1.2 米，人工特灌林为 1.9 米。按林木所有权分，国有特灌林 1.0 米，集体特灌林 1.4 米，个人所有特灌林 1.7 米，合作特灌林 1.9 米。张承地区特灌林中，小灌林（0.5 米以下）占 1.60%，中灌林（0.5 ～ 2.0 米），占 56.35%，大灌林（2.0 米以上）占 27.80%。

（三）经济林质量

1. 平均覆盖度

张承地区经济林均为人工林，其平均覆盖度为 41.71%。按林木所有权分，国有经济林占比为 0.85%，平均覆盖度为 34.09%；集体经济林 1.13%，平均覆盖度为 38.89%；个人所有经济林 98.00%，平均覆盖度为 41.92%；合作经济林为 0.01%，平均覆盖度为 15.30%。平均覆盖度 30% ～ 40% 的面积占该区经济林的 10.72%，40% ～ 60% 的占 33.00%，60% 以上的占 31.31%。

2. 平均高度

张承地区经济林均为人工经济林，其平均高度 2.64 米。按林木所有权分，国有经济林平均高度为 2.72 米；集体经济林平均高度为 2.30 米；个人所有经济林平均高度为 2.65 米；合作经济林平均高度为 1.21 米。

二、森林生态系统的生物多样性

生物多样性是指一定范围内多种多样活的有机体（动物、植物、微生物）有规律地结合所构成稳定的生态综合体。

（一）丰富度

物种丰富度是指测定一定空间范围内的物种数目以表达生物的丰富程度，森林类型不同，林下环境条件不同（如海拔），物种的丰富度也不同。有研究者对塞罕坝国家级自然保护区植物物种丰富度沿海拔梯度分布格局进行研究（袁业等，2017）。研究发现在一定范围内，科、属在数量上呈现出先降低后升高又降低的趋势，而种在数量上呈现出在中间略微降低的趋势，但是差异不显著（$P > 0.05$）。乔、灌和草 3 种生长型植物物种在每个海拔范围内，草本丰富度最大，且明显高于乔木和灌木；乔木最小，灌木居中。乔木随着海拔的变化，有先升高后降低趋势，但是差异不显著（$P > 0.05$），即海拔对于乔木的丰富度没有显著影响。最终研究结果表明：塞罕坝国家级自然保护区物种丰富度表现为草本层>灌木层>乔木层；随着海拔的升高，乔木科、属种的变化不显著；灌木丰富度随海拔的变化出现先升高后降低的单峰格局，即中等海拔物种丰富度最高，草本层丰富度总体趋势随海拔升高而升高。

雾灵山国家级自然保护区华北落叶松与油松混交林的物种丰富度最高为 0.842，油松纯林的物种丰富度最低，为 0.316。其中，油松纯林、华北落叶松纯林、核桃楸纯林、蒙古栎纯林、白桦纯林和山杨纯林乔木群落物种丰富度介于 0.316 ~ 0.728，灌木层为 0.631 ~ 0.832，草本层为 0.743 ~ 0.995（宋庆丰等，2009）。小五台山北坡的物种丰富度随海拔的升高逐渐减小，物种组成趋于简单，乔木树种渐少；如小五台乔木层在海拔 1400 ~ 2200 米的地方物种丰富度变化不大；在海拔 2200 米以上，随海拔的升高，物种丰富度逐渐降低，植被类型逐渐向灌丛和亚高山草甸过渡，乔木物种丰富度下降，而灌木、草本丰富度上升（刘增力等，2004）。蔚县油松人工林与天然林均具有较丰富的物种组成，天然林与人工林物种丰富度排列的顺序基本一致，为乔木层<灌木层<乔木幼苗幼树<草本层（王雄宾等，2007）。绣线菊灌丛、榛子灌丛、天然杨桦林以及华北落叶松人工林的物种丰富度较高且介于 0.306 ~ 0.739，并得出立地条件越好，物种丰富度越高（李东胜等，2014）。

（二）均匀度

均匀度指数反映植株个体在群落中的分布情况。有研究表明，塞罕坝国家级自然保护区内白桦林的均匀度指数最高（0.71），白杆林、蒙古栎林的均匀度指数最低（0.5 左右），华北落叶松、白杆、蒙古栎、白桦以及山杨群落草本植物的均匀度指数均较大，均在 0.75

以上，这说明塞罕坝国家级自然保护区内森林群落中草本植物的分布都比较均匀（姚丹阳，2018）。也有研究表明：木兰围场国有林场管理局孟滦林场区域内绣线菊灌丛、榛子灌丛、天然杨桦林以及华北落叶松人工林的物种均匀度均大于0.68，并得出立地条件越好，物种丰富度越高，并随着坡度的升高，均匀度呈现下降的趋势（李东胜等，2014）。平泉市油松林下总物种和灌木物种的均匀度指数都比山杨林的低，而草本层的均匀度指数比山杨林的高（李帅英等，2002）。

（三）特有种

特有种（endemic species）是指某一物种因历史、生态或生理因素等原因，造成其分布仅局限于某一特定的地理区域。依据《河北植物志》，河北省地形地貌复杂，高山较少，开发历史悠久，长期的农耕民垦对自然植被破坏严重，因此特有植物不多（王建中等，1993）。依据国家标准《森林生态系统服务功能评估规范》（GB/T 38582—2020）中特有种指数体系，将物种特有种指数分为4、3、2、1、0（表1-3）。特有种指数如图2-20所示。

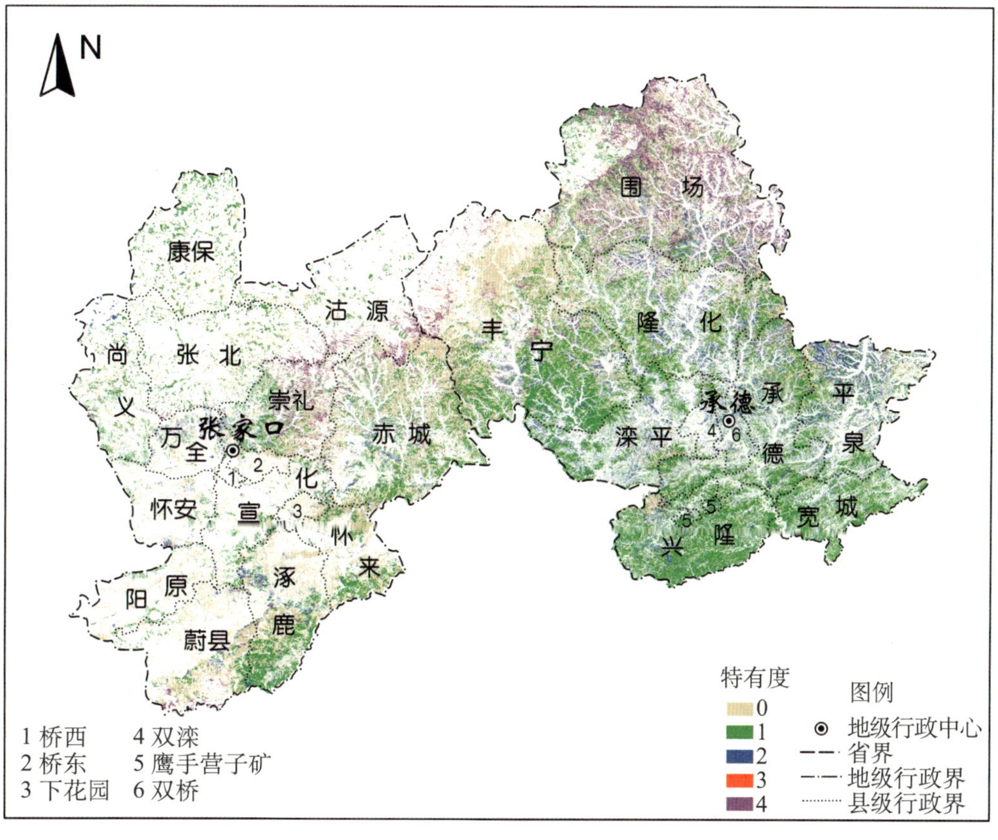

图 2-20 特有种指数分布示意

与我国特有植物丰富的西南、华南相比，河北特有植物的种类较少，特别是属以上分类单位的特有种。但是也存在着一定数量的特有种或种下类群，主要有小五台山风毛菊（*Saussurea sylvatica*）、小五台紫堇（*Corydalis edulis*）、雾灵柴胡（*Bupleurum sibiricum*）、槭叶铁线莲（*Clematis acerifolia*）及缘毛太行花（*Taihangia rupestris*）等。河北省特有植物组成特点：①特有种的生长分布与其生境的自然条件高度相关。缘毛太行花和独根草（*Oresitrophe rupifraga*）生于山地岩石缝隙中，太行山藨草（*Scirpus schansiensis*）也具有近似的生境。低山灌草丛中则有蚂蚱腿子（*Pertya dioica*）和野皂荚（*Gleditsia microphylla*）等；②某些特有种和邻近地区的种类在起源上有着直接和间接的联系，或形成替代种，如华北珍珠梅（*Sorbaria kirilowii*）和东北珍珠梅（*Sorbaria sorbifolia*）、华北落叶松（*Larix gmelinii* var. *principis-rupprechtii*）和兴安落叶松（*Larix gmelinii*）极为相近；④ 特有植物中也具有热带亲缘的科，并具有华北特有的单种属，如无患子科的文冠果属（*Xanthoceras*）。

（四）濒危度

依据国家标准《森林生态系统服务功能评估规范》(GB/T 38582—2020) 中濒危指数体系，将物种濒危濒危指数分为 4、3、2 和 1（表 1-2）。

河北珍稀濒危植物中属于世界广布的有 10 属，共 13 种，占河北珍稀濒危植物总属数的 6.7%，总种数的 6.1%。其中，也有世界性和全国大属，如铁线莲属（*Clematis*）、黄芪属（*Astragalus*），在保护植物中均为中国特有种（王振杰等，2010），依据《中国物种红色名录》，并结合第九次全国森林资源清查的优势树种（组）分类和重要值树种的排序，张承地区优势树种濒危度指数如图 2-21 所示。

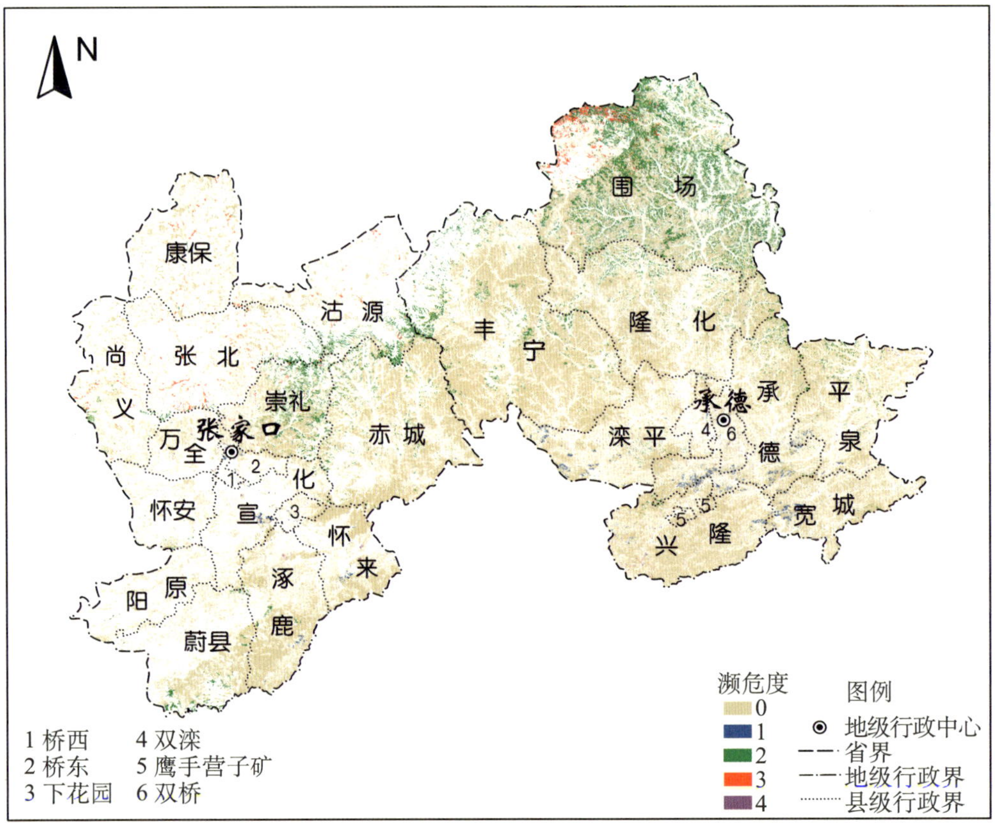

图 2-21　濒危度指数分布示意

冀北坝上高原区主要植被类型是高山和亚高山草甸，植物多样性水平相对较低，但也保留了一些外来物种，如国家一级保护野生植物臭冷杉（*Abies nephrolepis*）和国家二级保护野生植物白杄（*Picea meyeri* ）属于欧洲西伯利亚物种，国家一级保护野生植物天女木兰（*Oyama sieboldii*）则属于中国南部物种。位于冀北山地丘陵区的承德山区植被为落叶阔叶林，并混有温性针叶林和大面积次生灌草丛，分布有河北省级保护植物 126 种，如兴安圆柏（*Sabina davurica*）、朝鲜槐（*Maackia amurensis*）、紫椴（*Tilia amurensis*）等，种数仅次于冀西北山间盆地区。据文献记载，国家一级保护野生植物人参（*Panax ginseng*）曾在青龙县都山及兴隆县雾灵山、平泉杨树岭镇田杖子有分布记录，但是近 20 年来未见采集报道，该珍贵物种在该区可能已经灭绝（王振杰等，2010）。

河北最高峰小五台山区内有国家一级保护野生植物 54 种，国家二级保护野生植物 55 种，国家三级保护野生植物 45 种，小五台山南部受坡度的影响，增加了垂直带内植被组成的复杂性，具有较完整的暖温带植被带谱，尤其在受人类活动影响较小的群山深处植物资源丰富，特划出一批中国特有种和华北特有种，如国家一级保护野生植物中的 4 个河北特有种有 3 个在此分布，分别是河北铁角蕨（*Asplenium hebeiense*）、中华大帽藓（*Encalypta sinica*）和亚洲大帽藓（*E. asiatica*）。近年来，植物多样性的降低导致该区域土壤沙化加剧，成为沙尘暴侵袭京津地区的主要路径和京津地区主要的沙源地之一。可见，保护该区的濒危植物，提高植物多样性，具有极为重要的意义。

（五）古老度

依据国家标准《森林生态系统服务功能评估规范》(GB/T 38582—2020）古树年龄指数体系，古树年龄 100 ~ 299 年的指数等级为 1，古树年龄 300 ~ 499 年的指数等级为 2，古树年龄≥ 500 年的指数等级为 3（表 1-4）。

本研究依据河北省 2017—2018 年古树资源普查结果对张承地区森林生态系统进行古老度指数等级划分，结果显示张承地区优势树种古树年龄指数为 3 的优势树种主要有圆柏、落叶松、油松、侧柏、国槐（*Styphnolobium japonicum*）、白杄、榆树，主要分布在承德市区、宽城县、兴隆县、平泉市、滦平县、隆化县、围场满族蒙古族自治县南部和丰宁满族自治县南部以及张家口市的蔚县、阳原县、怀来县、张家口市区和崇礼区等地。古树年龄指数为 2 和 1 的优势树种中油松、榆树、国槐和旱柳占比较大，承德市分布范围较广，且以承德市南部分布较为密集。张家口市主要分布在崇礼区、万全县、怀来县、涿鹿县北部、蔚县、阳原县等地。

第三章

张承地区森林生态产品绿色核算

森林生态系统服务物质量评估主要是从物质量角度对森林生态系统所提供的各项服务进行定量评价。依据国家标准《森林生态系统服务功能评估规范》（GB/T 38582—2020）对张承地区各县（区）森林生态系统服务功能的物质量开展评估研究，进而揭示张承地区森林生态系统服务的特征。

第一节　森林生态系统服务功能物质量

物质量评估：主要是对生态系统提供服务的实物量进行评估，即根据不同区域，不同生态系统的结构、功能和过程，从生态系统服务功能机制出发，利用适宜的定量方法确定生态系统服务功能的质量和数量。

物质量评估的特点：能够比较客观地反映生态系统的生态过程，进而反映生态系统的可持续性。但是，由于运用物质量评价方法得出的各单项生态系统服务的量纲不同，因而无法进行加总，不能够评价某一生态系统的综合生态系统服务功能。

一、总物质量评估结果

根据国家标准《森林生态系统服务功能评估规范》（GB/T 38582—2020）和 SEEA 核算框架对张承地区森林生态系统服务功能进行核算，评估得出森林生态系统保育土壤、林木养分固持、涵养水源、固碳释氧、净化大气环境和防风固沙 6 项生态系统服务功能的物质量，结果见表 3-1。

表 3-1 张承地区森林生态系统服务功能物质量评估结果

服务类别	功能类别	指标		物质量
支持服务	保育土壤	固土（万吨/年）		9546.33
		减少氮流失（万吨/年）		17.07
		减少磷流失（万吨/年）		9.63
		减少钾流失（万吨/年）		155.32
		减少有机质流失（万吨/年）		267.07
	林木养分固持	固持氮（万吨/年）		36.82
		固持磷（万吨/年）		1.89
		固持钾（万吨/年）		25.75
调节服务	涵养水源	调节水量（亿立方米/年）		44.35
	固碳释氧	固碳（万吨/年）		474.28
		释氧（万吨/年）		1195.65
	净化大气环境	提供负离子（$\times 10^{22}$个/年）		2990.15
		吸收气体污染物（万千克/年）	吸收二氧化硫	43268.64
			吸收氟化物	1429.01
			吸收氮氧化物	2114.07
		滞尘（亿千克/年）	滞纳TSP	717.82
			滞纳PM_{10}	6.60
			滞纳$PM_{2.5}$	2.90
	森林防护	防风固沙（万吨/年）		497.96

（一）保育土壤

土壤是地表的覆盖物充当着大气圈和岩石圈的交界面。土壤具有生物活性，并且是由有机和无机化合物、生物、空气和水形成的复杂混合物，是陆地生态系统中生命的基础(UK National Ecosystem Assessment，2011)。土壤养分增加可能会影响土壤碳储量，对土壤化学过程的影响较为复杂（UK National Ecosystem Assessment，2011)。为落实《中华人民共和国水土保持法》的有关规定，全面掌握水土流失动态变化情况，河北省开展了水土流失动态监测工作，结果显示张承地区水土流失面积为256577.88平方千米，其中，轻度、中度、强烈、极强烈、剧烈分别占97.06%、1.73%、1.04%、0.16%和0.02%。张承地区森林生态系统固土总物质量为9546.33万吨/年，其中承德市和张家口市森林生态系统固土量分别占总固土量的66.69%和33.31%。张承地区森林生态系统总固土量是潮白河水系、永定河水系以及滦河水系流入密云水库、官厅水库以及潘家口水库多年平均输沙总量3208.6万吨的2.98倍(图3-1)。

图 3-1　张承地区森林生态系统固土物质量（数据引自 2020 年河北省水土保持公报）

根据《河北省统计年鉴（2021）》，张承地区森林生态系统保肥物质量是张承地区农用化肥施用量 22.73 万吨（折纯）的 19.76 倍（图 3-2）。其中，承德市森林生态系统减少氮、磷、钾流失物质量分别是当年承德市农用氮肥施量 4.12 万吨（折纯）、磷肥施用量 0.71 万吨（折纯）、钾肥施用量 0.92 万吨（折纯）的 2.99 倍、9.11 倍和 114.19 倍；张家口市森林生态系统森林生态系统减少氮、磷、钾流失物质量分别是张家口市当年农用化肥施用量 12.92 万吨（折纯）、磷肥施用量 1.24 万吨（折纯）、钾肥施用量 1.53 万吨（折纯）的 1.15 倍、2.55 倍和 32.85 倍。可见，森林生态系统保育土壤功能作用显著，对维护张承地区社会、经济、生态环境的可持续发展具有重要作用。

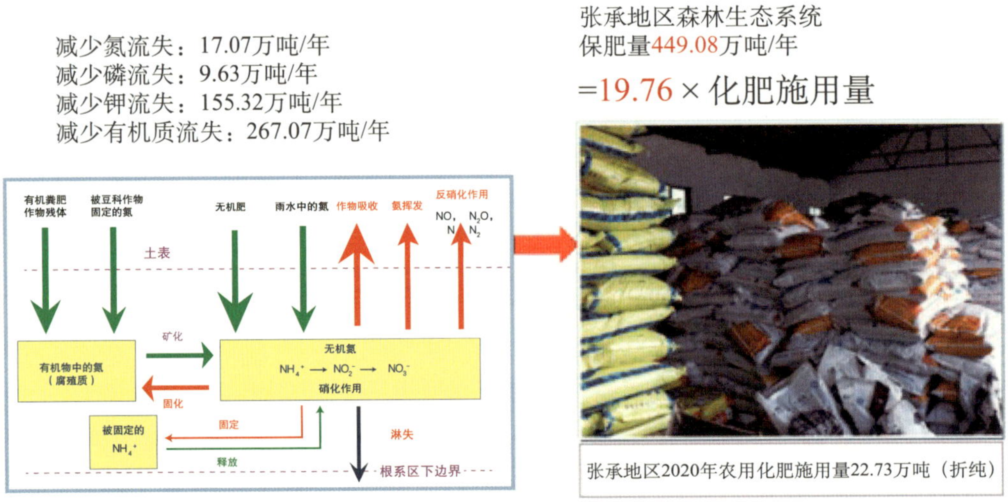

图 3-2　张承地区森林生态系统保肥物质量（数据引自《河北省经济年鉴 2021》）

（二）林木养分固持

林木在生长过程中不断从周围环境中吸收营养物质，固定在植物体中，成为全球生物化学循环不可缺少的环节。地下动植物（包括菌根关系）促进了基本的生物地球化学过程，促进土壤、植物养分和肥力的更新（UK National Ecosystem Assessment，2011）。根据《河北省经济年鉴（2021）》及核算，张承地区森林生态系统林木养分固持总物质量相当于张承地区当年农用化肥施用总量的2.84倍，其中承德市森林生态系统林木养分固持总物质量相当于承德市当年农用化肥施用量9.81万吨（折纯）的4.48倍，张家口市森林生态系统林木养分固持总物质量相当于张家口市当年农用化肥施用量12.92万吨（折纯）的1.59倍（图3-3）。

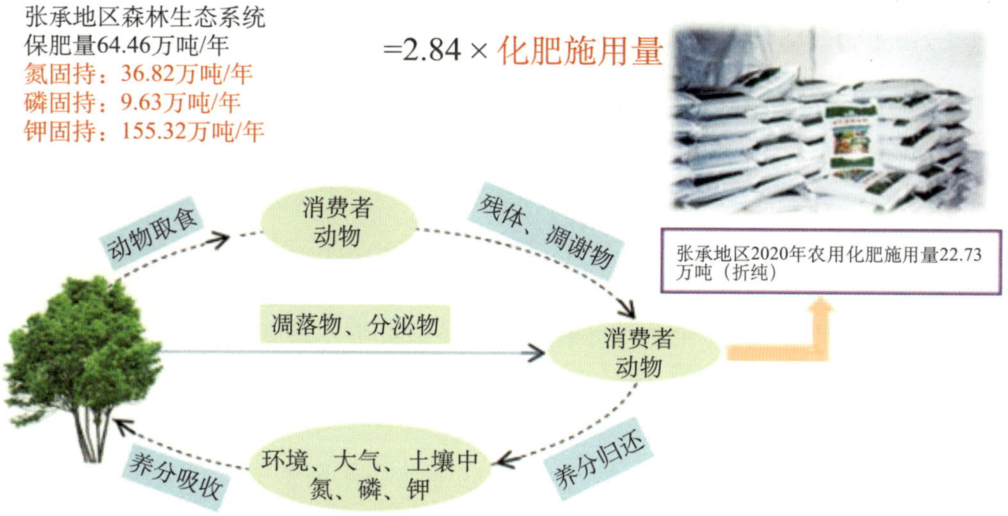

图3-3　张承地区森林生态系统林木养分固持物质量（数据引自《河北省经济年鉴（2021）》）

（三）涵养水源

水作为一种基础性自然资源，是人类赖以生存的生命之源。随着人口增长对自然资源需求量的增加，以及工业化发展和环境状况的恶化，对水资源需求量不断增加的同时，水环境也不断恶化，水资源短缺已成为世人共同关注的全球性问题。林地的水源管理功能需要得到足够的认识，它是人们安全生存以及可持续发展的基础（UK National Ecosystem Assessment，2011）。随着社会经济发展，需水量将逐步增加，城市供水的供需矛盾日益突出，必须将水资源的永续利用与保护作为实施可持续发展的战略重点，以促进“生态—经济—社会”的健康运行与协调发展。如何破解这一难题，应对水资源不足与社会、经济可持续发展之间的矛盾，只有从增加贮备和合理用水这两方面着手，建设水利设施拦截水流增加贮备的工程方法。同时运用生物工程的方法，特别是发挥森林生态系统的涵养水源功能，也应该引起人们的高度关注。张承地区森林生态系统涵养水源总物质量为44.35亿立方米，相当于张承地区多年平均水资源总量的59.53%。其中，张家口市森林生态系统涵养水源总物质量相当于官厅水库库容41.6亿立方米的28.29%；承德市森林生态系统涵养水源总物质量相当于密云水库库容20.0亿立方米和潘家口水库库容29.3亿立方米的66.08%（图3-4）。可见，张承地区森林生态系统发挥着巨大的涵养水源功能，正如一座绿色“水库”，对维护张承地区乃至京津冀地区的水资源安全、保障水资源永续利用具有重要作用。

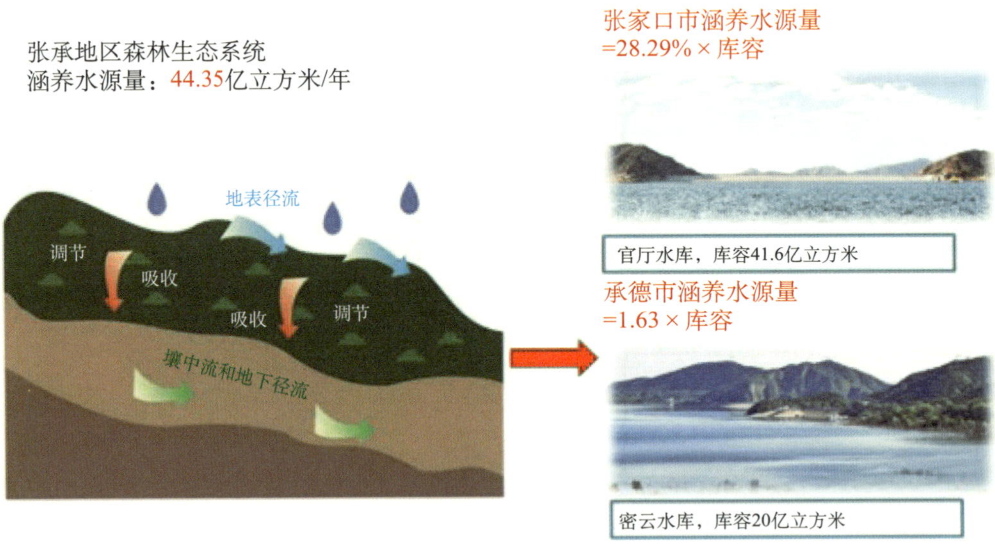

图 3-4　张承地区森林生态系统涵养水源物质量

（四）固碳释氧

随着公众对气候变化、生境和物种保护问题的认识不断扩大，企业采取自愿措施来改善企业的状况。英国的一个新例子是试点标准（Forestry Commission，2010）。该准则旨在通过鼓励对林地碳项目采取一致的做法，为以固碳为目的种植树木的企业和个人提供保障(UK National Ecosystem Assessment，2011)。森林是陆地生态系统最大的碳储库，在全球碳循环过程中发挥着重要作用。就森林对储存碳的贡献而言，森林面积占全球陆地面积的27.6%，森林植被的碳贮量约占全球植被的77%，森林土壤的碳贮量约占全球土壤的39%。森林固碳机制是通过森林自身的光合作用过程吸收二氧化碳，并蓄积在树干、根部及枝叶等部分，从而抑制大气中二氧化碳浓度的上升，有效地起到了绿色减排的作用，提高森林碳汇功能是降低碳总量非常有效的途径。依据国家林业和草原局公布的第三期中国森林资源核算研究成果显示：我国森林全口径碳汇量达 4.34 亿吨 / 年，折合成二氧化碳量为 15.91 亿吨。根据中国碳排放网报道，我国 2018 年二氧化碳排放量为 100 亿吨，同期全国森林吸收了全国二氧化碳排放量的 15.91%，起到了显著的碳中和作用。根据《河北省统计年鉴（2021）》数据显示，2020 年河北省能源消费总量高达 32782.76 万吨标准煤，利用碳排放转换系数 0.68（中国国家标准化管理委员会，2008）换算可知，河北省 2020 年碳排放量（CO_2）为 22292.28 万吨。张承地区森林生态系统全口径碳汇量为 474.28 万吨 / 年，折合二氧化碳量为 1738.66 万吨，那么张承地区同期森林生态系统吸收的二氧化碳相当于抵消了 2020 年河北省碳排放量的 7.80%（图 3-5）。

图 3-5 张承地区森林生态系统固碳物质量

（五）净化大气环境

空气负离子是一种重要的无形旅游资源，具有杀菌、降尘、清洁空气的功效，被誉为“空气维生素与生长素”，对人体健康十分有益，还能改善肺器官功能，增加肺部吸氧量，促进人体新陈代谢，激活肌体多种酶和改善睡眠，提高人体免疫力、抗病能力（牛香等，2017）。森林在净化大气方面的功能是无可替代的，张承地区森林生态系统年提供负离子 2990.15×10^{22} 个。其中，承德市森林生态系统提供负离子量占总负离子的 66.83%，张家口市占 33.17%。植物吸收大气污染物指植物吸收二氧化硫、氮氧化物和氟化物，植物叶片具有吸附、吸收污染物或阻碍污染物扩散的作用。森林生态系统能够清除空气中的污染物，从而降低局部地区的污染物浓度（UK National Ecosystem Assessment，2011）。张承地区森林生态系统吸收氟化物总物质量为 1429.01 万千克 / 年。其中，承德市和张家口市森林生态系统吸收氟化物分别占其总量的 67.34% 和 32.66%。

张承地区森林生态系统吸收二氧化硫总物质量为 43268.64 万千克 / 年。其中，承德市和张家口市森林生态系统吸收二氧化硫分别占其总量的 66.11% 和 33.89%。张承地区森林生态系统吸收二氧化硫总物质量是当年河北省主要城市中工业二氧化硫总排放量 12.28 万吨的 3.52 倍（图 3-6），按照 1 吨标准煤释放 8.5 千克二氧化硫计算，也相当于抵消了燃烧 5.09 万吨标准煤排放的二氧化硫量。

张承地区森林生态系统吸收氮氧化物总物质量为 2114.07 万千克 / 年。其中，承德市和张家口市森林生态系统吸收氮氧化物分别占其总量的 66.06% 和 33.94%。张承地区森林生态系统吸收氮氧化物总物质量相当于抵消当年河北省主要城市中工业氮氧化物总排放量 30.11 万吨的 6.58%（图 3-7），按照 1 吨标准煤释放 7.4 千克氮氧化物计算，也相当于抵消了燃烧 0.29 万吨标准煤排放的氮氧化物量。

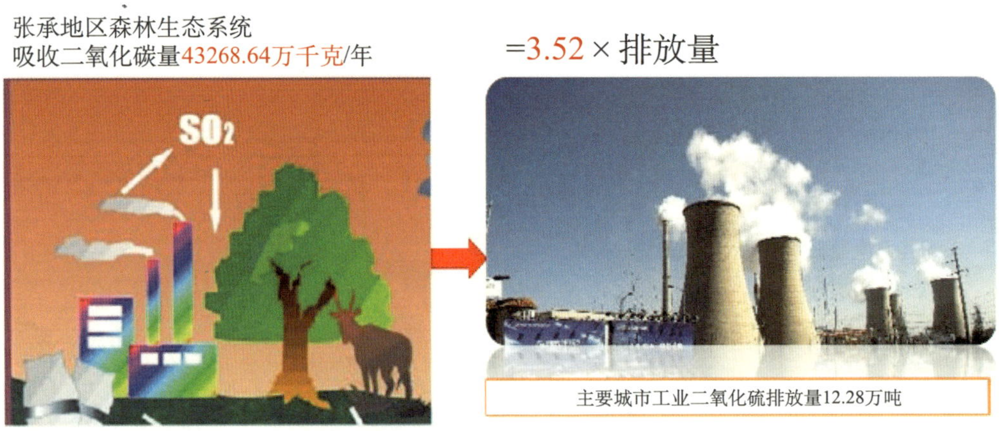

图 3-6 张承地区森林生态系统吸收二氧化硫物质量（数据引自《河北省统计年鉴（2021）》）

图 3-7 张承地区森林生态系统吸收氮氧化物物质量（数据引自《河北省统计年鉴（2021）》）

张承地区森林生态系统吸附滞纳 TSP 总物质量为 717.82 亿千克 / 年。其中，承德市和张家口市森林生态系统吸附滞纳 TSP 分别占其总量的 67.27% 和 32.73%。张承地区森林生态系统吸附滞纳 TSP 总物质量是河北省当年主要废气中烟（粉）尘总排放量 37.07 万吨的 193.64 倍(图 3-8)。张承地区森林生态系统滞纳 $PM_{2.5}$ 和 PM_{10} 量分别为 6.60 亿千克 / 年和 2.90 亿千克 / 年；2020 年张家口市中心城区环境空气质量达标天数 328 天，达标率为 89.6%，环境空气综合质量指数为 3.21，在全省排名第一（张家口市统计局，2021）；承德市城区空气质量达标天数 322 天，占全年总天数的 88.0%（承德市统计局，2021）。近年来，河北省空气质量综合指数以及 $PM_{2.5}$、PM_{10}、SO_2、NO_x 等的浓度均呈明显下降趋势，主要得益于张承地区实施的三北防护林工程、京津风沙源工程等，从根本上遏制土地“三化”趋势，实现降低风速、固阻风沙目标。由此可见，森林生态系统在净化大气环境方面是不可替代的，未来随着森林生长发育及质量的不断提高，其净化大气环境还有更大潜力。

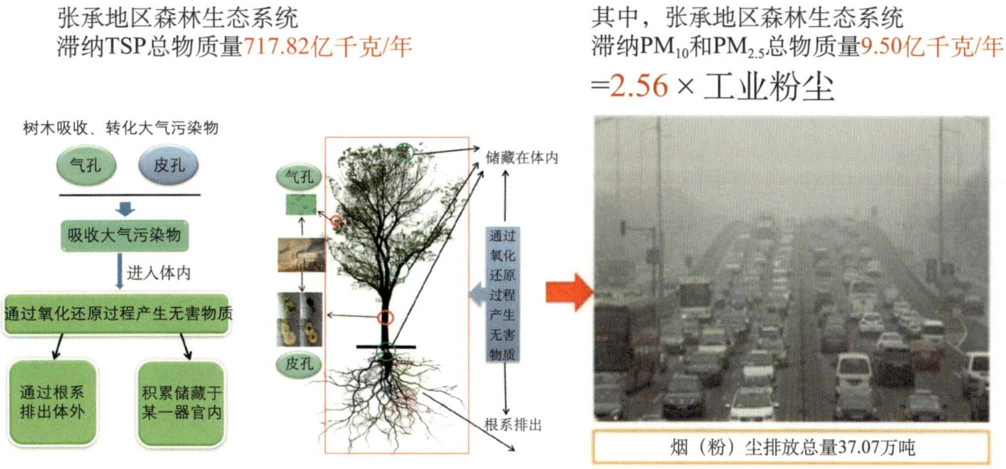

图 3-8　张承地区森林生态系统滞纳 TSP 物质量（数据引自《河北省统计年鉴（2021）》）

（六）森林防护

张承地区森林生态系统防风固沙量为 497.96 万吨 / 年。其中，承德市和张家口市森林生态系统防风固沙量分别占其总量的 91.27% 和 8.73%。当前进中的风遇到林木后，较少部分从枝、叶、干的缝隙中挤过去，在这个过程中经过摩擦、碰撞，风力就减弱了，大部分风由于林木阻挡、迫使它沿林冠向高空吹去，然后再逐渐回到地面，这本身就会使风速减小，而且当和透过林木的气流会合时，又削弱了一部分风力。一般情况下，林带的防风作用体现在：迎风面距树高 5 倍处风速开始减弱，在背风面距树高 3 ~ 5 倍处风速达到最低，以后逐渐升高。在树高 10 倍处风速仍比旷野低 60%，在树高 20 倍处低 30% ~ 40%，至树高 50 倍处又恢复到原来的速度（王俊枝等，2018）。

二、县（区）森林生态系统服务功能物质量评估

优质生态产品是最普惠的民生福祉，是维系人类生存发展的必需品，森林生态系统产生的服务也是最普惠的民生福祉。依据国家标准《森林生态系统服务功能评估规范》（GB/T 38582—2020），对张家口市现辖 11 个县（张北、康保、沽源、尚义、蔚县、阳原、怀安、怀来、涿鹿、赤城、万全；其中张北包括察北管理区、沽源县包括塞北管理区、蔚县和涿鹿均包括部分小五台山国家级自然保护区），5 个区（桥东、桥西、宣化、下花园、崇礼）以及承德市现辖的 8 个县（市）（平泉市、围场满族蒙古族自治县、宽城满族自治县、隆化县、承德县、滦平县、兴隆县、丰宁满族自治县），3 个区（双桥区、双滦区、鹰手营子矿区）的森林生态系统服务功能的物质量开展评估研究，进而揭示各县（区）森林生态系统服务的特征。

（一）保育土壤

张承地区各县（区）森林生态系统固土物质量占比如图 3-9 所示。各县（区）森林生态

系统固土量最高为丰宁满族自治县、围场满族蒙古族自治县和隆化县，均大于 950.00 万吨 / 年，占总固土量的 41.48%；其次为赤城县、兴隆县、平泉市、涿鹿县、滦平县、宽城满族自治县、崇礼区、蔚县、怀来县和康保县，介于 200.0 万～ 750.0 万吨 / 年，占总固土量的 45.25%；张北县、尚义县、承德县、沽源县和宣化区介于 100 万～ 199.0 万吨 / 年，占总固土量的 8.21%；其余县（区）均小于 100 万吨 / 年，占总固土量的 5.06%。

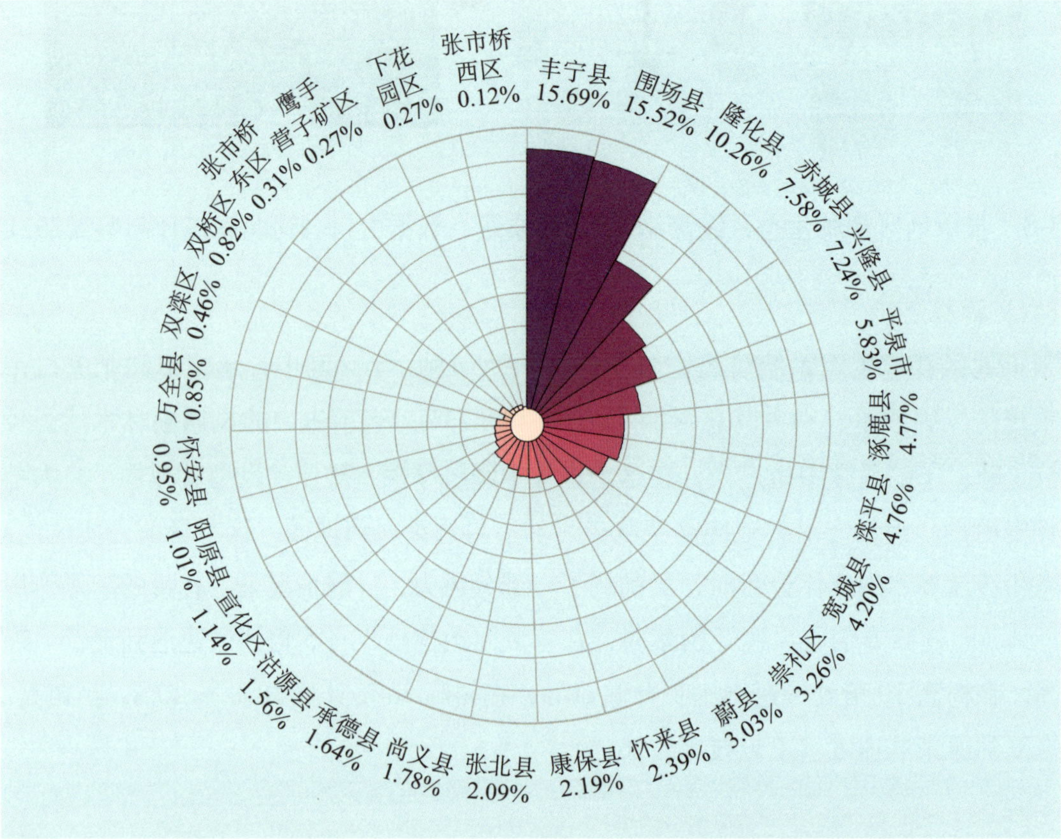

图 3-9 张承地区各县（区）森林生态系统固土物质量占比

张承地区各县（区）森林生态系统减少氮流失物质量占比如图 3-10 所示，最高为丰宁满族自治县、围场满族蒙古族自治县和隆化县，均大于 1.70 万吨 / 年，占减少氮流失总物质量的 43.62%；其次为平泉市、赤城县、兴隆县、滦平县、涿鹿县、宽城满族自治县、蔚县和崇礼区，介于 0.55 万～ 1.60 万吨 / 年，占减少氮流失总物质量的 43.55%；怀来县、承德县、宣化区、阳原县、双桥县、尚义县、怀安县、沽源县和万全县介于 0.10 万～ 0.50 万吨 / 年，占减少氮流失总物质量的 10.53%；其余县（区）均小于 0.10 万吨 / 年，占减少氮流失总物质量的 2.30%。

张承地区各县（区）森林生态系统减少磷流失物质量占比如图 3-11 所示，最高为围场满族蒙古族自治县、丰宁满族自治县和隆化县，均大于 1.00 万吨 / 年，占减少磷流失总物质量的 40.90%；其次为赤城县、平泉市、兴隆县、滦平县、涿鹿县、宽城满族自治县、崇礼区、

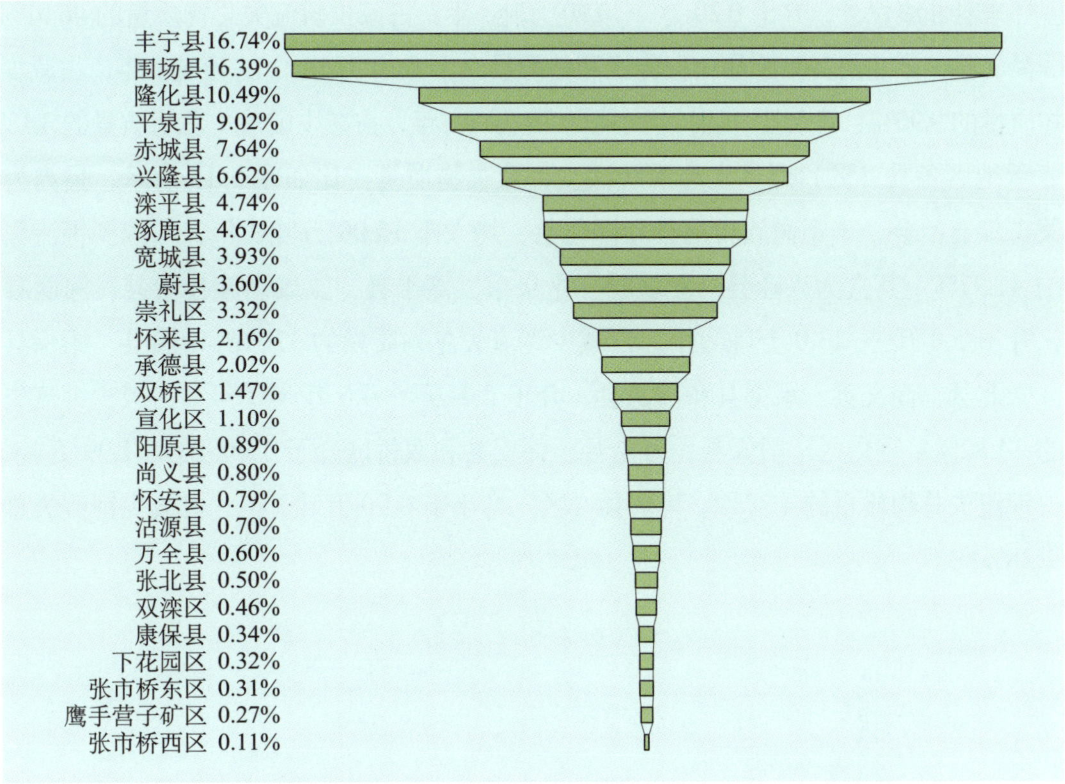

图 3-10 张承地区各县（区）森林生态系统减少氮流失物质量占比

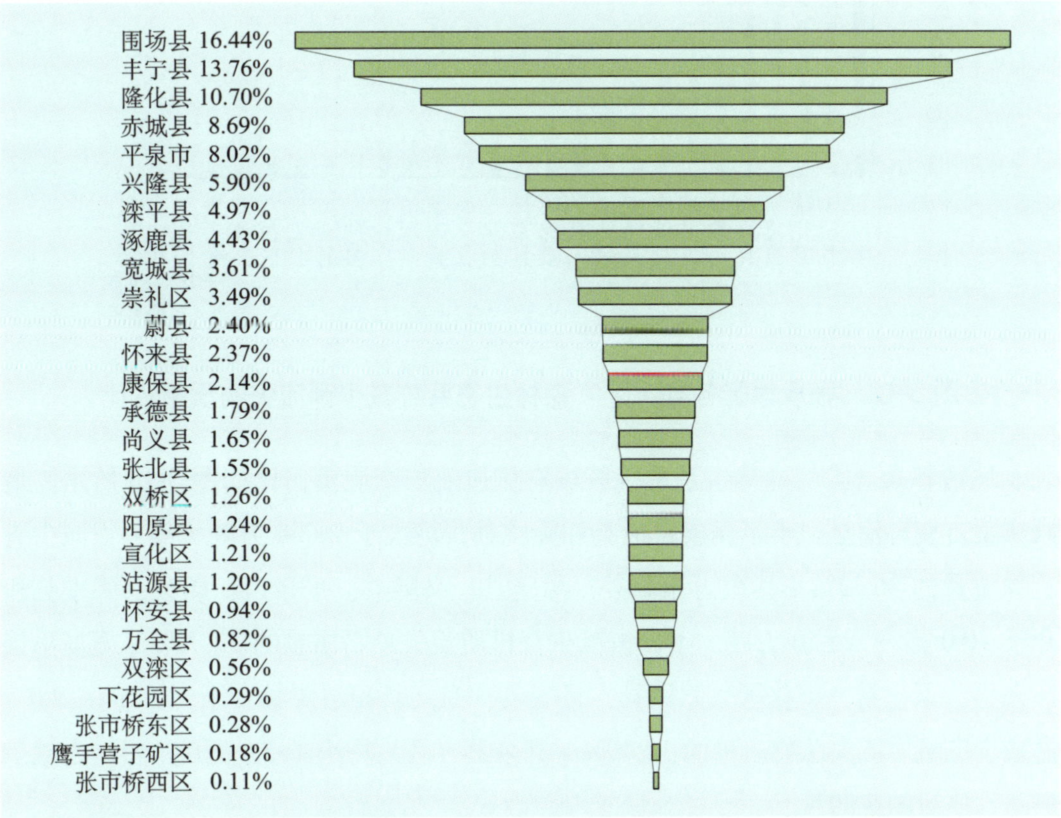

图 3-11 张承地区各县（区）森林生态系统减少磷流失物质量占比

蔚县、怀来县和康保县，介于 0.20 万 ~ 0.90 万吨 / 年，占减少磷流失总物质量的 46.01%；承德县、尚义县、张北县、阳原县、宣化区和沽源县介于 0.10 万 ~ 0.19 万吨 / 年，占减少磷流失总物质量的 9.90%；其余县（区）均小于 0.10 万吨 / 年，占减少磷流失总物质量的 3.18%。

张承地区各县（区）森林生态系统减少钾流失物质量占比如图 3-12 所示，最高为围场满族蒙古族自治县、丰宁满族自治县和隆化县，均大于 15.00 万吨 / 年，占减少钾流失总物质量的 41.97%；其次为兴隆县、赤城县、平泉市、滦平县、宽城满族自治县、涿鹿县和崇礼区，介于 5.0 万 ~ 13.0 万吨 / 年，占减少钾流失总物质量的 37.16%；蔚县、康保县、怀来县、张北县、尚义县、承德县和沽源县，介于 2.4 万 ~ 4.6 万 吨 / 年，占减少钾流失总物质量的 14.82%；宣化区、阳原县、万全县、怀安县和双桥区介于 1.00 万 ~ 1.99 万吨 / 年，占减少钾流失总物质量的 4.77%；其余县（区）均小于 0.90 万吨 / 年，占减少钾流失总物质量的 1.28%。

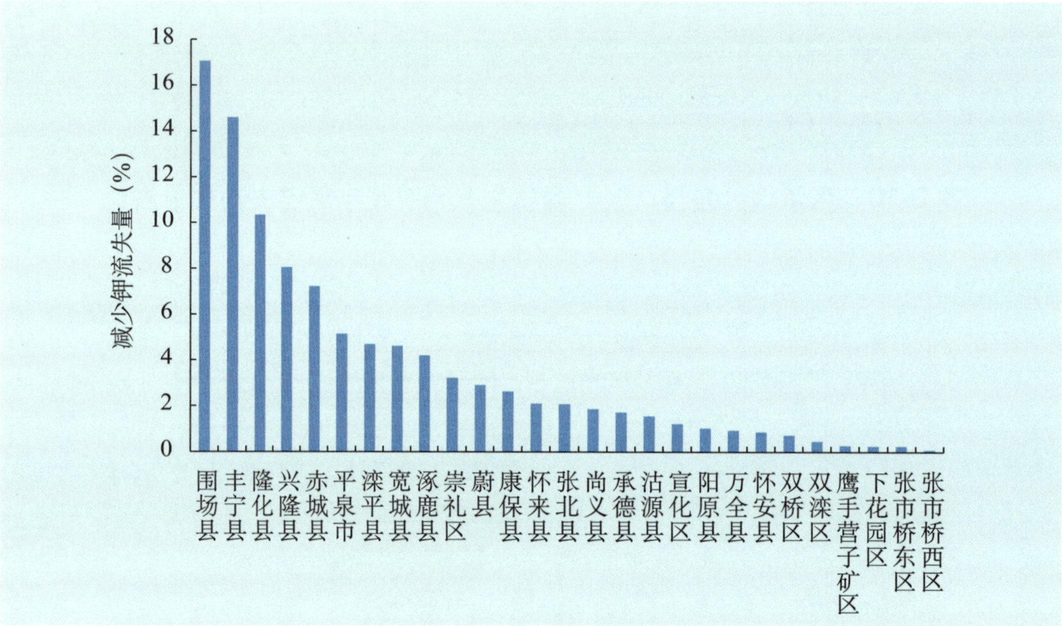

图 3-12 张承地区各县（区）森林生态系统减少钾流失物质量占比

张承地区各县（区）森林生态系统减少有机质流失物质量占比如图 3-13 所示，最高为围场满族蒙古族自治县、丰宁满族自治县和隆化县，均大于 29.00 万吨 / 年，占减少有机质流失总物质量的 46.32%；其次为赤城县、涿鹿县、兴隆县、平泉市、蔚县、滦平县和崇礼区，介于 10.0 万 ~ 25.50 万吨 / 年，占减少有机质流失总物质量的 37.39%；宽城满族自治县、怀来县、承德县、宣化区、阳原县、怀安县、尚义县和沽源县介于 2.0 万 ~ 9.0 万吨 / 年，占减少有机质流失总物质量的 12.40%；其余县（区）均小于 2.0 万吨 / 年，占减少有机质流失总物质量的 3.89%。

森林保育土壤的功能不仅表现为固定土壤，同时还表现为保持土壤肥力。森林植被不仅在调控土壤侵蚀方面发挥着不可替代的作用，使水土流失从总体上得到控制，而且在维持和改善森林生态系统土壤肥力、提高森林生产力方面具有重要的作用。一方面森林生态系统发挥的保育土壤的功能可大大降低地质灾害发生的可能性；另一方面，在防止水土流失的同时，还减少了随着径流进入到水库和湿地中的养分含量，降低了水体富营养化程度，可保障湿地生态系统的安全。

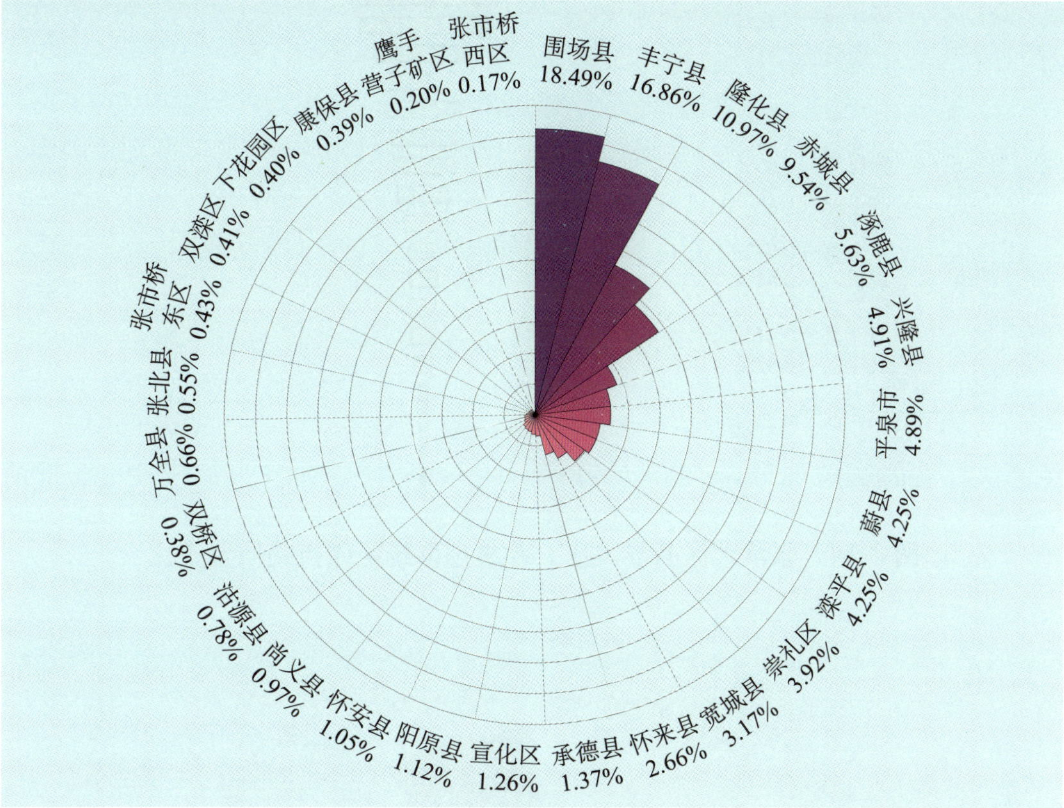

图 3-13　张承地区各县（区）森林生态系统减少有机质流失物质量占比

（二）林木养分固持

张承地区各县（区）森林生态系统氮固持物质量占比如图 3-14 所示，最高为丰宁满族自治县、围场满族蒙古族自治县和隆化县，均大于 29.00 万吨 / 年，占氮固持总物质量的 40.27%；其次为赤城县、兴隆县、承德县、平泉市、涿鹿县、滦平县、宽城满族自治县和崇礼区，介于 1.20 万 ～ 3.40 万吨 / 年，占氮固持总物质量的 43.36%；蔚县、怀来县、张北县、沽源县、康保县、尚义县和宣化区等均低于 1.0 万吨 / 年，占氮固持总物质量的 16.37%。

张承地区各县（区）森林生态系统磷固持物质量占比如图 3-15 所示，最高为围场满族蒙古族自治县、丰宁满族自治县、承德县和隆化县，均大于 0.19 万吨 / 年，占磷固持总物质量的 47.01%；其次为平泉市、兴隆县、赤城县、滦平县、宽城满族自治县和涿鹿县，介于 0.06 万～ 0.18 万吨 / 年，占磷固持总物质量的 37.61%；崇礼区、蔚县、怀来县、张北县、沽源县、康保县、尚义县等均低于 0.05 万吨 / 年，占磷固持总物质量的 15.38%。

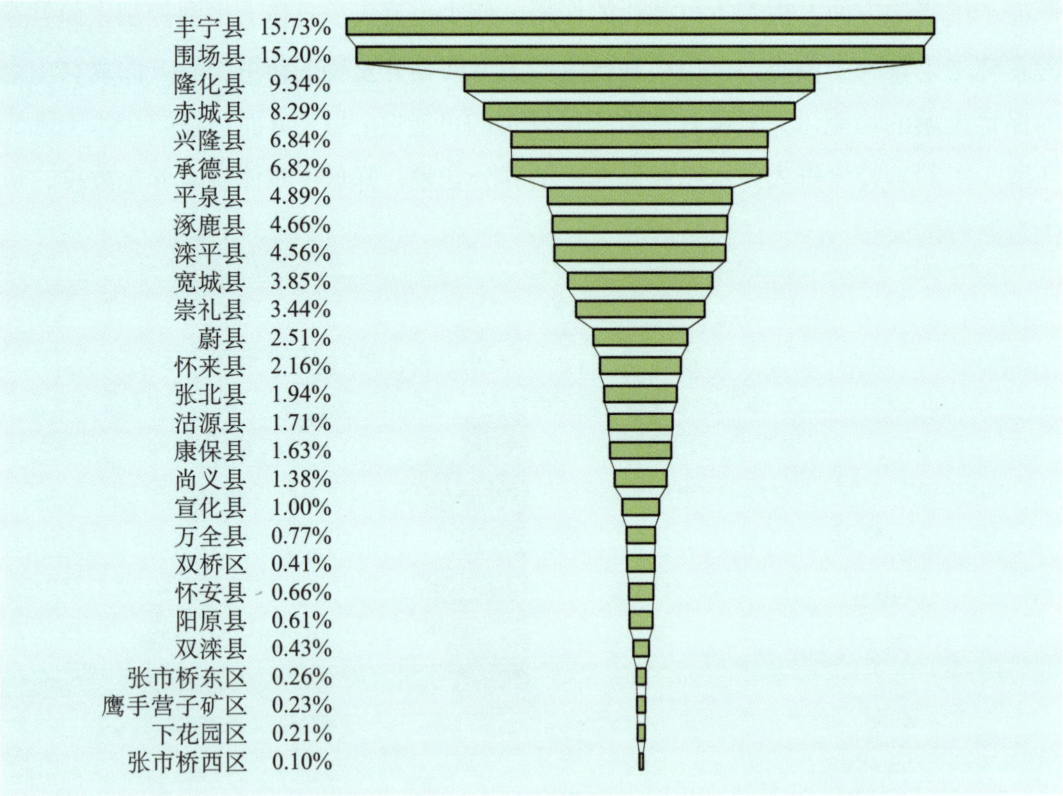

图 3-14　张承地区各县（区）森林态系统氮固持物质量占比

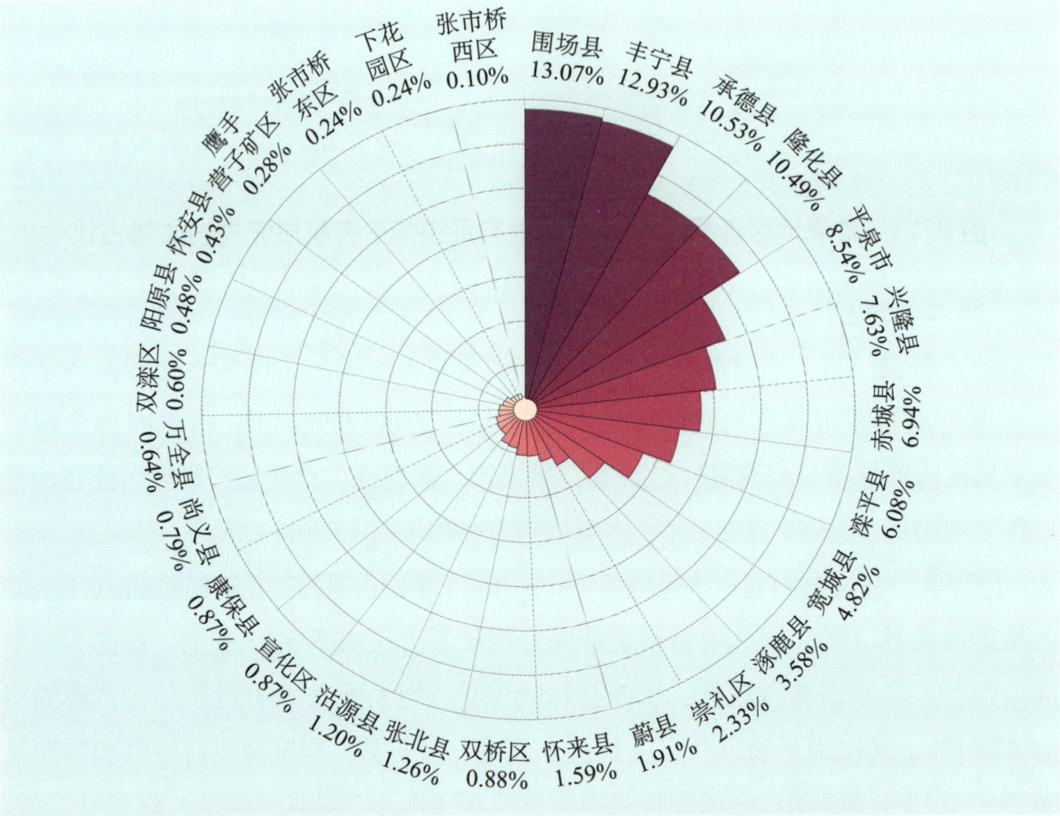

图 3-15　张承地区各县（区）森林态系统磷固持物质量占比

张承地区各县（区）森林生态系统钾固持物质量占比如图 3-16 所示，最高为围场满族蒙古族自治县、丰宁满族自治县和隆化县，均大于 2.20 万吨 / 年，占钾固持总物质量的 40.20%；其次为赤城县、承德县、兴隆县、涿鹿县、平泉市和滦平县，介于 1.0 万 ~ 2.15 万吨 / 年，占钾固持总物质量的 34.55%；宽城满族自治县、崇礼区、怀来县、蔚县、张北县、沽源县、康保县、尚义县等均低于 1.0 万吨 / 年，占钾固持总物质量的 25.25%。森林生态系统林木养分氮固持、磷固持和钾固持林木养分固持的整体分布状况，不仅与植被的分布状况有关之外，还与其所处的自然环境密切相关。同时，林木养分固持还与生物量的周转率有关，森林的生物量越高则其周转率较快（UK National Ecosystem Assessment，2011）。

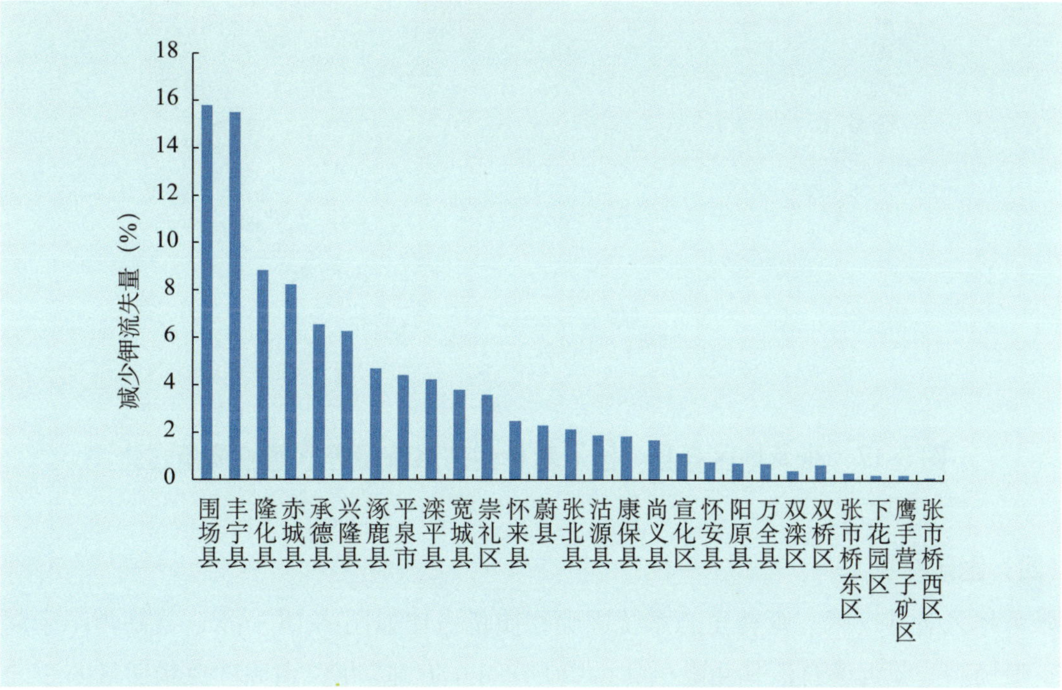

图 3-16 张承地区各县（区）森林态系统钾固持物质量占比

（三）涵养水源

张承地区各县（区）森林生态系统涵养水源物质量占比如图 3-17 所示，最高为丰宁满族自治县、围场满族蒙古族自治县和隆化县，均大于 4.0 亿立方米 / 年，占涵养水源总物质量的 39.21%；其次为承德县、兴隆县、平泉市、赤城县、滦平县、宽城满族自治县、涿鹿县、怀来县和蔚县，介于 1.15 亿～ 3.60 亿立方米 / 年，占涵养水源总物质量的 8.49%；崇礼区、宣化区、张北县、双乔区、万全县、阳原县、沽源县、怀安县、尚义县和康保县介于 0.35 亿 ~ 0.10 亿立方米 / 年，占涵养水源总物质量的 10.66%；其余县（区）均小于 0.30 亿立方米 / 年，占涵养水源总物质量的 1.64%。

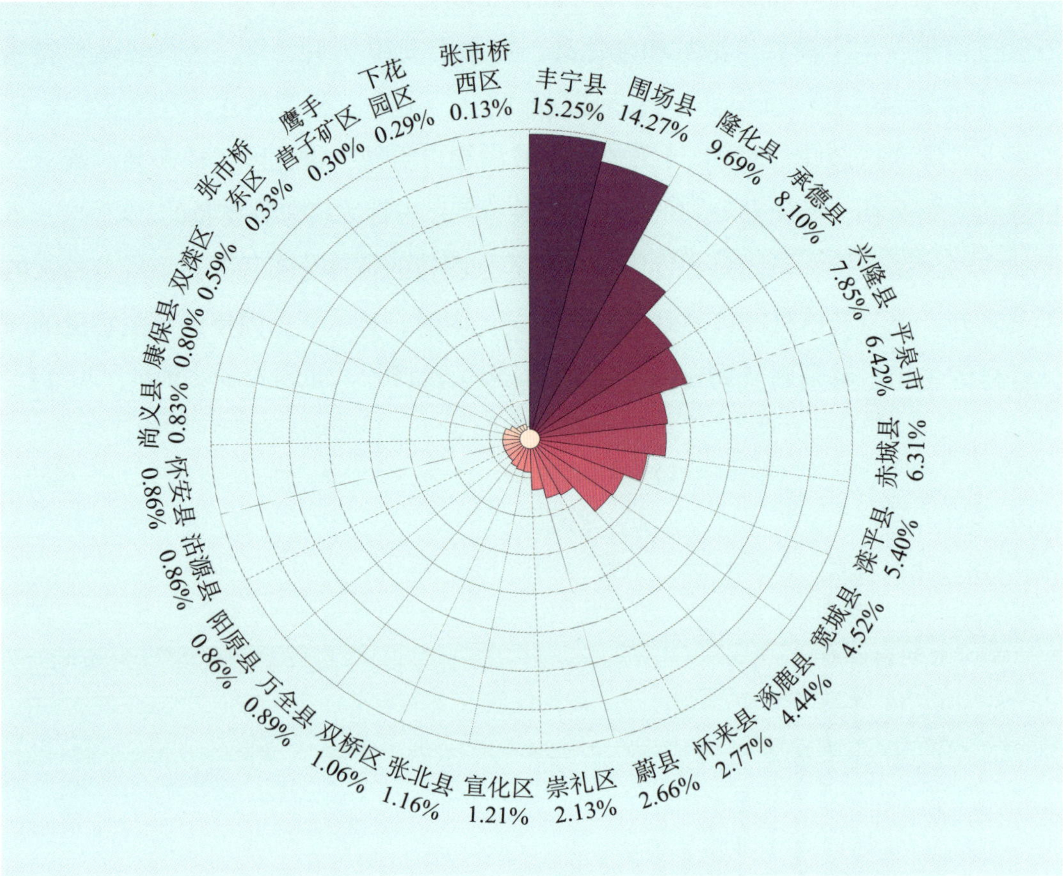

图 3-17 张承地区各县（区）森林生态系统涵养水源物质量占比

（四）固碳释氧

张承地区各县（区）森林生态系统固碳物质量占比如图 3-18 所示，最高为丰宁满族自治县、围场满族蒙古族自治县和隆化县，均大于 4.0 万吨 / 年，占固碳总物质量的 39.21%；其次为承德县、兴隆县、平泉市、赤城县、滦平县、宽城满族自治县、涿鹿县、怀来县和蔚县，介于 1.10 万 ~ 3.60 万吨 / 年，占固碳总物质量的 48.49%；崇礼区、宣化区、张北县、万全县、阳原县、沽源县、怀安县、尚义县和康保县介于 0.35 万 ~ 0.10 万吨 / 年，占固碳总物质量的 9.60%；其余县（区）均小于 0.35 万吨 / 年，占固碳总物质量的 2.70%。

张承地区各县（区）森林生态系统释氧物质量占比如图 3-19 所示，最高为围场满族蒙古族自治县、丰宁满族自治县、隆化县和赤城县，均大于 100.0 万吨 / 年，占释氧总物质量的 48.07%；其次为承德县、兴隆县、平泉市、滦平县、涿鹿县、宽城满族自治县和崇礼区，介于 35.0 万 ~ 90.0 万吨 / 年，占释氧总物质量的 36.33%；蔚县、怀来县、张北县、沽源县、康保县、尚义县、宣化区和双桥区介于 10.0 万 ~ 30.0 万吨 / 年，占释氧总物质量的 12.31%；其余县（区）均小于 10.0 万吨 / 年，占释氧总物质量的 3.29%。

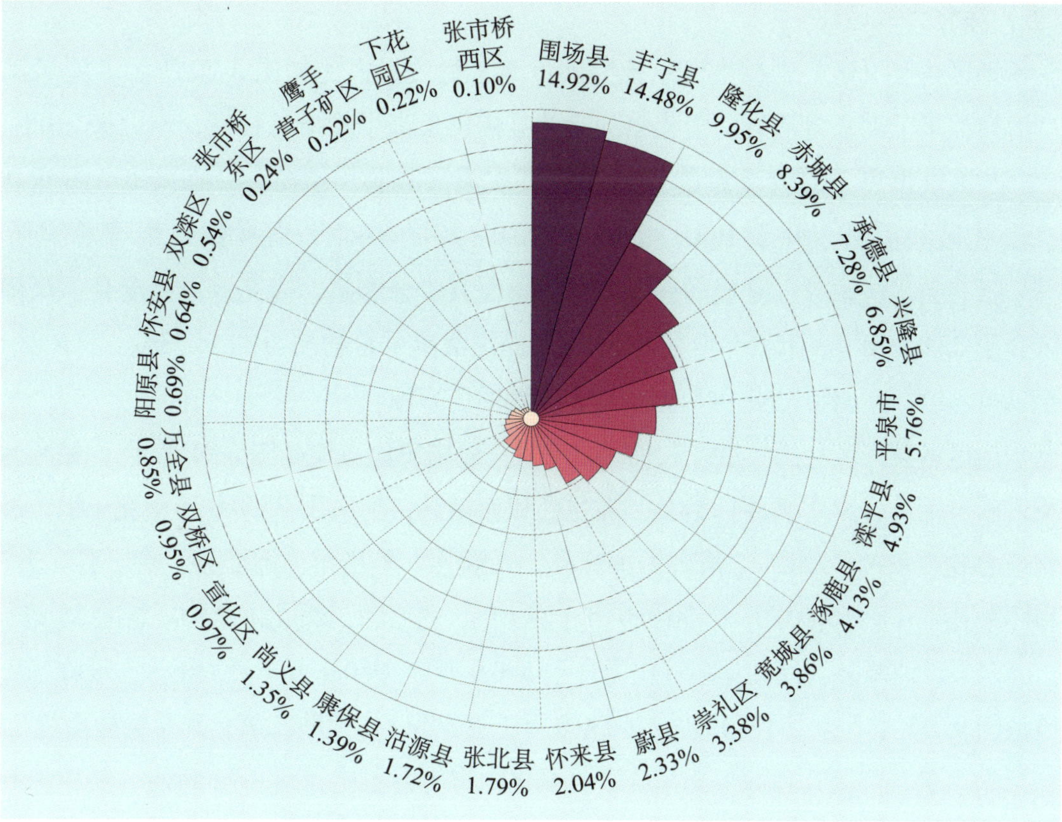

图 3-18 张承地区各县（区）森林生态系统固碳物质量占比

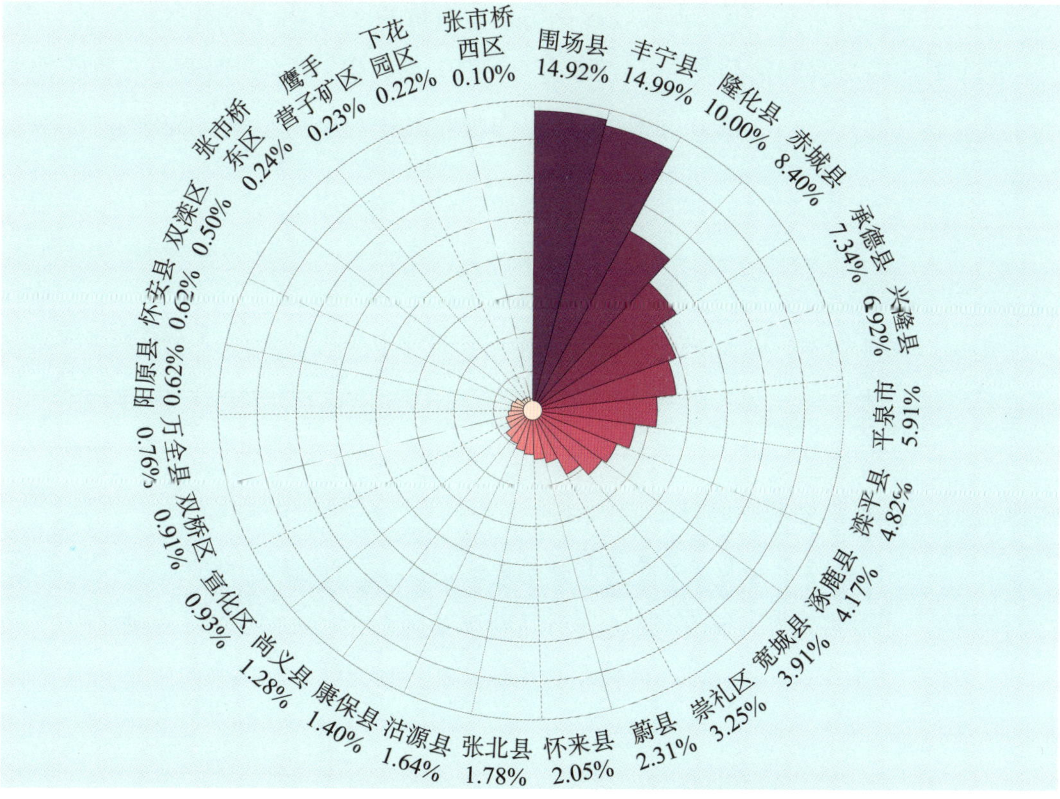

图 3-19 张承地区各县（区）森林生态系统释氧物质量占比

（五）净化大气环境

张承地区各县（区）森林生态系统提供负离子物质量占比如图 3-20 所示，围场满族蒙古族自治县、丰宁满族自治县、隆化县和赤城县提供负离子物质量较高，均大于 230.0×10^{22} 个 / 年，占提供负离子总物质量的 48.40%；其次为兴隆县、承德县、平泉市、涿鹿县、滦平县、崇礼区和蔚县，介于 100.0×10^{22} ～ 200.0×10^{22} 个 / 年，占提供负离子总物质量的 33.92%；张北县、沽源县、宽城满族自治县、康保县、怀来县、尚义县、万全县、双桥区和宣化区介于 22.0×10^{22} ～ 95.0×10^{22} 个 / 年，占提供负离子总物质量的 15.33%；其余县（区）均小于 20.0×10^{22} 个 / 年，占提供负离子总物质量的 2.35%。

张承地区各县（区）森林生态系统吸收二氧化硫物质量占比如图 3-21 所示，最高为围场满族蒙古族自治县、丰宁满族自治县、隆化县和赤城县，均大于 3500.0 万千克 / 年，占吸收二氧化硫总物质量的 47.40%；其次为承德县、兴隆县、平泉市、涿鹿县、滦平县、崇礼区、蔚县和怀来县，介于 1000.0 万 ～ 3000.0 万千克 / 年，占吸收二氧化硫总物质量的 38.59%；张北县、康保县、沽源县、尚义县和宣化区介于 500.0 万 ～ 950.0 万千克 / 年，占吸收二氧化硫总物质量的 9.01%；其余县（区）均小于 450.0 万千克 / 年，占吸收二氧化硫总物质量的 5.00%。

张承地区各县（区）森林生态系统吸收氟化物物质量占比如图 3-22 所示，最高为围场满族蒙古族自治县、丰宁满族自治县和隆化县，均大于 150.0 万千克 / 年，占吸收氟化物总物质量的 38.07%；其次为赤城县、承德县、兴隆县、滦平县、平泉市、涿鹿县和宽城满族自治县，介于 55.0 万～ 130.0 万千克 / 年，占吸收氟化物总物质量的 41.13%；崇礼区、蔚县、康保县、怀来县、张北县、尚义县和沽源县介于 20.0 万 ～ 50.0 万千克 / 年，占吸收氟化物总物质量的 15.53%；其余县（区）均小于 20.0 万千克 / 年，占吸收氟化物总物质量的 5.27%。

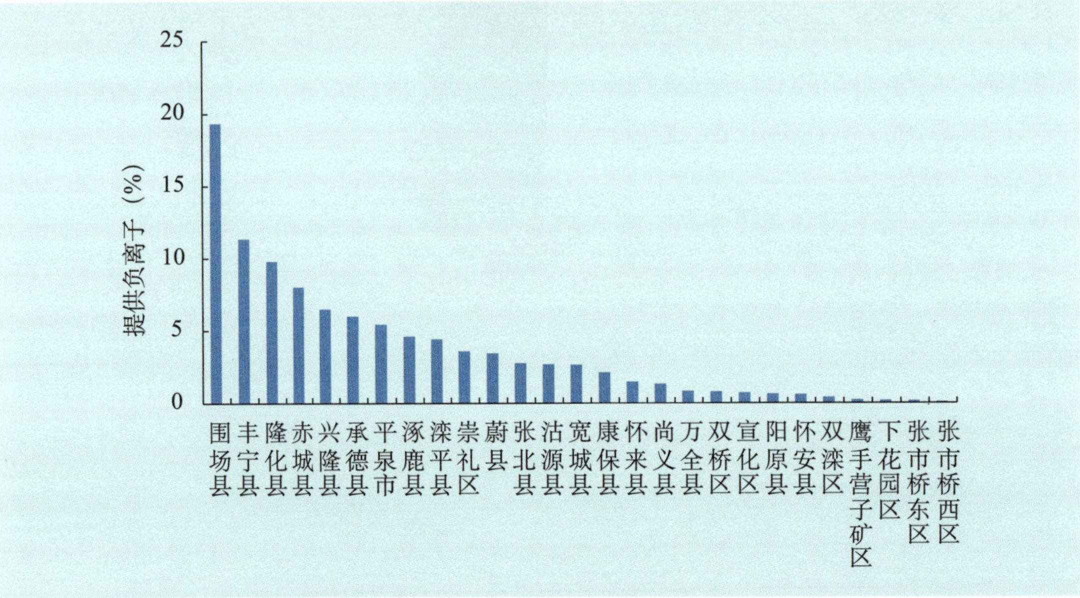

图 3-20　张承地区各县（区）森林生态系统提供负离子物质量占比

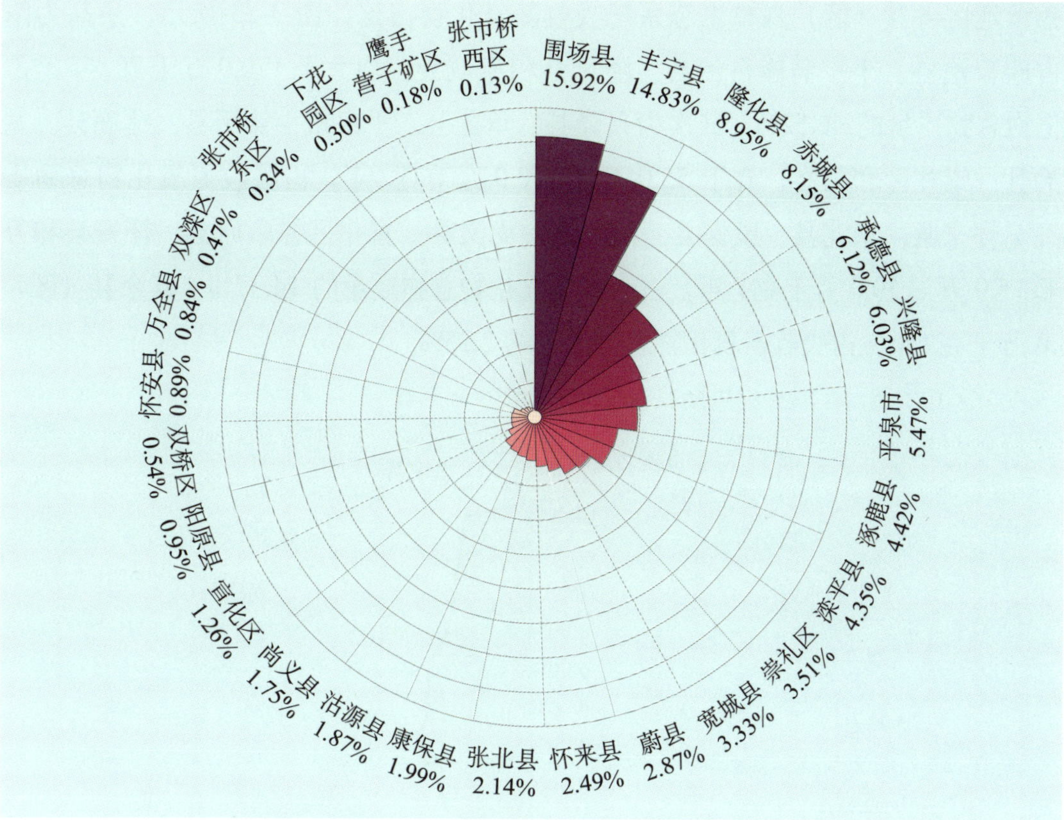

图 3-21 张承地区各县（区）森林生态系统吸收二氧化硫物质量占比

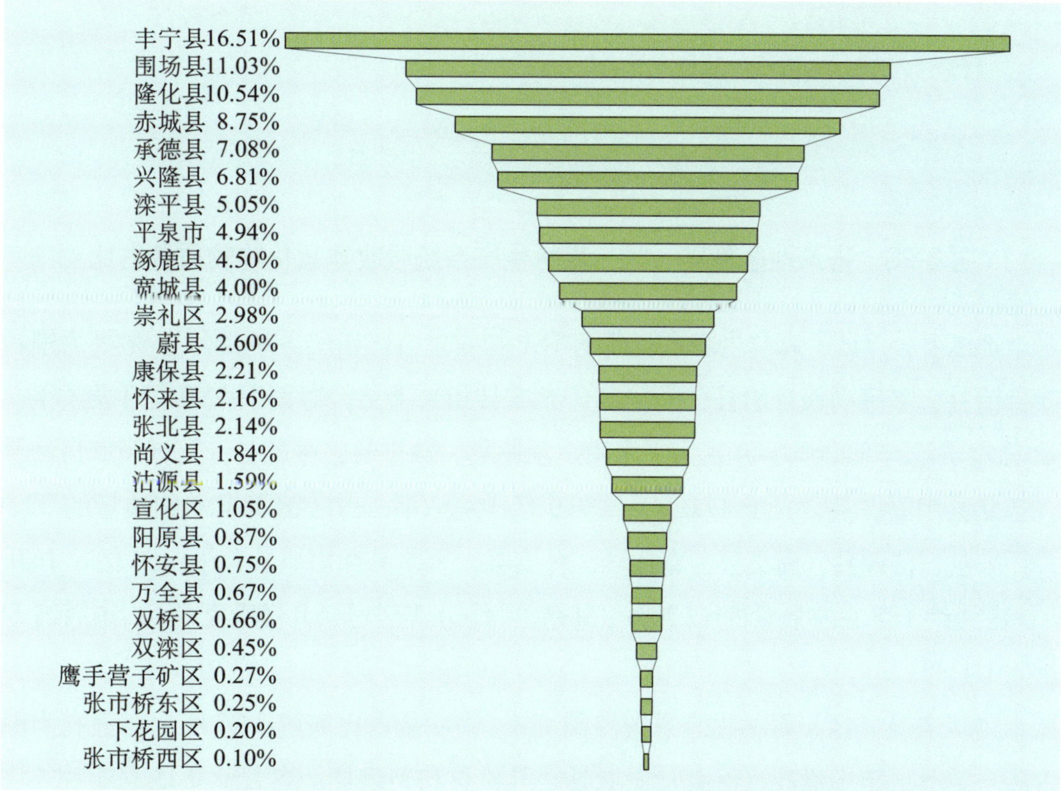

图 3-22 张承地区各县（区）森林生态系统吸收氟化物物质量占比

张承地区各县（区）森林生态系统吸收氮氧化物占比如图 3-23 所示，最高为围场满族蒙古族自治县、丰宁满族自治县、隆化县和赤城县，均大于 170.0 万千克 / 年，占吸收氮氧化物总物质量的 46.52%；其次为兴隆县、承德县、平泉市、滦平县、涿鹿县、宽城满族自治县、崇礼区和蔚县，介于 55.0 万～150.0 万千克 / 年，占吸收氮氧化物总物质量的 36.86%；怀来县、张北县、康保县、沽源县、尚义县、宣化区、阳原县、怀安县和万全县和介于 15.0 万～50.0 万千克 / 年，占吸收氮氧化物总物质量的 14.37%；其余县（区）均小于 15.0 万千克 / 年，占吸收氮氧化物总物质量的 2.25%。

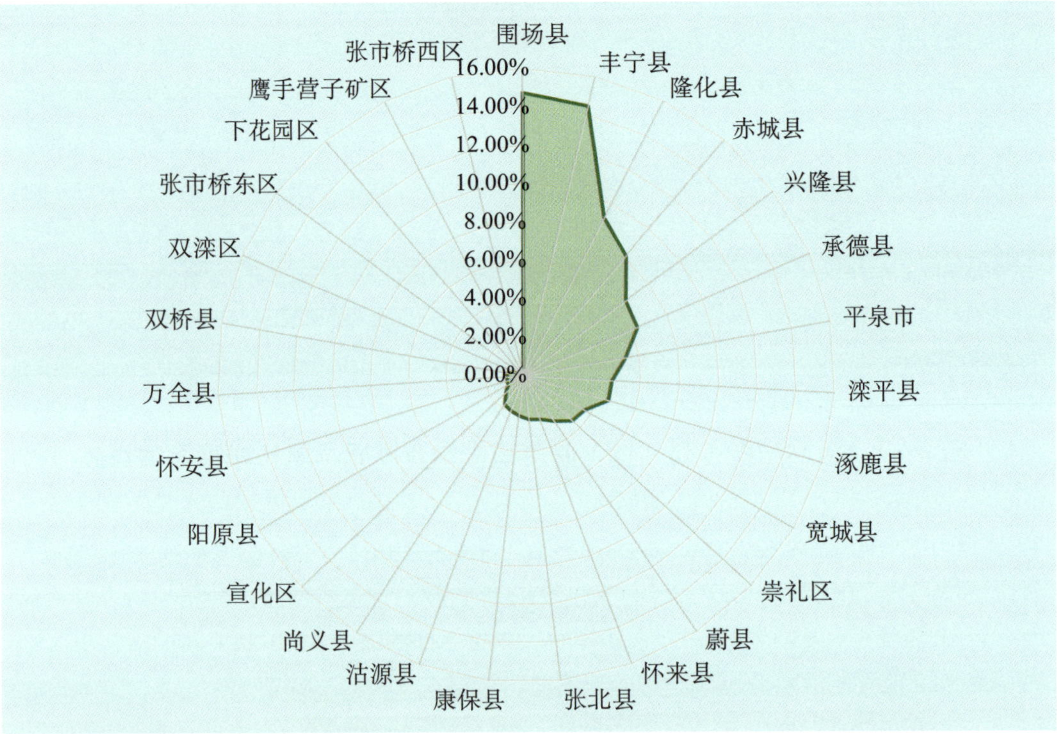

图 3-23 张承地区各县（区）森林生态系统吸收氮氧化物物质量占比

张承地区各县（区）森林生态系统滞纳 TSP 物质量占比如图 3-24 所示，最高为围场满族蒙古族自治县、丰宁满族自治县、隆化县、赤城县和兴隆县，均大于 55.0 亿千克 / 年，占滞纳 TSP 总物质量的 53.26%；其次为平泉市、承德县、滦平县、涿鹿县、宽城满族自治县、崇礼区、张北县和康保县，介于 17.0 亿～50.0 亿千克 / 年，占滞纳 TSP 总物质量的 32.10%；蔚县、怀来县、沽源县、尚义县、宣化区、怀安县、万全县和阳原县介于 5.50 亿～16.0 亿千克 / 年，占滞纳 TSP 总物质量的 17.20%；其余县（区）均小于 5.0 亿千克 / 年，占滞纳 TSP 总物质量的 1.43%。

张承地区各县（区）森林生态系统滞纳 PM_{10} 物质量占比如图 3-25 所示，最高为围场满族蒙古族自治县、丰宁满族自治县、赤城县、隆化县和兴隆县，均大于 0.45 亿千克 / 年，占滞纳 PM_{10} 总物质量的 56.63%；其次为平泉市、承德县、涿鹿县、崇礼区、滦平县、蔚县和宽城满族自治县，介于 0.18 亿 ~ 0.44 亿千克 / 年，占滞纳 PM_{10} 总物质量的 28.29%；怀来县、张北县、康保县、沽源县和尚义县介于 0.10 亿 ~ 0.15 亿千克 / 年，占滞纳 PM_{10} 总物质量的 9.21%；其余县（区）均小于 0.10 万亿克 / 年，占滞纳 PM_{10} 总物质量的 5.87%。

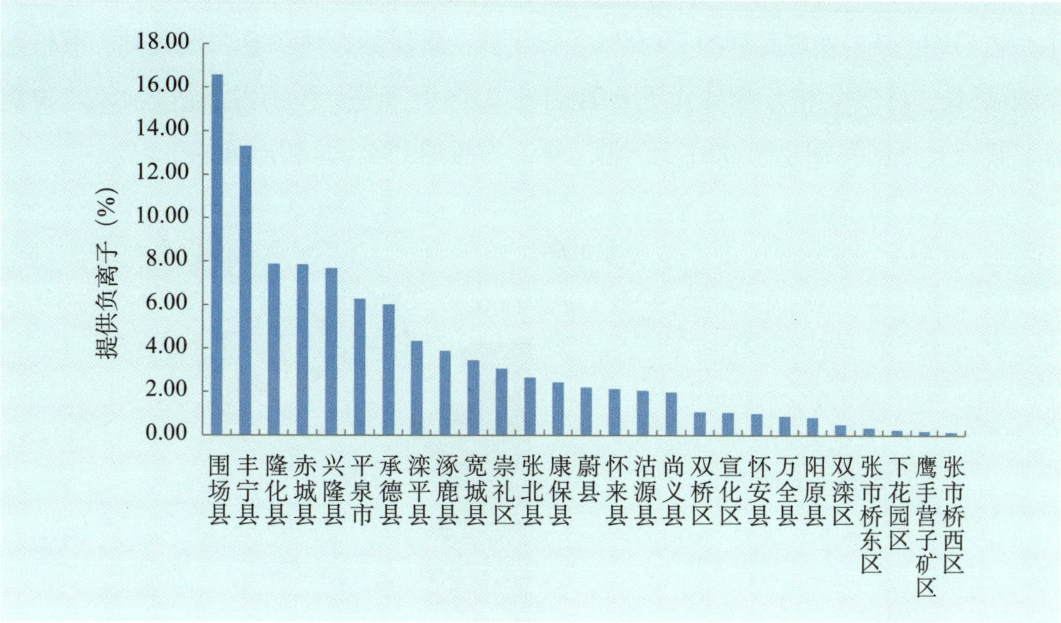

图 3-24 张承地区各县（区）森林生态系统滞纳 TSP 物质量占比

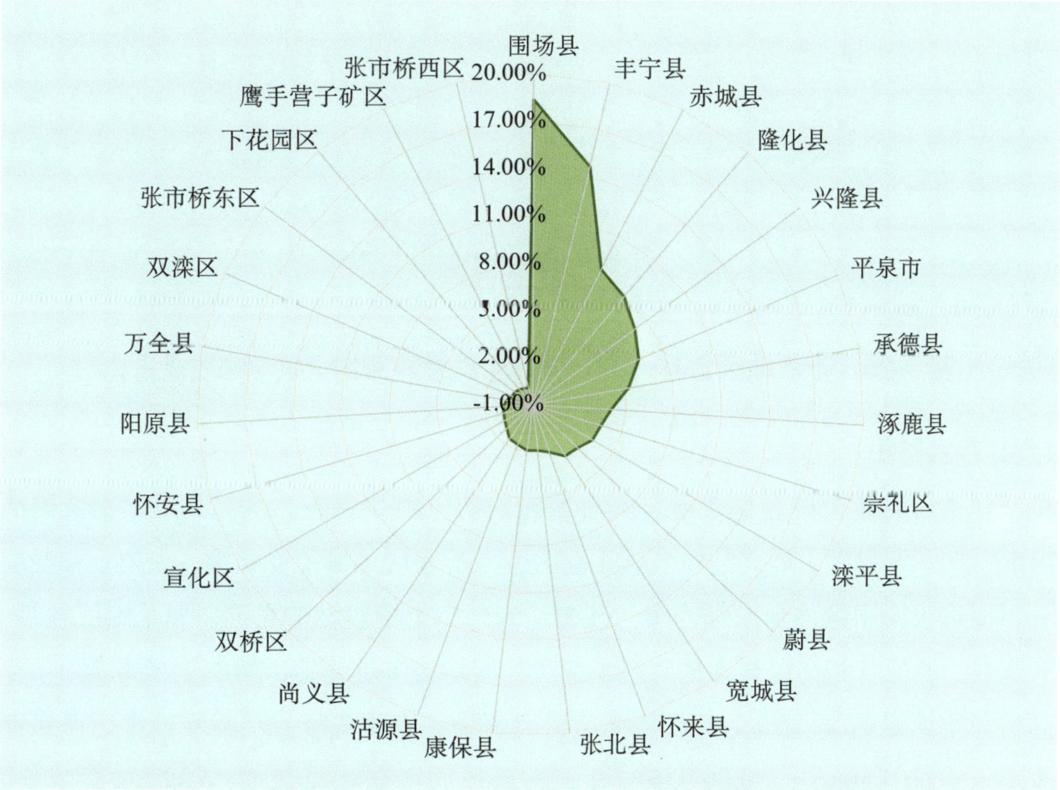

图 3-25 张承地区各县（区）森林生态系统滞纳 PM_{10} 物质量占比

张承地区各县（区）森林生态系统滞纳 $PM_{2.5}$ 物质量占比如图 3-26 所示，各县（区）森林生态系统滞纳 $PM_{2.5}$ 最高为围场满族蒙古族自治县、丰宁满族自治县、隆化县、赤城县和兴隆县，均大于 0.20 万千克 / 年，占滞纳 $PM_{2.5}$ 总物质量的 60.88%；其次为平泉市、承德县、涿鹿县、崇礼区、滦平县、蔚县、宽城满族自治县和怀来县，介于 0.05 万～0.16 万千克 / 年，占滞纳 $PM_{2.5}$ 总物质量的 29.14%；张北县、康保县、沽源县、尚义县、双桥区、宣化区、阳原县、怀安县和万全县介于 0.01 万～0.43 万千克 / 年，占滞纳 $PM_{2.5}$ 总物质量的 8.86%；其余县（区）均小于 0.01 万千克 / 年，占滞纳 $PM_{2.5}$ 总物质量的 1.13%。

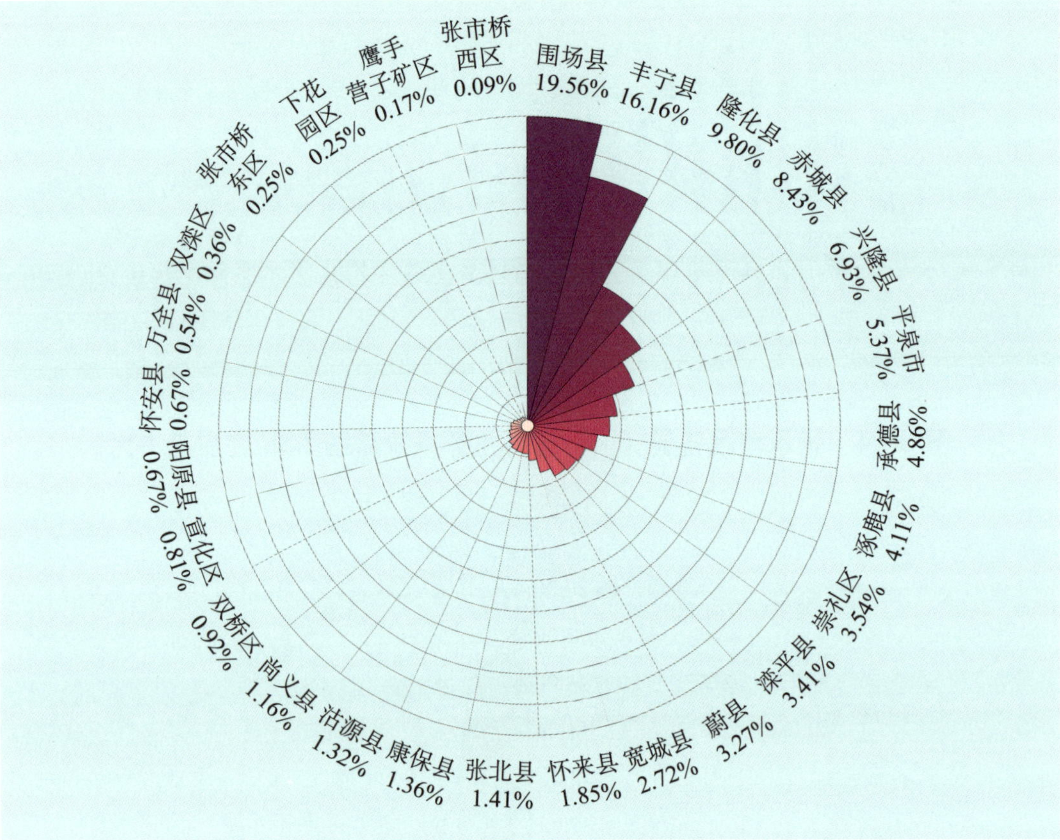

图 3-26　张承地区各县（区）森林生态系统滞纳 $PM_{2.5}$ 物质量占比

（六）森林防护

植被作为一种重要的自然资源，具有明显的防风固沙功能。植被是遏制土壤风蚀最敏感的因素，在一定程度上起着削弱气候驱动力、保护表层土壤免受吹蚀，改变土壤底层的物质成分，促进土壤团聚体形成等作用，从而达到减少土壤风蚀的目的。张承地区各县（区）中，张北县、康保县和沽源县森林生态系统防风固沙物质量较高，均大于 95.0 万吨 / 年，占防风固沙总物质量的 72.26%；其次为尚义县、围场满族蒙古族自治县和、丰宁满族自治县和怀安县，介于 5.50 万～90.00 万吨 / 年，占防风固沙总物质量的 26.39%；其余县（区）均低于 5.0 万吨 / 年，占防风固沙总物质量的 1.35%。

三、优势树种（组）生态系统服务功能物质量评估

张承地区各优势树种（组）生态系统服务功能物质量评估，主要以柞树、桦树、山杏、落叶松、油松、慢生杨、刺槐、山杨、樟子松、特灌林和经济林为主，榆树、硬阔、侧柏、软阔、针叶混、阔叶混等合并为其他树种。

（一）保育土壤

张承地区各优势树种（组）生态系统固土物质量占比如图 3-27 所示，最高为柞树、特灌林、桦树和山杏，均大于 1000 万吨 / 年，占固土总物质量的 61.37%；其次为落叶松、油松、经济林和慢生杨，介于 400.0 万 ~ 850.0 万吨 / 年，占固土总物质量的 30.02%；刺槐、山杨和樟子松固土物质量介于 80.0 万 ~ 200.0 万吨 / 年，占固土总物质量的 5.53%；其余树种（组）均小于 80.0 万吨 / 年，占固土总物质量的 3.94%。

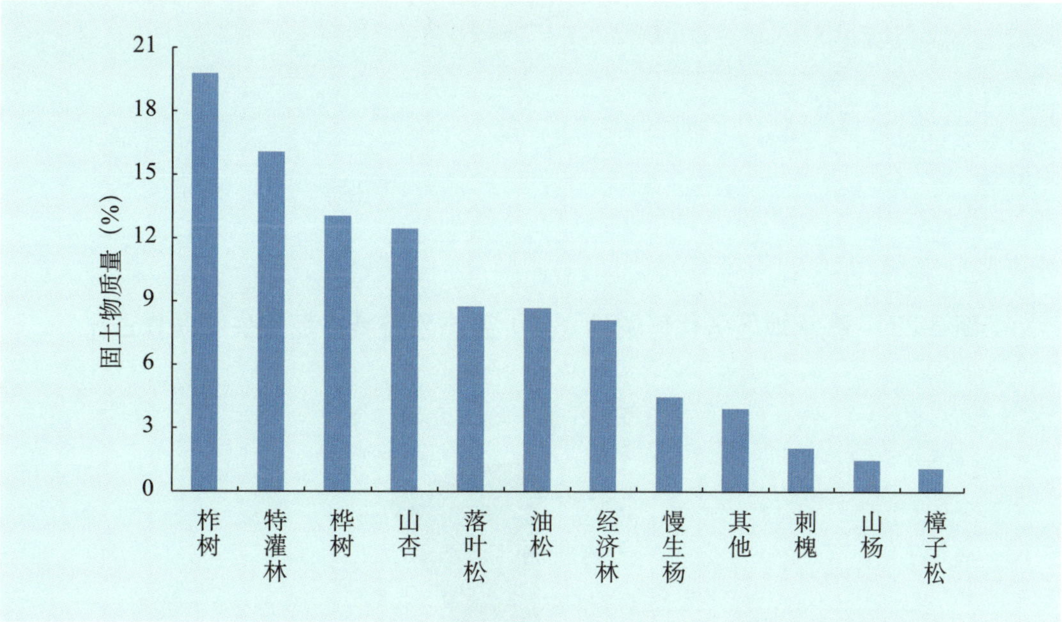

图 3-27 张承地区各优势树种（组）生态系统固土物质量占比

张承地区各优势树种（组）生态系统减少氮流失物质量占比如图 3-28 所示，最高为桦树、柞树、特灌林，均大于 1.9 万吨 / 年，占减少氮流失总物质量的 50.38%；其次为刺槐、落叶松、山杏和经济林，介于 1.10 万 ~ 1.85 万 吨 / 年，占减少氮流失总物质量的 36.75%；油松、山杨、慢生杨和樟子松减少氮流失物质量介于 0.03 万 ~ 1.0 万吨 / 年，占减少氮流失总物质量的 9.11%；其余树种（组）均小于 0.20 万吨 / 年，占减少氮流失总物质量的 3.76%。

张承地区各优势树种(组)生态系统减少磷流失物质量占比如图 3-29 所示，最高为山杏、柞树、特灌林和油松，均大于 1.0 万吨 / 年，占减少磷流失总物质量的 63.87%；其次为落叶松、经济林和桦树，介于 400.0 万 ~ 850.0 万 吨 / 年，占减少磷流失总物质量的 25.20%；刺槐、慢生杨、山杨和樟子松减少磷流失物质量介于 0.05 万 ~ 0.45 万吨 / 年，占减少磷流

失总物质量的 9.03%；其余树种(组)均小于 0.04 万吨 / 年，占减少磷流失总物质量的 1.89%。

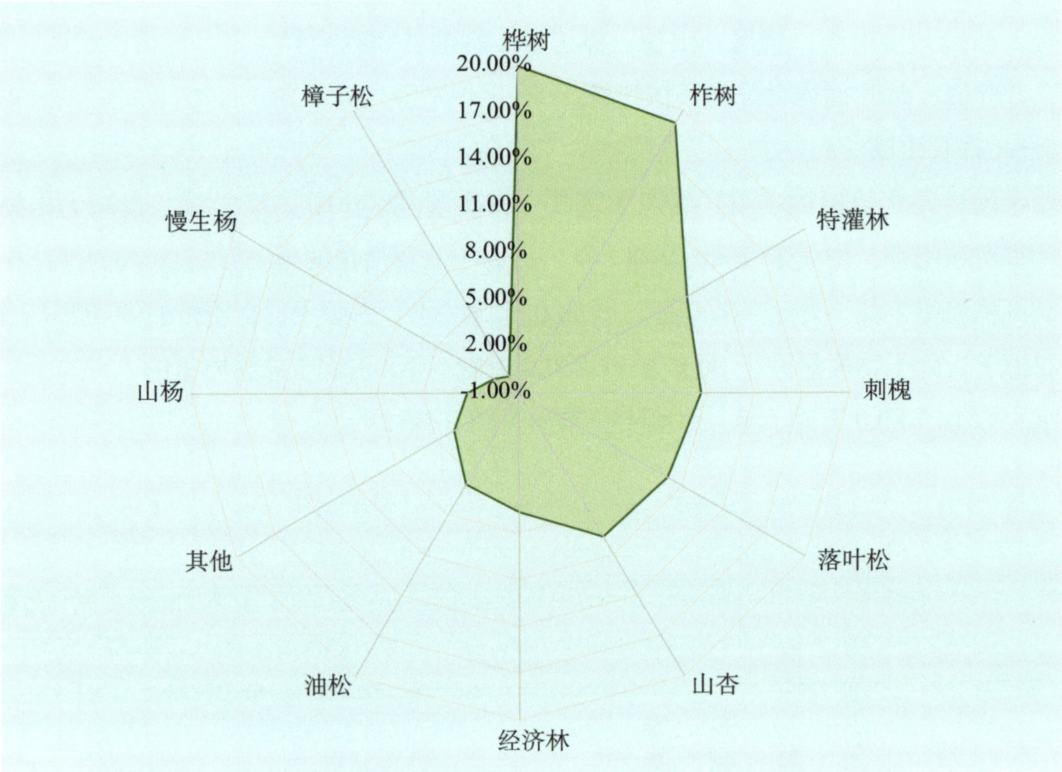

图 3-28　张承地区各优势树种（组）生态系统减少氮流失物质量占比

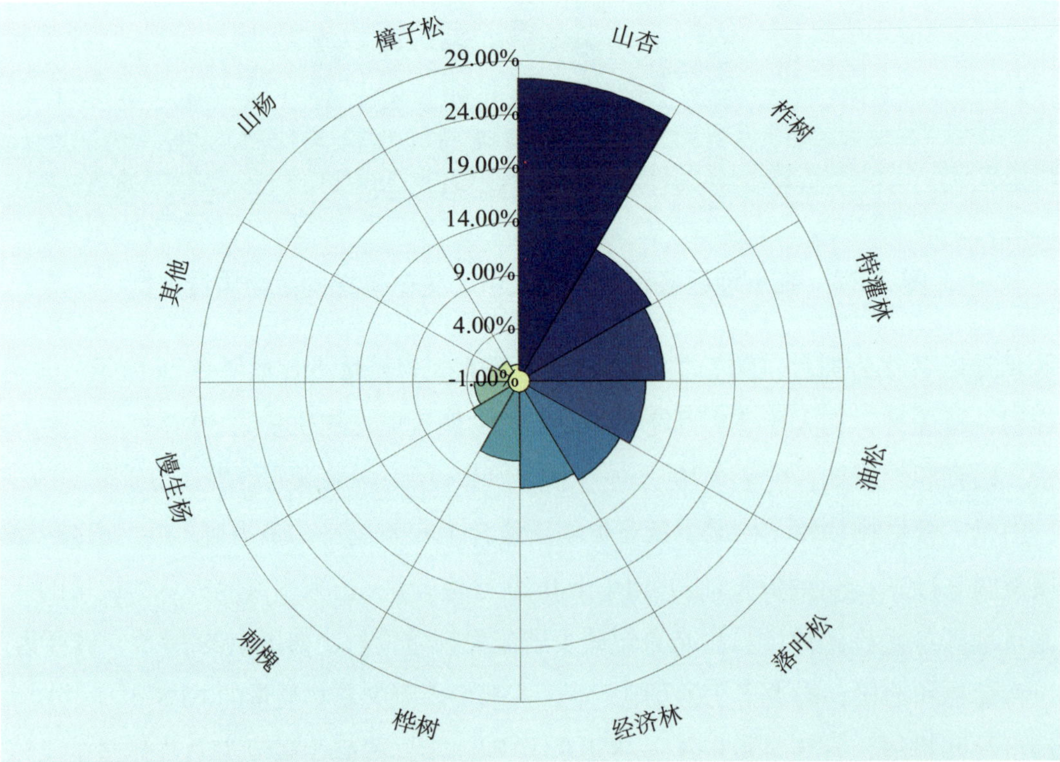

图 3-29　张承地区各优势树种（组）生态系统减少磷流失物质量占比

张承地区各优势树种(组)生态系统减少钾流失物质量占比如图 3-30 所示，最高为柞树、桦树和特灌林，均大于 19.0 万吨 / 年，占减少钾流失总物质量的 44.91%；其次为山杏、经济林、落叶松和油松，介于 12.0 万 ~ 18.90 万吨 / 年，占减少钾流失总物质量的 41.44%；慢生杨、山杨、樟子松和刺槐减少钾流失物质量介于 1.0 万 ~ 10.0 万吨 / 年，占减少钾流失总物质量的 4.31%；其余树种（组）均小于 2.0 万吨 / 年，占减少钾流失总物质量的 4.15%。

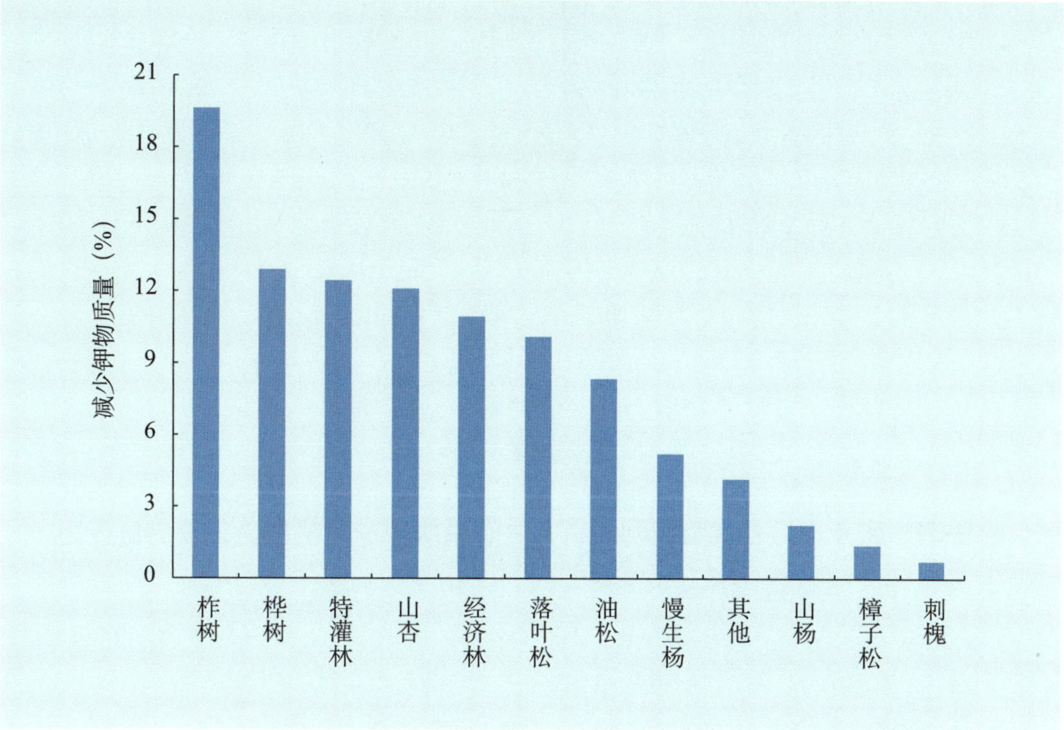

图 3-30 张承地区各优势树种（组）生态系统减少钾流失物质量占比

张承地区各优势树种（组）生态系统减少有机质流失物质量占比如图 3-31 所示，最高为柞树、桦树、山杏和特灌林，均大于 35.0 万吨 / 年，占减少有机质流失总物质量的 66.63%；其次为落叶松、油松和经济林，介于 15.0 万 ~ 30.0 万吨 / 年，占减少有机质流失总物质量的 26.71%；山杨、慢生杨、刺槐和樟子松减少有机质流失物质量介于 0.50 万 ~ 10.0 万吨 / 年，占减少有机质流失总物质量的 1.92%；其余树种（组）均小于 1.50 万吨 / 年，占减少有机质流失总物质量的 2.23%。

（二）林木养分固持

张承地区各优势树种（组）生态系统氮固持物质量占比如图 3-32 所示，最高为柞树、桦树、山杏和特灌林，均大于 5.50 万吨 / 年，占氮固持总物质量的 56.58%；其次为油松、落叶松、山杏、经济林和慢生杨，介于 1.50 万 ~ 3.0 万吨 / 年，占氮固持总物质量的 35.49%；刺槐、樟子松和山杨氮固持物质量介于 0.3 万 ~ 1.0 万吨 / 年，占氮固持总物质量的 3.98%；其余树种（组）均小于 0.35 万吨 / 年，占氮固持总物质量的 3.96%。

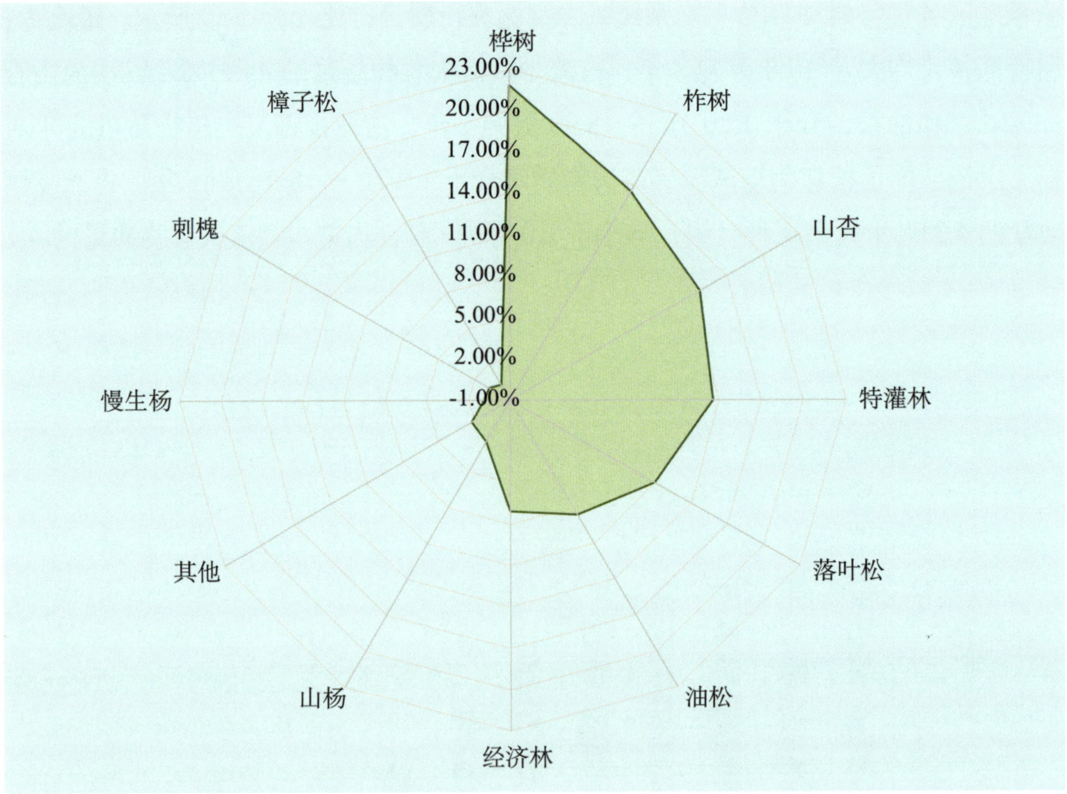

图 3-31 张承地区各优势树种（组）生态系统减少有机质流失物质量占比

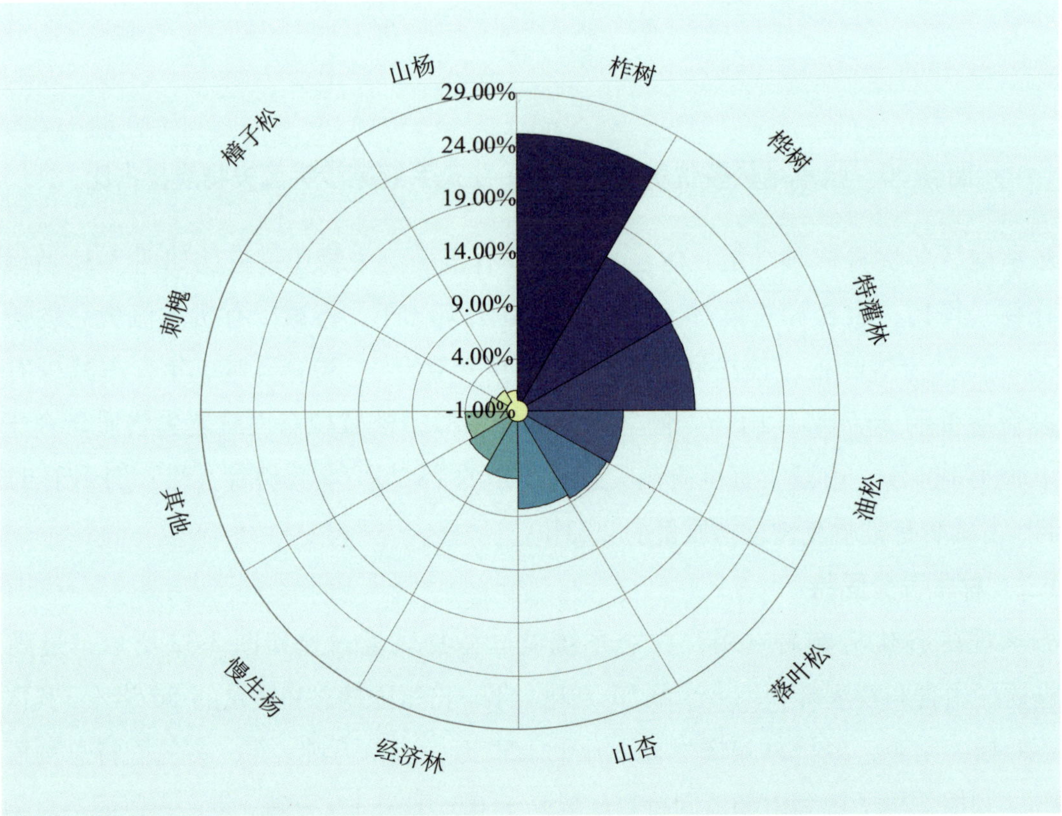

图 3-32 张承地区各优势树种（组）生态系统氮固持物质量占比

张承地区各优势树种（组）生态系统磷固持物质量占比如图 3-33 所示，最高为柞树、桦树、山杏和特灌林，均大于 0.20 万吨 / 年，占磷固持总物质量的 52.86%；其次为刺槐、油松、落叶松和经济林，介于 0.10 万 ～ 0.19 万吨 / 年，占磷固持总物质量的 31.12%；慢生杨、特灌林、樟子松和山杨磷固持物质量介于 0.02 万～ 0.08 万吨 / 年，占磷固持总物质量的 9.62%；其余树种（组）均小于 0.08 万吨 / 年，占磷固持总物质量的 6.40%。

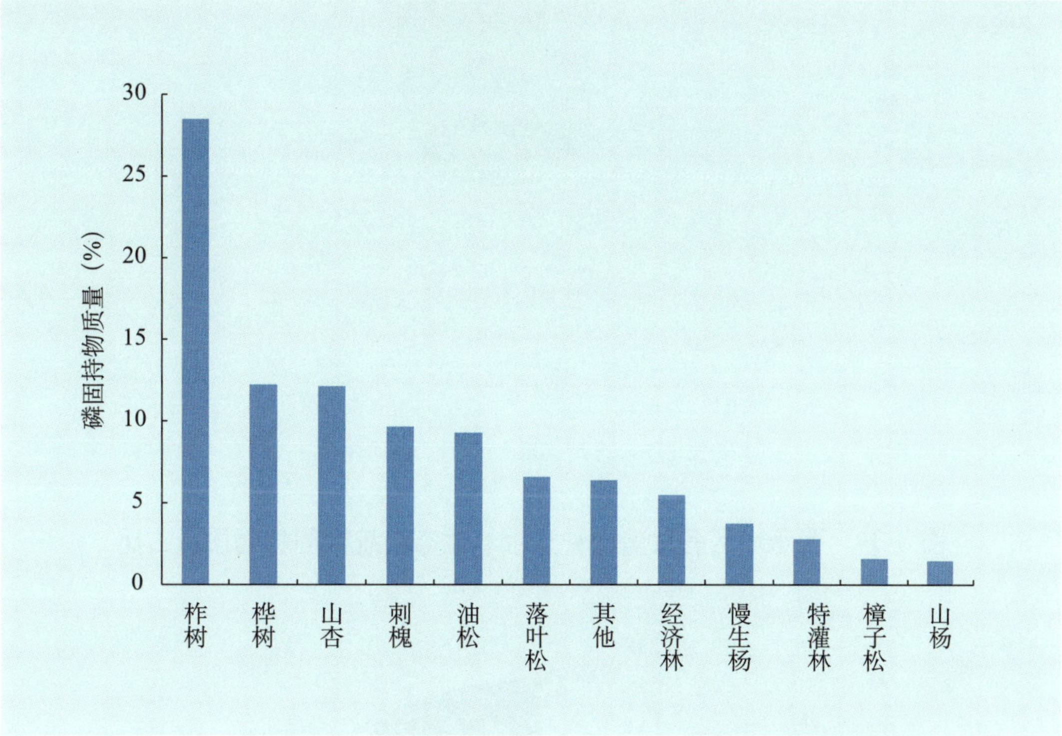

图 3-33 张承地区各优势树种（组）生态系统磷固持物质量占比

张承地区各优势树种（组）生态系统钾固持物质量占比如图 3-34 所示，最高为柞树、特灌林和落叶松，均大于 3.0 万吨 / 年，占钾固持总物质量的 57.44%；其次为山杏、桦树、经济林、油松和慢生杨，介于 1.0 万～ 2.9 万吨 / 年，占钾固持总物质量的 35.47%；刺槐、山杨和樟子松钾固持物质量占钾固持总物质量的 4.30%；其余树种（组）占钾固持总物质量的 2.79%。

（三）涵养水源

张承地区各优势树种（组）生态系统涵养水源物质量占比如图 3-35 所示，最高为柞树、山杏、桦树和特灌林，均大于 5.0 亿立方米 / 年，占涵养水源总物质量的 62.11%；其次为油松、落叶松、经济林、慢生杨和刺槐，介于 1.20 亿 ～ 4.5 亿立方米 / 年，占涵养水源总物质量的 30.81%；山杨和樟子松涵养水源物质量介 于 0.3 亿 ～ 1.0 亿立方米 / 年，占涵养水源总物质量的 2.50%；其余树种（组）占涵养水源总物质量的 4.57%。

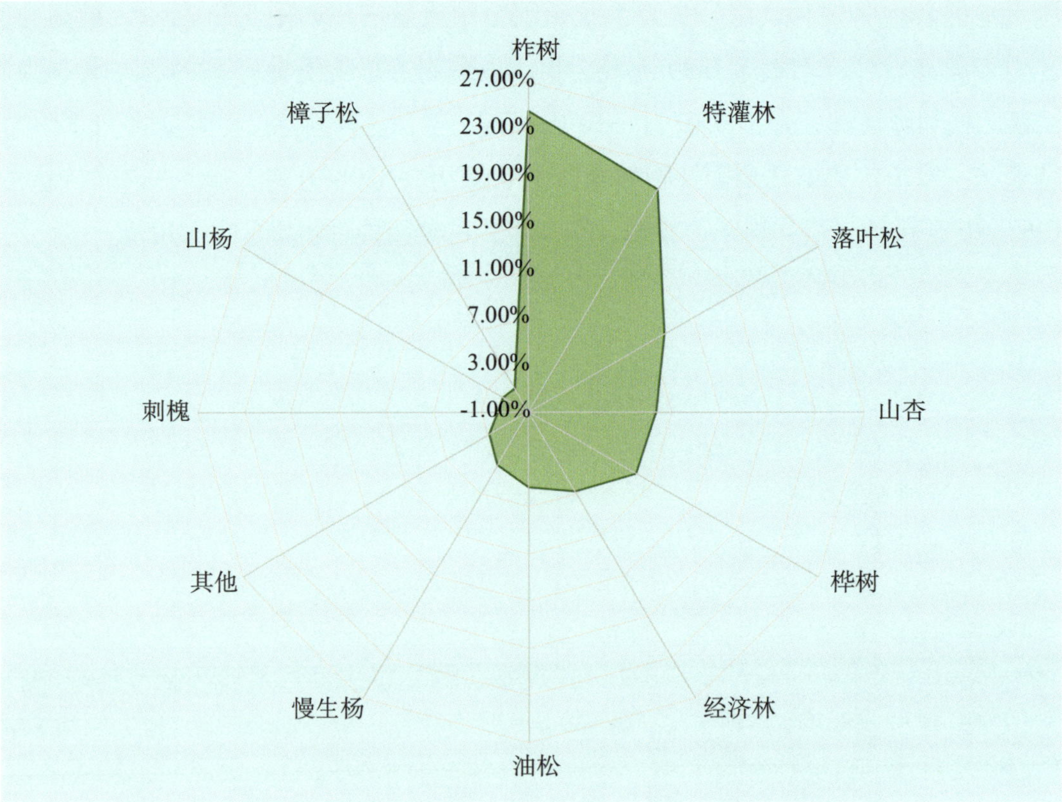

图 3-34　张承地区各优势树种（组）生态系统钾固持物质量占比

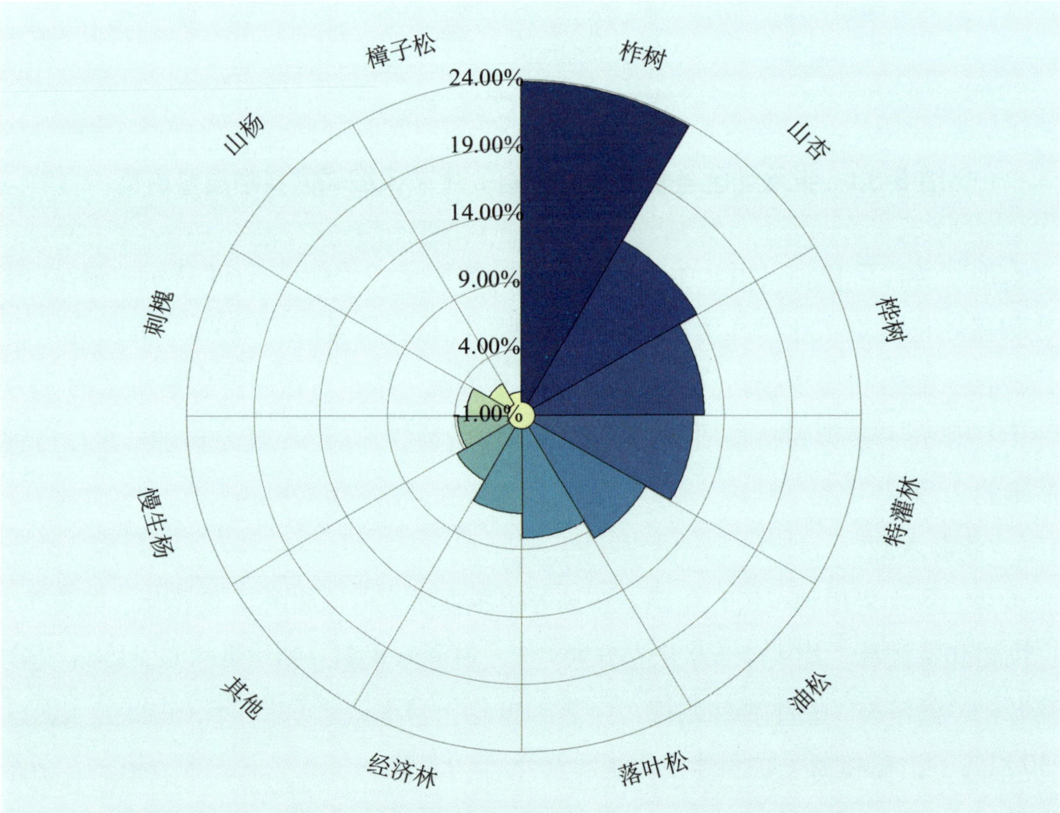

图 3-35　张承地区各优势树种（组）生态系统涵养水源物质量占比

（四）固碳释氧

张承地区各优势树种(组)生态系统固碳物质量占比如图 3-36 所示，最高为柞树、山杏、桦树和特灌林，均大于 50.0 万吨 / 年，占固碳总物质量的 60.68%；其次为油松、落叶松和经济林，介于 28.0 万 ~ 45.0 万吨 / 年，占固碳总物质量的 24.75%；慢生杨、刺槐、山杨和樟子松固碳物质量介于 5.0 万 ~ 25.0 万吨 / 年，占固碳总物质量的 10.05%；其余树种（组）占总固碳物质量的 4.51%。

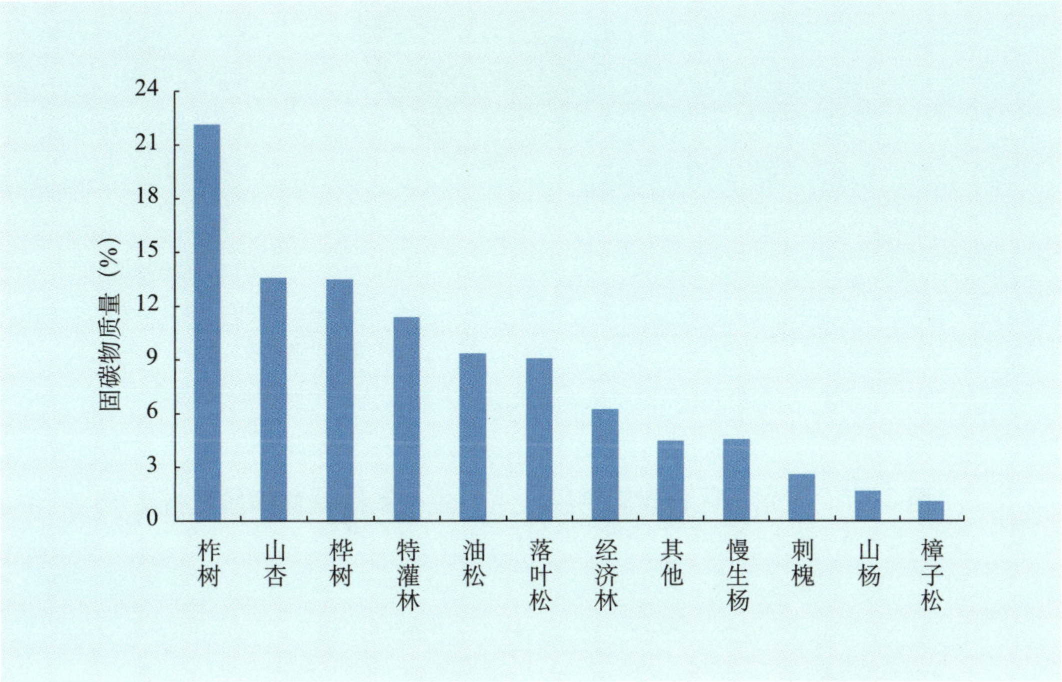

图 3-36　张承地区各优势树种（组）生态系统固碳物质量占比

张承地区各优势树种（组）生态系统释氧物质量占比如图 3-37 所示，最高为柞树、山杏和桦树，均大于 155.0 万吨 / 年，占释氧总物质量的 49.18%；其次为特灌林、油松和落叶松，介于 100.0 万 ~ 150.0 万吨 / 年，占释氧总物质量的 29.82%；经济林、慢生杨、刺槐、山杨和樟子松释氧物质量介于 13.0 万 ~ 80.0 万吨 / 年，占释氧总物质量的 16.45%；其余树种（组）占释氧总物质量 4.56%。

（五）净化大气环境

张承地区各优势树种（组）生态系统提供负离子物质量占比如图 3-38 所示，最高为柞树和桦树，均大于 600.0×10^{22} 个 / 年，占提供负离子总物质量的 45.12%；其次为落叶松、油松、慢生杨和特灌林，介于 120.0×10^{22} ~ 500.0×10^{22} 个 / 年，占提供负离子总物质量的 38.87%；山杏、刺槐、经济林、山杨和樟子松提供负离子物质量介于 10.0×10^{22} ~ 100.0×10^{22} 个 / 年，占提供负离子总物质量的 15.60%；其余树种（组）占提供负离子总物质量的 4.94%。

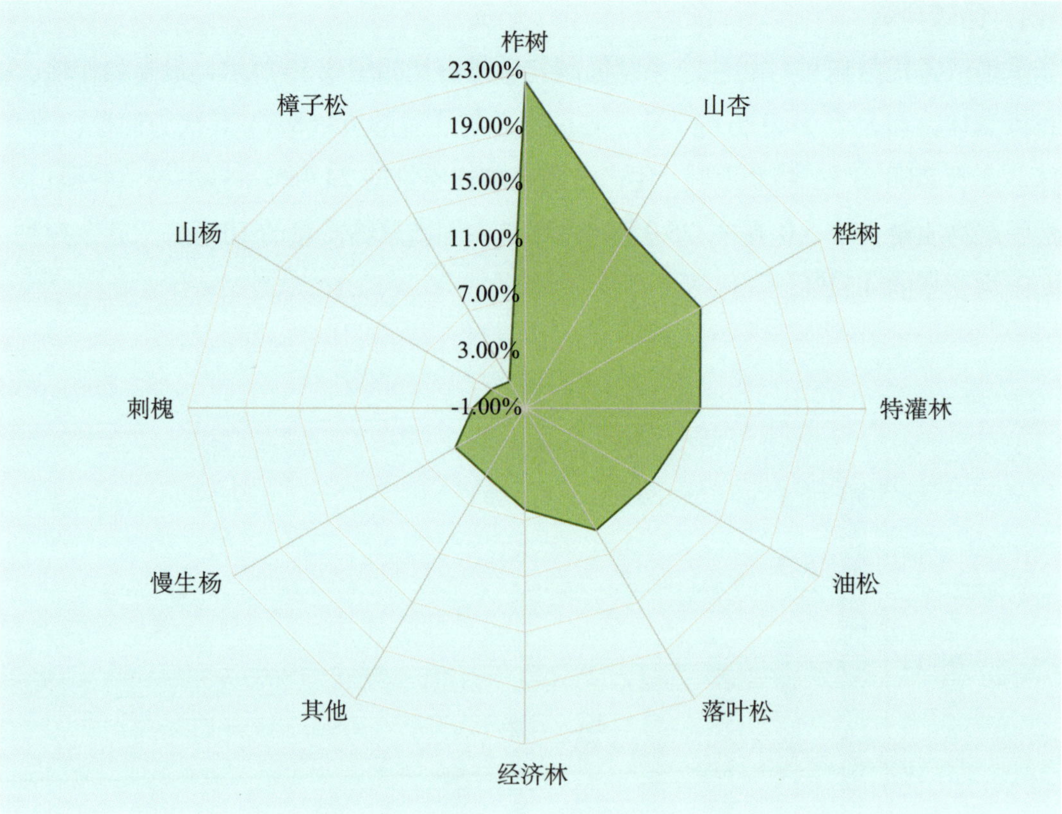

图 3-37 张承地区各优势树种（组）生态系统释氧物质量占比

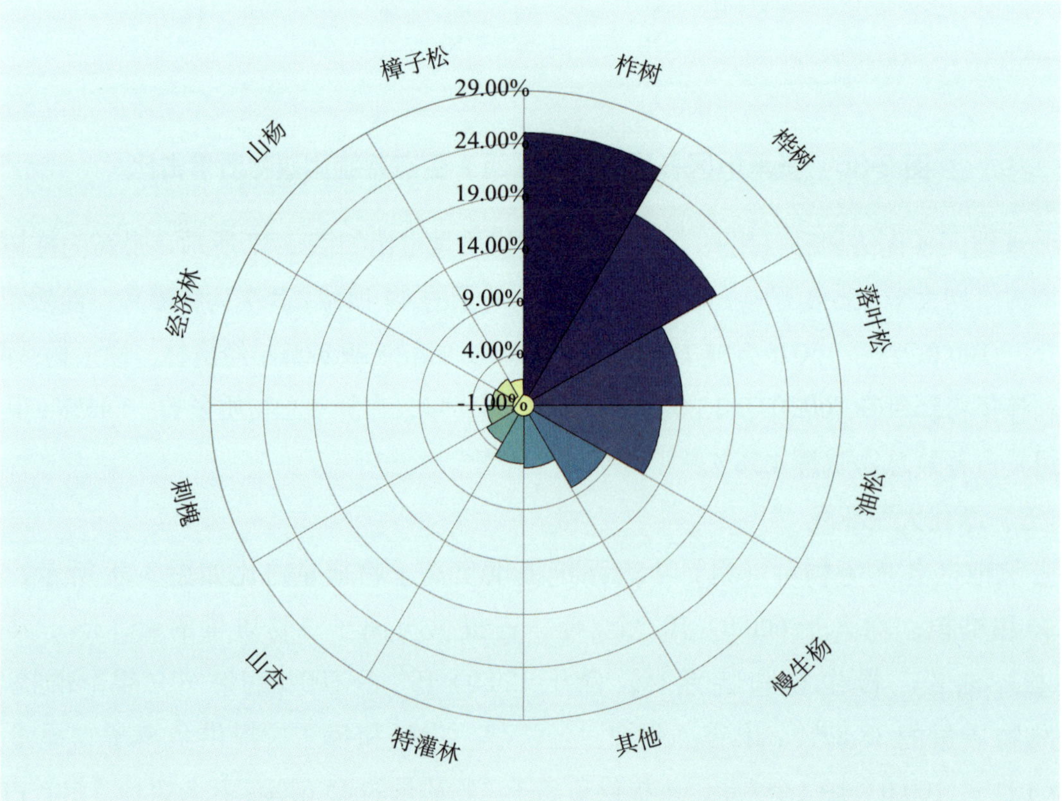

图 3-38 张承地区各优势树种（组）生态系统提供负离子物质量占比

张承地区各优势树种（组）生态系统吸收二氧化硫物质量占比如图 3-39 所示，最高为柞树、山杏和桦树，均大于 155.0 万千克 / 年，占吸收二氧化硫总物质量的 49.18%；其次为特灌林、油松和落叶松，介于 100.0 万 ～ 150.0 万千克 / 年，占吸收二氧化硫总物质量的 29.82%；经济林、慢生杨、刺槐、山杨和樟子松吸收二氧化硫物质量介于 13.0 万 ～ 80.0 万千克 / 年，占吸收二氧化硫总物质量的 16.45%；其余树种（组）占吸收二氧化硫总物质量的 4.56%。

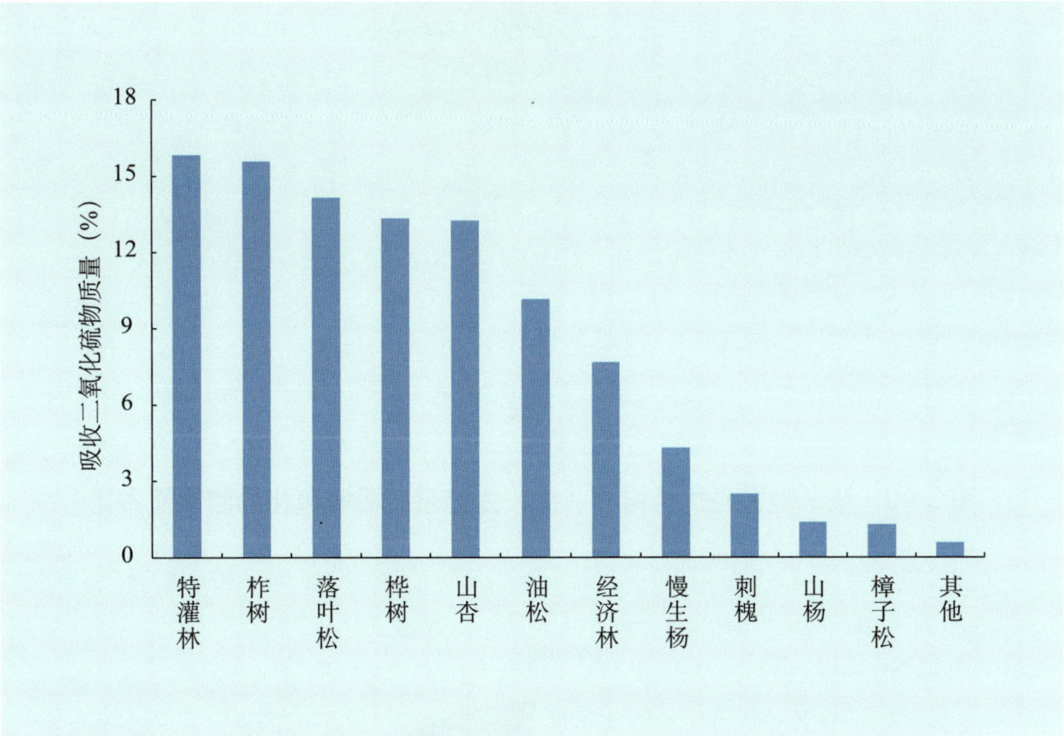

图 3-39 张承地区各优势树种（组）生态系统吸收二氧化硫物质量占比

张承地区各优势树种（组）生态系统吸收氟化物物质量占比如图 3-40 所示，最高为柞树、特灌林、桦树和山杏，均大于 200.0 万千克 / 年，占吸收氟化物总物质量的 80.31%；其次为油松和落叶松，介于 100.0 万～ 150.0 万千克 / 年，占吸收氟化物总物质量的 29.82%；经济林、慢生杨、刺槐、山杨和樟子松吸收氟化物物质量均小于 100.0 万千克 / 年，占吸收氟化物总物质量的 15.85%；其他树种（组）占吸收氟化物总物质量的 3.64%。

张承地区各优势树种（组）生态系统吸收氮氧化物物质量占比如图 3-41 所示，最高为柞树、特灌林、桦树和山杏，均大于 250.0 万千克 / 年，占吸收氮氧化物总物质量的 60.70%；其次为落叶松、油松、经济林和慢生杨，介于 100.0 万 ～ 200.0 万千克 / 年，占吸收氮氧化物总物质量的 29.88%；刺槐、山杨和樟子松 吸收氮氧化物物质量均低于 55.0 万千克 / 年，占吸收氮氧化物总物质量的 5.09%；其他树种（组）占吸收氮氧化物总物质量的 4.32%。

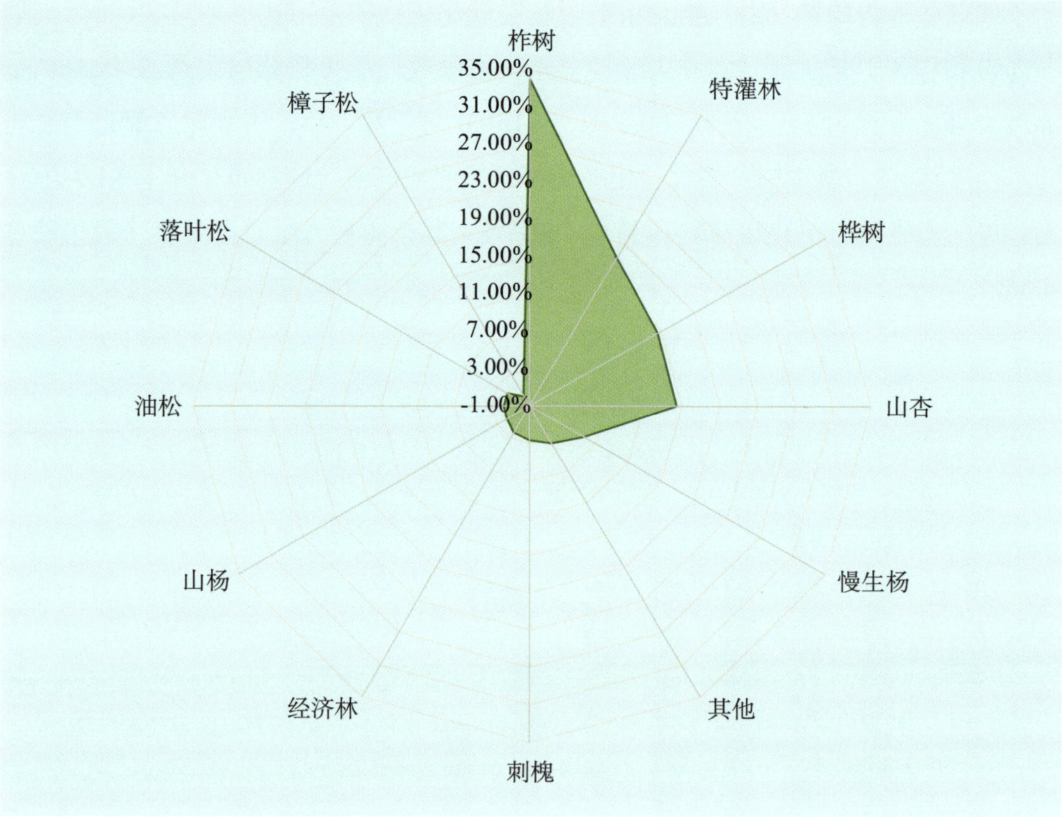

图 3-40 张承地区各优势树种（组）生态系统吸收氟化物物质量占比

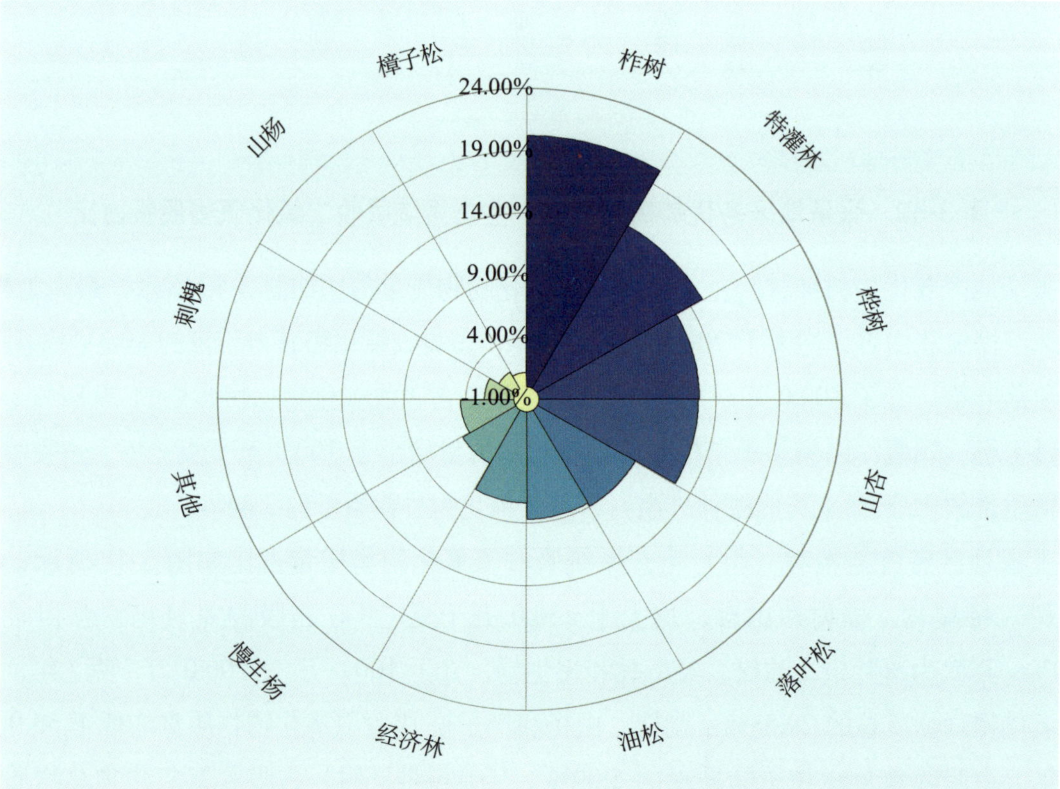

图 3-41 张承地区各优势树种（组）生态系统吸收氮氧化物物质量占比

张承地区各优势树种（组）生态系统滞纳 TSP 物质量占比如图 3-42 所示，最高为柞树和特灌林，均大于 110.0 亿千克 / 年，占滞纳 TSP 总物质量的 33.70%；其次为油松、山杏、落叶松和经济林，介于 60.0 亿～100.0 亿千克 / 年，占滞纳 TSP 总物质量的 44.35%；慢生杨、桦树、刺槐、山杨和榆树滞纳 TSP 物质量均低于 50.0 亿千克 / 年，占滞纳 TSP 总物质量的 17.26%；其他树种（组）占滞纳 TSP 总物质量的 4.69%。

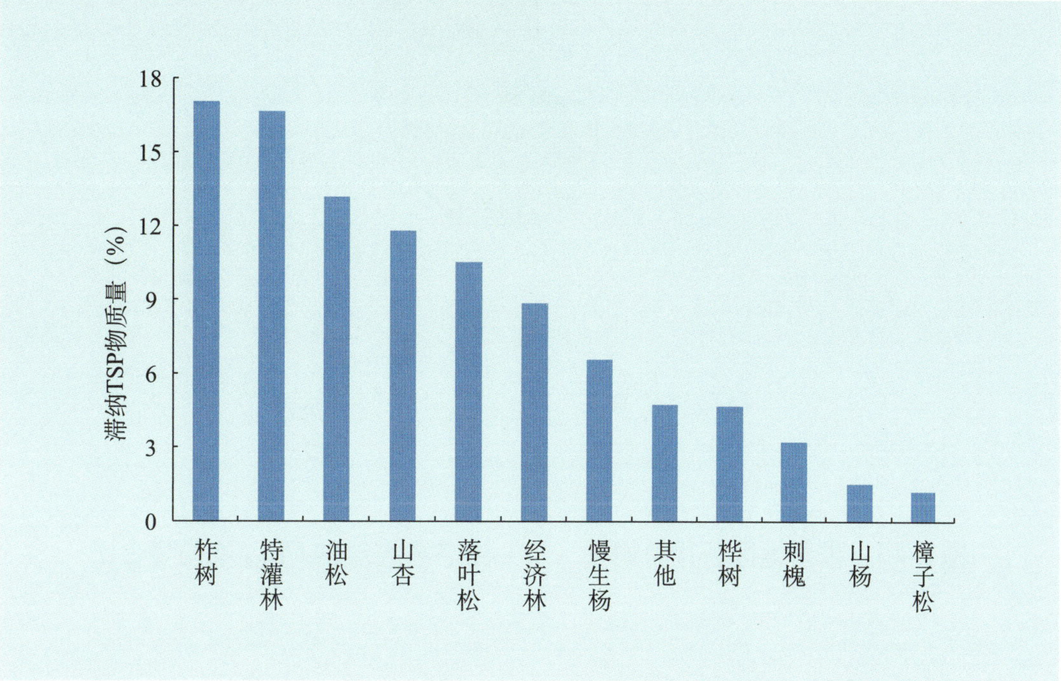

图 3-42　张承地区各优势树种（组）生态系统滞纳 TSP 物质量占比

张承地区各优势树种（组）生态系统滞纳 PM_{10} 物质量占比如图 3-43 所示，最高为桦树、特灌林和柞树，均大于 0.75 亿千克 / 年，占滞纳 PM_{10} 总物质量的 49.32%；其次为山杏、油松、经济林和落叶松，介于 0.40 亿～0.65 亿千克 / 年，占滞纳 PM_{10} 总物质量的 40.59%；慢生杨、樟子松和山杨滞纳 PM_{10} 物质量介于均低于 0.30 亿千克 / 年，占总滞纳 PM_{10} 物质量的 5.46%；其他树种（组）占滞纳 PM_{10} 总物质量的 4.64%。张承地区各优势树种（组）森林生态系统滞纳 $PM_{2.5}$ 物质量占比如图 3-44 所示，各优势树种（组）生态系统滞纳 $PM_{2.5}$ 物质量最高为桦树、柞树和特灌林，均大于 0.30 亿千克 / 年，占滞纳 $PM_{2.5}$ 总物质量的 60.51%；其次为油松、山杏、经济林、落叶松和刺槐，介于 0.1 亿～0.25 亿千克 / 年，占滞纳 $PM_{2.5}$ 总物质量的 32.49%；慢生杨、山杨和樟子松滞纳 $PM_{2.5}$ 物质量均低于 0.10 亿千克 / 年，占滞纳 $PM_{2.5}$ 总物质量的 4.42%；其他树种（组）占滞纳 $PM_{2.5}$ 总物质量的 2.57%。

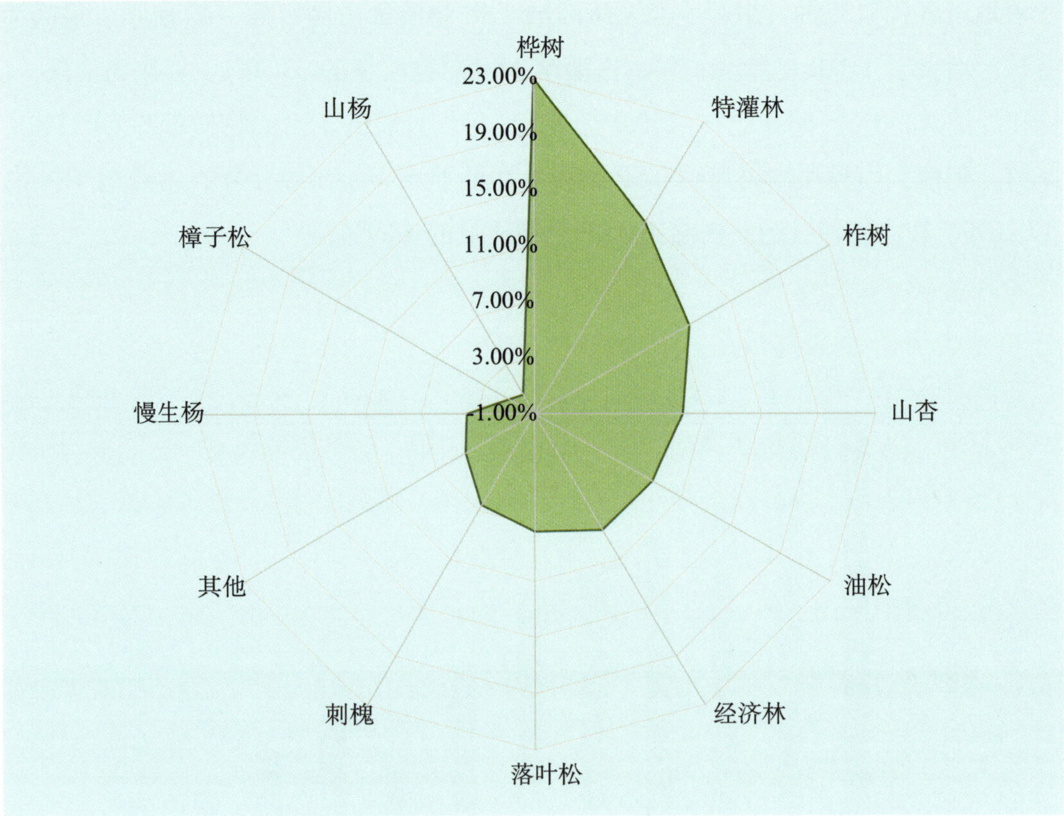

图 3-43　张承地区各优势树种（组）生态系统滞纳 PM_{10} 物质量占比

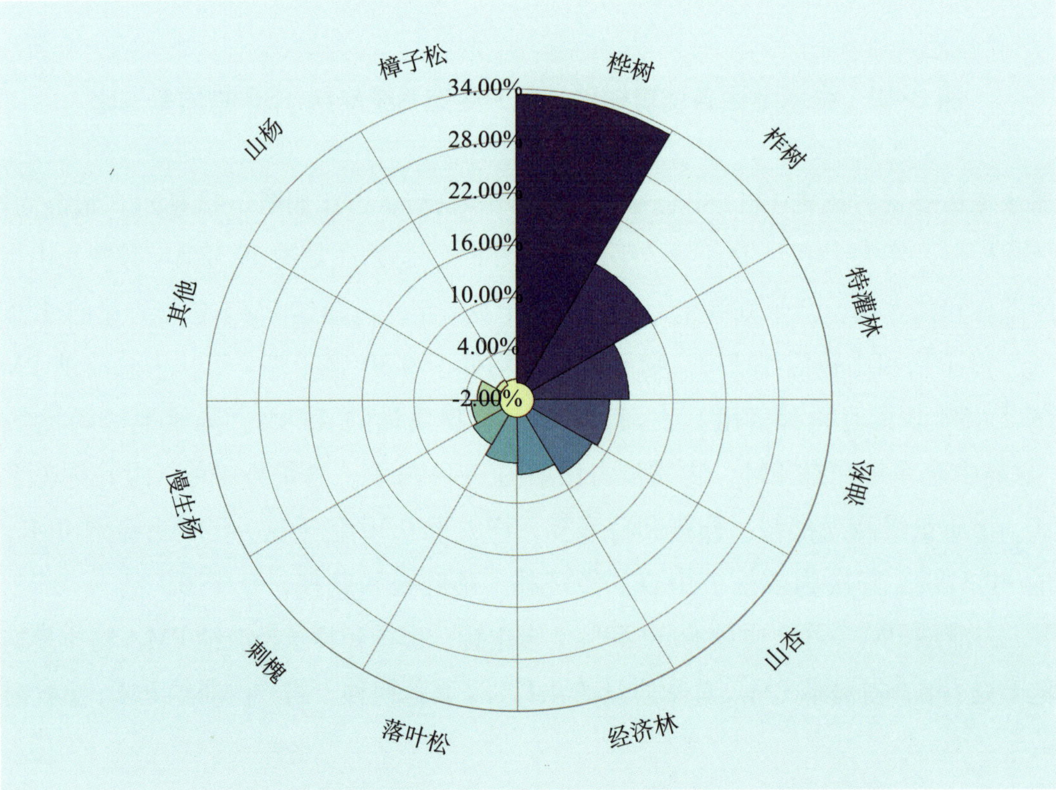

图 3-44　张承地区各县（区）生态系统滞纳 $PM_{2.5}$ 物质量占比

第二节 森林生态系统服务功能价值量

森林蕴育着巨大的自然财富，反映了林业在全省经济社会发展中的重要作用，为绿色发展提供了重要的物质基础。物质量评价能够比较客观地反映生态系统服务的可持续性，而价值量评估更多地是反映生态系统服务的总体稀缺性（赵景柱等，2000）。

一、森林生态系统价值量评估结果

根据国家标准《森林生态系统服务功能评估规范》（GB/T 38582—2020）的评估指标体系和计算方法，得出张承地区森林生态系统服务总价值为 2699.69 亿元 / 年，其中张家口市和承德市森林生态系统服务价值分别占总价值的 31.94% 和 68.06%。张承地区森林生态系统服务功能价值量大小排序为净化大气环境＞涵养水源＞生物多样性保护＞固碳释氧＞保育土壤＞林木养分固持＞林木产品供给＞森林康养＞森林防护。自然资源市场的不断发展，森林资源在国民财富中占据越来越重要的位置。作为“最公平的公共产品”和“最普惠的民生福祉”，张承地区每公顷森林生态系统相当于每年提供了 7.68 万元的生态服务价值，森林生态系统服务功能的价值远高于其向人类提供的木材和非林木产品的价值。随着张承地区生态建设与保护力度的不断加大，森林资源总量不断增加、质量不断提升，森林生态服务进一步增强，在改善生态环境、防灾减灾、提升人居生活质量方面将产生显著的正效益。张承地区森林生态系统服务功能价值量见表 3-2，各项价值量比例如图 3-45 所示。

表 3-2 张承地区森林生态系统服务功能价值量

服务类别	功能类别	指标	价值量（亿元/年）	合计（亿元/年）
支持服务	保育土壤	固土	55.56	166.62
		减少氮流失	24.32	
		减少磷流失	13.01	
		减少钾流失	50.57	
		减少有机质流失	23.15	
	林木养分固持	氮固持	74.03	118.99
		磷固持	3.63	
		钾固持	41.34	
调节服务	涵养水源	调节水量	515.34	580.69
		净化水质	65.35	
	固碳释氧	固碳	2.50	368.16
		释氧	365.66	

（续）

服务类别	功能类别	指标		价值量（亿元/年）	合计（亿元/年）
调节服务	净化大气环境	提供负离子		1.88	879.64
		吸收气体污染物	吸收二氧化硫	88.89	
			吸收氟化物	3.22	
			吸收氮氧化物	4.34	
		滞尘	滞纳TSP	781.31	
			滞纳PM_{10}	5.37	
			滞纳$PM_{2.5}$	2.36	
	森林防护	防风固沙			1.70
供给服务	生物多样性保护	物种保育			453.31
	林木产品供给	林木产品		3.39	89.19
		非林木产品		85.80	
文化服务	森林康养	森林康养			41.39
总计					2699.69

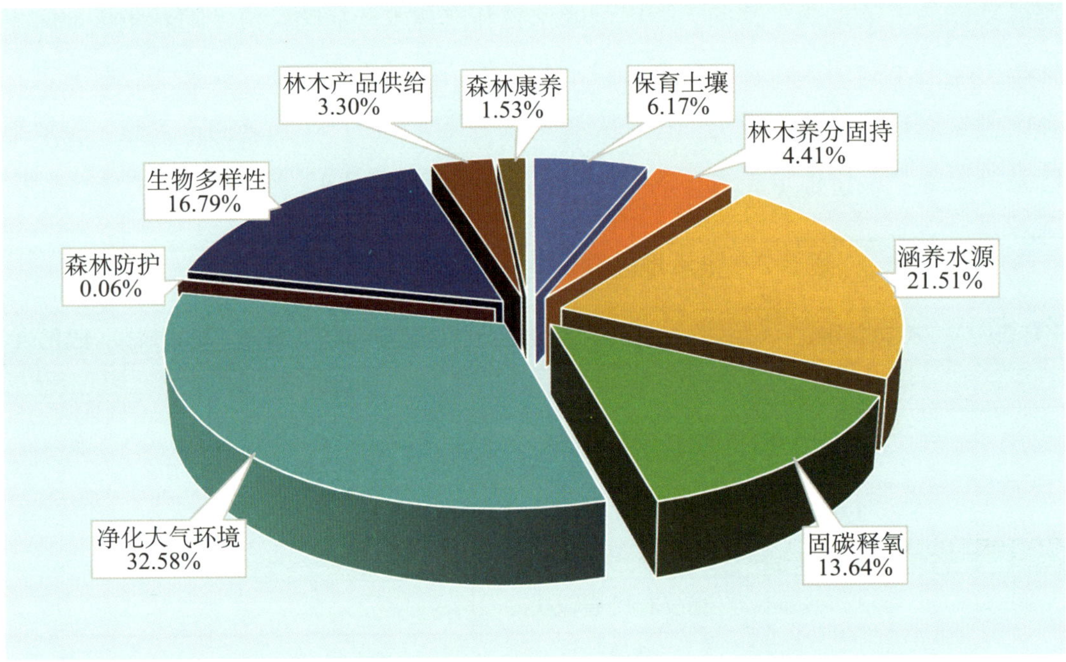

图 3-45 张承地区森林生态系统服务功能各项价值比例

张承地区地表覆被以森林、草地和农田为主，以林地为主的西北部山地丘陵区和以农田为主的东南平原农业耕作区组成京津冀生态屏障主体（李庆旭，2017）。除提供林木产品和森林康养两项功能外，张承地区各区（县）森林生态系统服务功能总价值量如图 3-46 所示。围场满族蒙古族自治县和丰宁满族自治县森林生态系统服务功能总价值量最高，均大于 350.0 亿元/年，占其总价值量的 29.19%；其次为隆化县、赤城县、兴隆县和承德县，介于 160.0 亿～ 250.0 亿元 / 年，占其总价值量的 30.11%；平泉市、滦平县、涿鹿县、宽城满族自治县、崇礼区、蔚县、怀来县和张北县介于 55.0 亿～ 150.0 亿元 / 年，占其总价值量的 29.02%；康保县、沽源县、尚义县、宣化区、怀安县、万全县和阳原县介于 20.0 亿～ 50.0 亿元 / 年，占其总价值量的 9.25%；其他县（区）森林生态系统服务功能总价值量低于 15.0 亿元 / 年，占其总价值量的 2.42%。

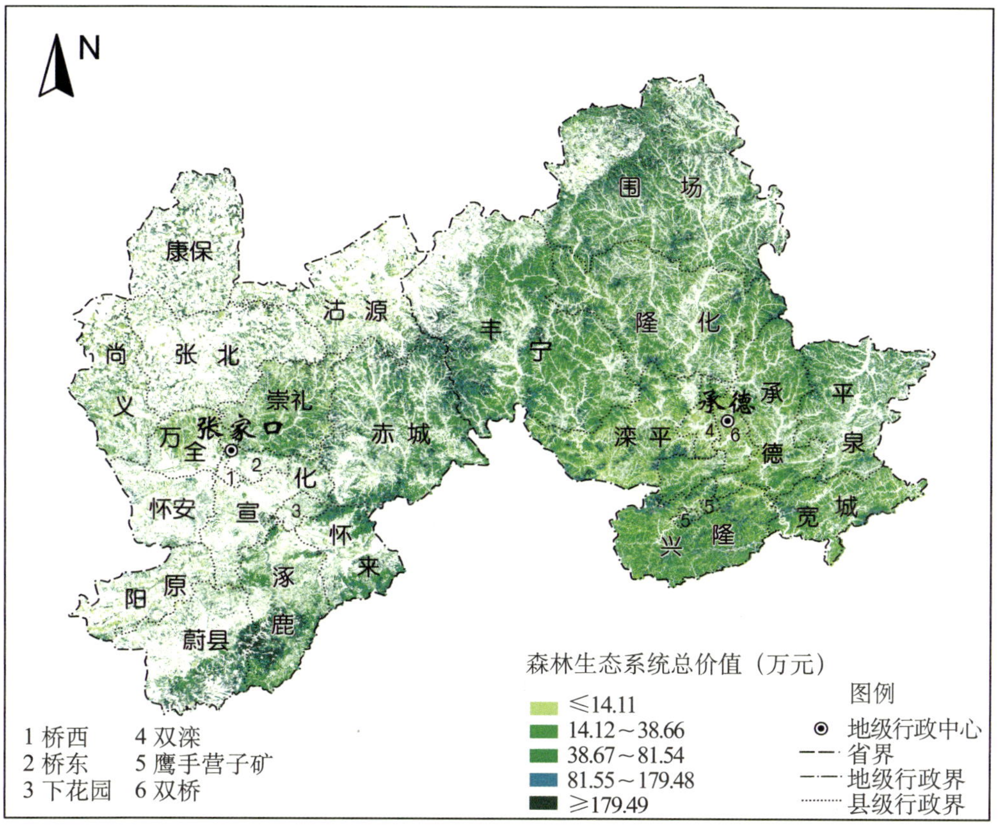

图 3-46 张承地区各县（区）森林生态系统总价值量空间分布

从图 3-46 可以看出，张承地区总价值量中部最低，从南、北两边向中心逐渐降低。出现该种空间分布的主要原因是其森林生态系统面积分布差异较大；单位面积价值量则是从东到西、从南到北呈逐渐降低的趋势。张承地区森林生态系统价值量较高的区域主要在林草分布比较集中的东南部地区，主要是由于近些年国家重点在这些区域实行三北防护林、坝上生态农业、首都周围绿化、太行山绿化及退耕还林等生态工程建设，环境保护成效显著。

张承地区地处京津周围，是京津的天然后花园，更是保卫北京的生态屏障。张承地区各项森林生态系统服务价值量占总价值的比例，能够充分体现出张承地区森林资源结构及森林生态系统的功能特点。张承地区森林生态系统每年提供的涵养水源和保育土壤总价值量为 747.30 亿元，是 2020 年河北省洪涝、干旱等自然灾害直接经济损失（39.94 亿元）的 18.71 倍（国家统计局，2020）。可见，张承地区森林生态系统对于涵养水源，调节径流，防止水土流失，抑制土地荒漠化，改善区域小气候，抵御旱灾、洪灾、风灾、泥石流等自然灾害等方面具有不可替代的重要作用。

张承地区森林生态系统每年提供的固碳释氧和净化大气环境的价值量为1247.80亿元，是2020年河北省预算治理废气项目完成投资的10.05亿元的124.16倍（国家统计局，2020），凸显了森林固碳和治污减霾投资少、代价低、综合效益大，更具经济可行性和现实操作性的特点，再次证明了森林是陆地上最大的“碳储库”和最经济的“吸碳器”，森林生态系统具有显著的治污减霾效果。通过工业节能减排减霾的空间是有限的，且会耗费大量的资金。而森林高大的林冠层叶表面积、独有的叶片生物学特性、强大的空气颗粒物滞纳能力等均为净化大气环境功能提供了重要的生物学和生态学基础。

二、县（区）森林生态系统服务功能价值量

根据森林生态系统服务功能评估指标体系和分布式测算方法，从保育土壤、林木养分固持、涵养水源、固碳释氧、净化大气环境、森林防护、生物多样性保护、林木产品供给和森林康养9项功能类别对张承地区各县（区）森林生态系统服务功能价值量开展评估。

（一）保育土壤

张承地区森林生态系统保育土壤价值量166.62亿元/年，张家口市和承德市森林生态系统保育土壤价值分别占总其价值量的36.31%和63.69%。围场满族蒙古族自治县和丰宁满族自治县保育土壤价值量最高，均大于24.0亿元/年，占其保育土壤总价值量的30.23%；其次为隆化县、赤城县、兴隆县、平泉市、涿鹿县、滦平县、宽城满族自治县、崇礼区和蔚县，介于5.5亿~20.0亿元/年，占其保育土壤总价值量的51.82%；怀来县、康保县、张北县、尚义县、承德县、沽源县、宣化区、阳原县、怀安县和万全县保育土壤价值介于1.50亿~5.0亿元/年，占其保育土壤总价值量的15.65%；其余县（区）保育土壤价值量均低于1.0亿元/年，占其保育土壤总价值量的2.30%（图3-47）。

（二）林木养分固持

张承地区各县（区）森林生态系统林木养分固持总价值量为118.99亿元/年，河北省2020年全年使用化肥为285.71万吨，按照每吨710元的价格计算（国家统计局，2020），张承地区各县（区）森林生态系统林木养分固持总价值量是河北省全年化肥使用费的5.87倍。张承地区各县（区）森林生态系统林木养分固持价值量166.62亿元/年，张家口市和承德市森林生态系统林木养分固持分别占其总价值量的42.66%和57.34%。丰宁满族自治县、围场满族蒙古族自治县和赤城县林木养分固持价值量最高，均大于13.0亿元/年，占其林木养分固持总价值量的37.07%；其次为隆化县、涿鹿县、承德县、兴隆县和崇礼区，介于5.5亿~10.0亿元/年，占其林木养分固持总价值量的30.00%；平泉市、滦平县、蔚县、宽城满族自治县、怀来县、张北县、沽源县、康保县、尚义县和宣化区林木养分固持价值介于

1.50 亿～ 5.0 亿元 / 年，占其林木养分固持总价值量的 28.12%；其余县（区）林木养分固持价值量均低于 1.50 亿元 / 年，占其林木养分固持总价值量的 4.80%（图 3-48）。

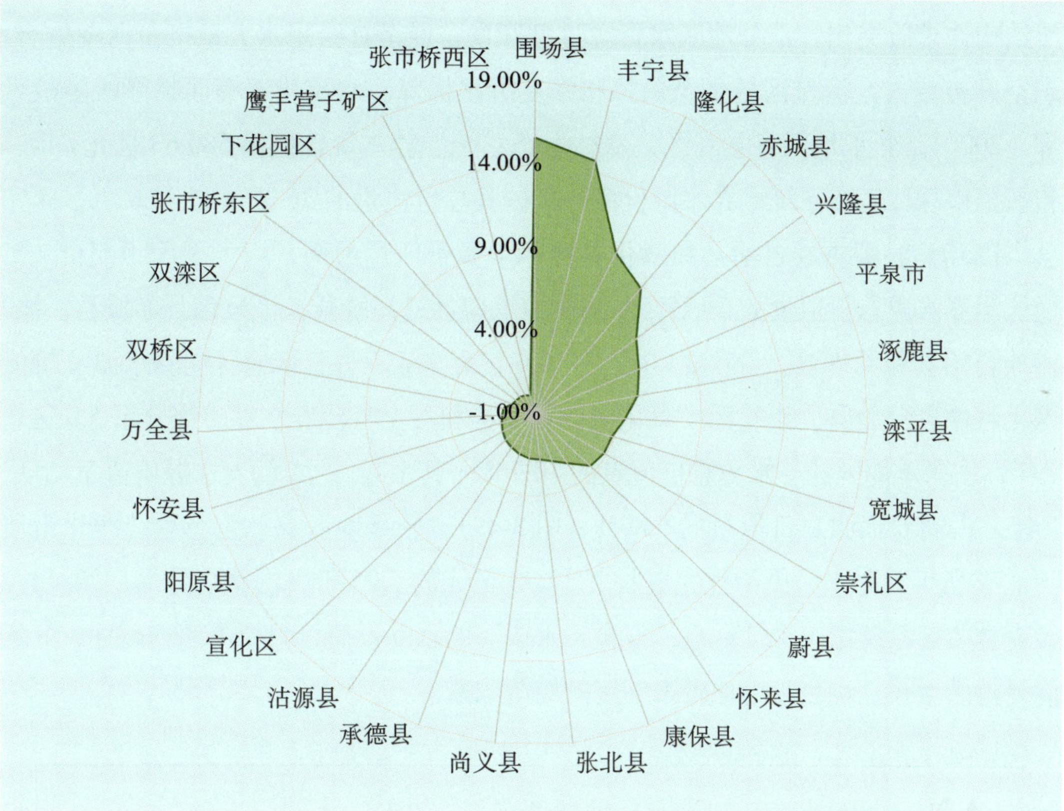

图 3-47　张承地区各县（区）森林生态系统保育土壤价值量占比

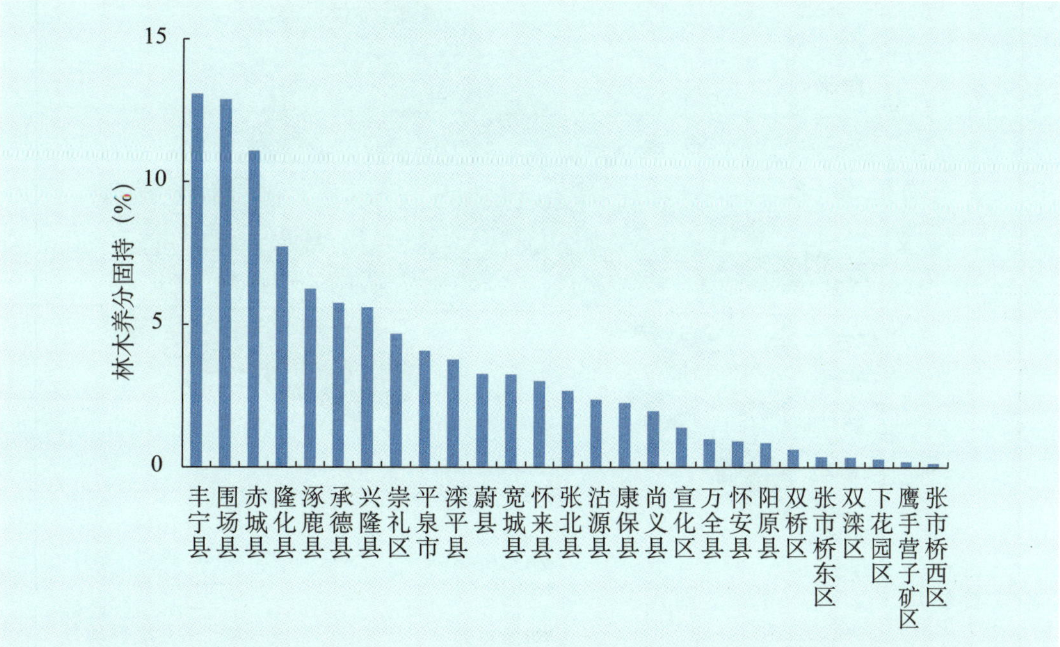

图 3-48　张承地区各县（区）森林生态系统林木养分固持价值量占比

（三）绿色“水库”

英国的一项研究表明，河岸植被的变化与水源量和水质的改善之间存在明显的联系，植被的增加明显涵养了水源且改善了水质（UK National Ecosystem Assessment，2011）。水资源供给结构性矛盾突出，部分地区水资源过度开发，经济社会用水大量挤占河湖生态水量，水生态空间被侵占，流域区域生态保护和修复用水保障、水质改善等面临严峻挑战（自然资源部，2020）。张承地区各县（区）森林生态系统涵养水源价值量 580.69 亿元 / 年，张家口市和承德市森林生态系统涵养水源价值分别占其总价值量的 26.39% 和 73.61%。丰宁满族自治县、围场满族蒙古族自治县和隆化县涵养水源价值量最高，均大于 55.0 亿元 / 年，占张承地区涵养水源总价值量的 39.29%；其次为承德县、兴隆县、平泉市、赤城县、滦平县、宽城满族自治县和涿鹿县，介于 25.0 亿～ 50.0 亿元 / 年，占张承地区涵养水源总价值量的 43.06%；怀来县、蔚县、崇礼区、宣化区、张北县和万全县涵养水源价值介于 5.0 亿～ 20.0 亿元 / 年，占张承地区涵养水源总价值量的 10.76%；其余县（区）涵养水源价值量均低于 5.0 亿元 / 年，占涵养水源总价值量的 6.89%（图 3-49）。张承地区森林生态系统净化水质价值量是河北省当年工业水污染治理完成投资 12.93 亿元的 5.05 倍（国家统计局，2021）。由此可见，森林生态系统像一个“绿色、安全、永久”的水利设施，只要不遭到破坏，其涵养水源功能是持续增长，也会给当地带来一定的经济效益。

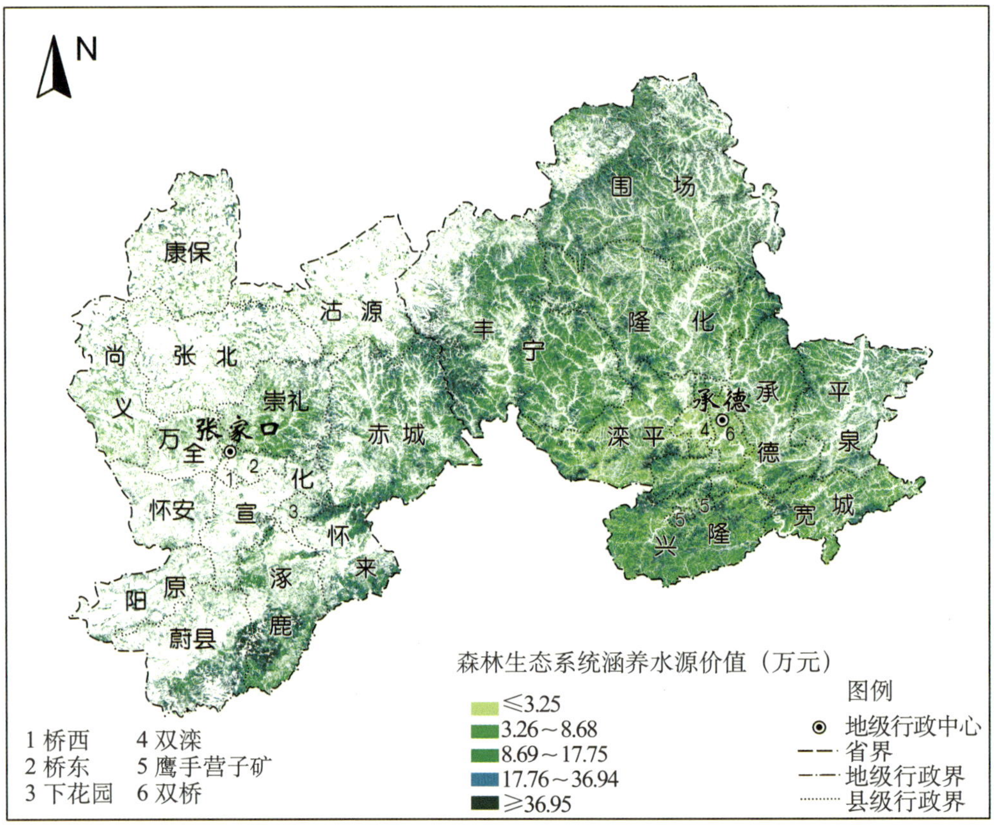

图 3-49 张承地区各县（区）森林生态系统涵养水源价值量

（四）绿色“碳库”

近年来，张家口市随着社会经济的发展，污染和能耗也随之增加，二氧化碳的过度排放加速温室效应的形成，森林生态系统在碳汇方面作用巨大。张承地区各县（区）森林生态系统固碳释氧价值量368.16亿元/年，张家口市和承德市森林生态系统固碳释氧价值分别占其总价值量的29.79%和70.21%。围场满族蒙古族自治县、丰宁满族自治县、隆化县和赤城县固碳释氧价值量最高，均大于20.0亿元/年，占张承地区固碳释氧总价值量的47.84%；其次为承德县、兴隆县、平泉市、滦平县和涿鹿县，介于10.0亿～19.0亿元/年，占张承地区固碳释氧总价值量的28.99%；宽城满族自治县、崇礼区、蔚县、怀来县、张北县、沽源县、康保县和尚义县固碳释氧价值介于3.0亿～9.50亿元/年，占张承地区固碳释氧总价值量的17.96%；其余县（区）固碳释氧价值量均低于3.0亿元/年，占固碳释氧总价值量的5.21%（图3-50）。林业碳汇的意义不仅是减排，交易获得的收益反哺林场，对区域的生态涵养、水土保持、生物多样性保护都有很大益处。

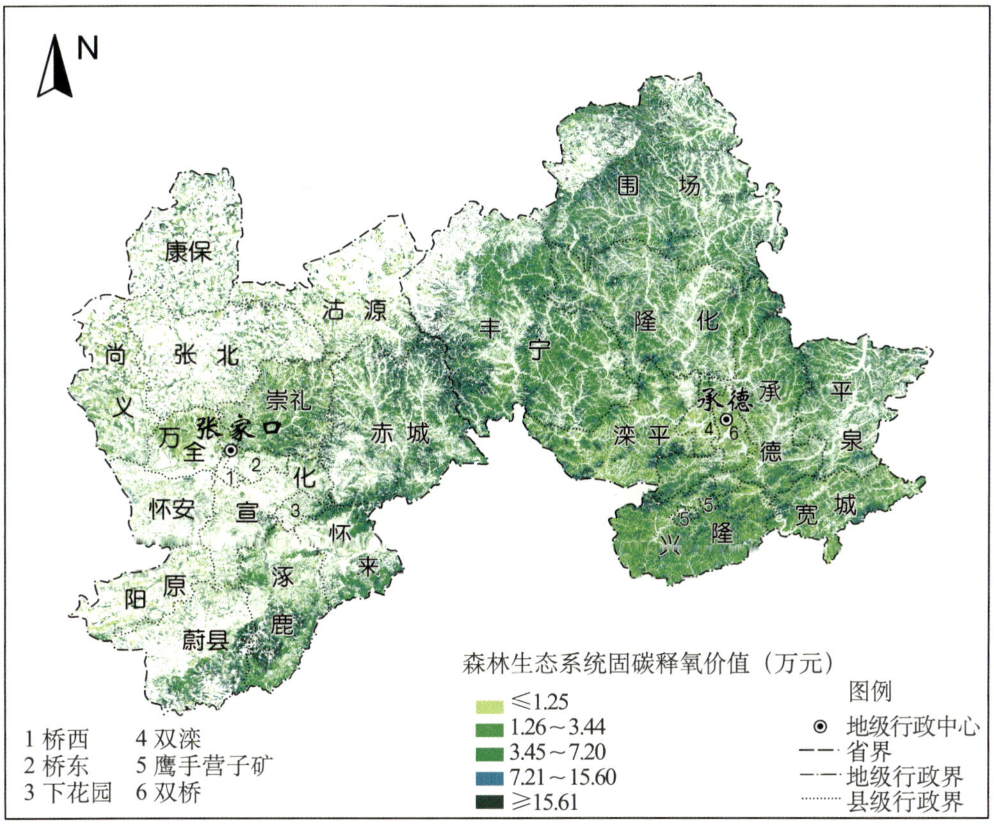

图3-50　张承地区各县（区）森林生态系统固碳释氧价值量

（五）绿色“氧库”

树木是大气污染物的有效清除剂，树木可以吸收污染物，也可将污染物吸附到树叶和树皮表面（UK National Ecosystem Assessment，2011）。森林在大气生态平衡中起着“除污吐新”的作用，植物通过叶片拦截、富集和吸收污染物质提供负离子和萜烯类物质等，改善大气环境；由于林木可以吸收空气中的污染物，经过一系列的转化过程，将吸收的污染物降解后排出或者储存；同时，林木的林冠层能够加速颗粒物的沉降将其吸附滞纳在叶片表面，进而起到净化大气环境的作用。

张承地区各县（区）森林生态系统净化大气环境价值量 897.64 亿元 / 年，张家口市和承德市森林生态系统净化大气环境价值分别占其总价值量的 31.52% 和 66.48%。围场满族蒙古族自治县和丰宁满族自治县净化大气环境价值量最高，均大于 130.0 亿元 / 年，占张承地区净化大气环境总价值量的 28.98%；其次为赤城县、隆化县、兴隆县、平泉市和承德县，介于 55.0 亿～ 100.0 亿元 / 年，占张承地区净化大气环境总价值量的 35.25%；滦平县、涿鹿县、宽城满族自治县、崇礼区、张北县、康保县、蔚县、怀来县、沽源县和尚义县净化大气环境价值介于 20.0 亿～ 50.0 亿元 / 年，占张承地区净化大气环境总价值量的 29.29%；其余县（区）净化大气环境价值量均低于 15.0 亿元 / 年，占净化大气环境总价值量的 6.48%（图 3-51）。

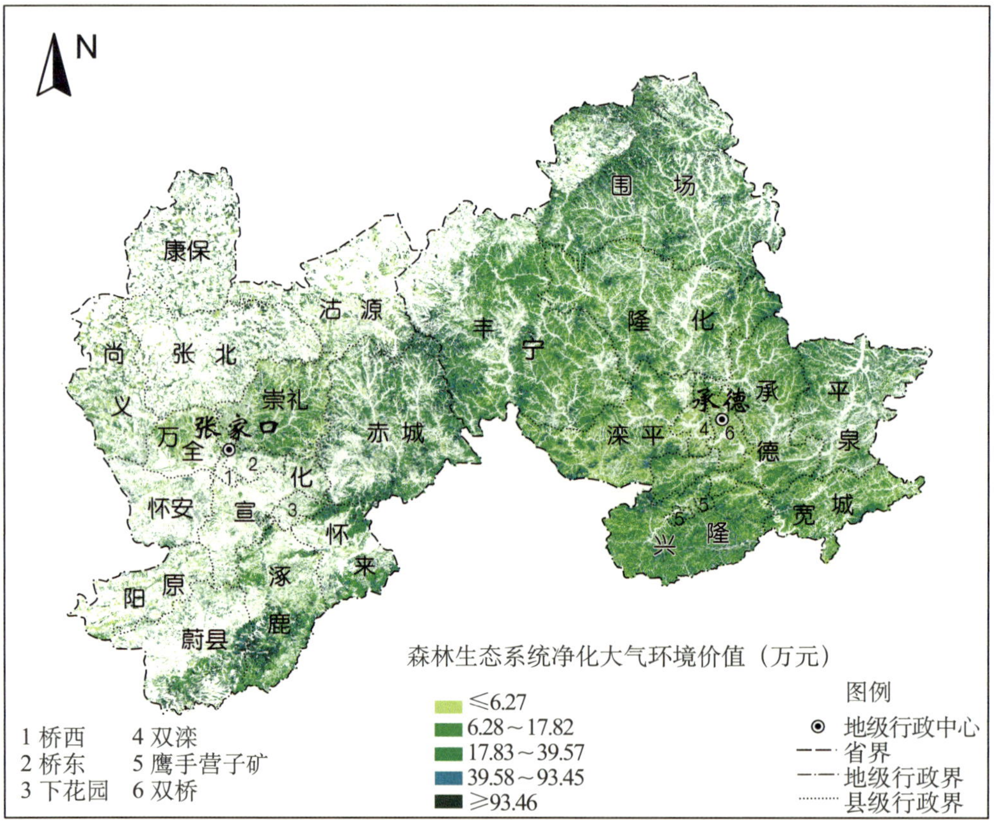

图 3-51　张承地区各县（区）森林生态系统净化环境价值量

（六）绿色“基因库”

坝上高原是由草原陡然升高而形成的地带，又因气候和植被的原因形成的草甸式草原，位于内蒙古高原与大兴安岭南麓的接壤地带，包括康保县、张北县、察北管理区、塞北管理区、沽源县全境，尚义县、丰宁县、围场满族蒙古族自治县的部分地区。区域内有塞罕坝机械林场、御道口林场、滦河源省级自然保护区，分布有遗鸥（*Larus relictus*）、大鸨（*Otis tarda*）、黑琴鸡（*Lyrurus tetrix*）、蓑羽鹤（*Anthropoides virgo*）等国家级重点保护野生动物。该区域具有典型的草原生态系统、物种多样性特色明显，是京津冀防风固沙、水源涵养、水土保持的重要支撑区。

森林生态系统生物多样性是生态环境的重要组成部分，更是人类共同的财富，但人口的增长和人类活动的加强，使森林生物多样性遭到破坏，严重影响了其整体功能的发挥。张承地区各县（区）森林生态系统生物多样性保护价值量453.31亿元/年，张家口市和承德市森林生态系统生物多样性保护价值分别占其总价值量的33.94%和66.06%。围场满族蒙古族自治县和丰宁满族自治县生物多样性保护价值量最高，均大于60.0亿元/年，占张承地区生物多样性保护总价值量的29.63%；其次为隆化县、赤城县、兴隆县、承德县、平泉市、滦平县和涿鹿县，介于20.0亿～50.0亿元/年，占张承地区生物多样性保护总价值量的43.83%；崇礼区、宽城满族自治县、蔚县、张北县、怀来县、沽源县、康保县、尚义县和宣化区生物多样性保护价值介于5.0亿～19.0亿元/年，占张承地区生物多样性保护总价值量的21.76%；其余县（区）生物多样性保护价值量均低于5.0亿元/年，占张承地区生物多样性保护总价值量的4.78%（图3-52）。

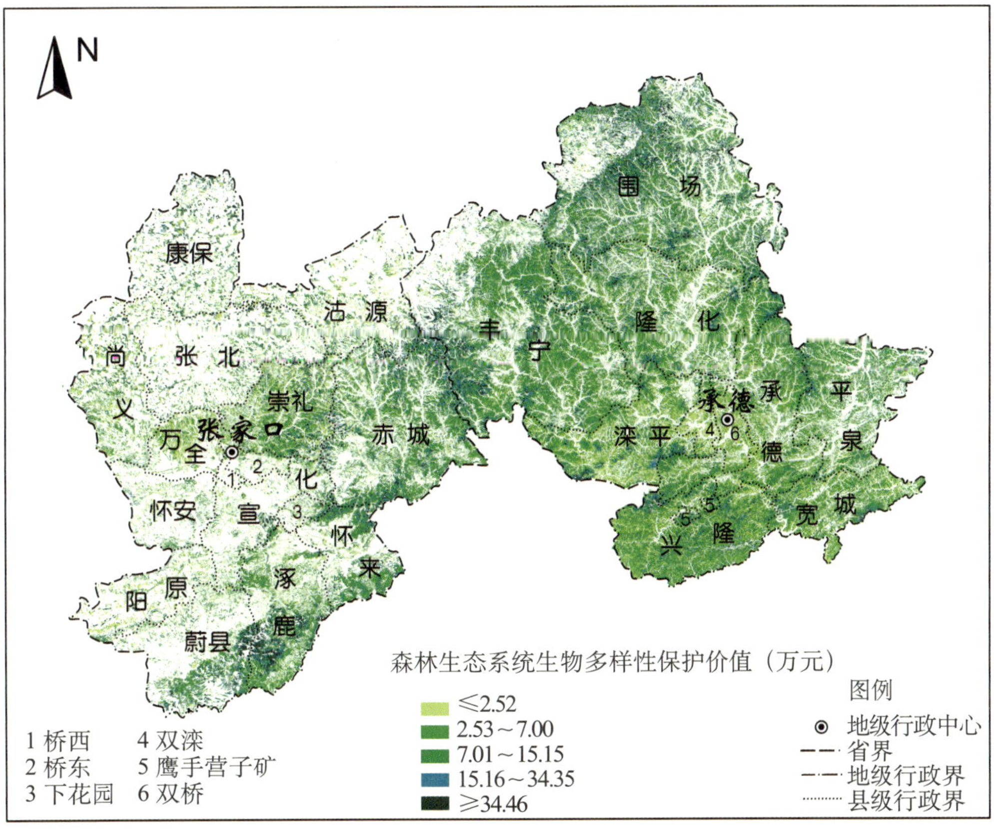

图3-52 张承地区各县（区）森林生态系统生物多样性保护价值量

（七）森林防护

张承地区各县（区）森林生态系统防风固沙价值量 1.70 亿元 / 年，张家口市和承德市森林生态系统防风固沙价值分别占其总价值量的 91.27% 和 8.73%。张北县、康保县和沽源县防风固沙价值量最高，均大于 0.33 亿元 / 年，占张承地区防风固沙总价值量的 72.26%；尚义县、围场满族蒙古族自治县、丰宁满族自治县、怀安县和阳原县介于 0.01 亿～ 0.3 亿元 / 年，占张承地区防风固沙总价值量的 27.23%；蔚县、承德县、崇礼区、张市桥东区、下花园区、怀来县、涿鹿县、张市桥西区、宣化区、平泉市、万全县、滦平县和兴隆县防风固沙价值量均低于 0.01 亿元 / 年，占张承地区防风固沙总价值量的 0.51%。张承地区各县（区）森林生态系统防风固沙总价值量是河北省 2020 年实际林业草原防沙治投资 3819 万元的 4.45 倍。

（八）林木产品供给

林木产品供给功能主要包括木材产品和非木材产品，非木材产品主要包括水果种植，坚果、含油果和香料作物种植，茶及其他饮料作物的种植，森林药材种植，森林食品种植林产品采集。张承地区森林生态系统林木产品供给总价值量为 89.19 亿元 / 年，相当于 2020 年张承地区林业产业总产值的 43.49%，其中木材产品为 3.39 亿元 / 年，非木材产品为 85.80 亿元 / 年。张家口市和承德市林木产品供给价值分别占其总价值量的 18.43% 和 81.57%。林木产品供给价值量低的区域，说明该区域的森林不再以生产木材为主，而以发挥森林的生态效益为主。

（九）森林康养

森林康养功能主要是因为森林生态系统能分泌大量的植物精气，植物精气是植物新陈代谢过程中，植物的花、叶、果、木材、根、芽等的油腺组织不断分泌的一种浓香挥发性物质。同时，我们不能低估林地提供的文化服务，它们对娱乐和休闲活动十分重要，英国每年有超过 2.5 亿～ 3 亿的游客来森林参观（UK National Ecosystem Assessment，2011）。承德市发展旅游具有其得天独厚的优势条件，有众多的名胜旅游景区、国家森林公园等。2020 年，河北省林业草原旅游、林业草原康养与休闲直接收入 63.91 亿元，直接带动的其他产业产值为 69.67 亿元；张承地区林业旅游与休闲服务，带动的其他产业产值总价值量为 41.39 亿元 / 年。其中，张家口市和承德市森林生态系统康养价值占其总价值量的 80.29% 和 19.71%。

三、优势树种（组）生态系统服务功能价值量评估

张承地区各优势树种（组）生态系统服务功能物质量评估，主要以柞树、桦树、山杏、落叶松、油松、慢生杨、刺槐、山杨、樟子松、特灌林和经济林为主，榆树、硬阔、侧柏、软阔、针叶混、阔叶混等合并为其他树种。

（一）保育土壤

张承地区各优势树种（组）生态系统保育土壤价值量占比如图 3-53 所示，最高为柞树、特灌林、桦树和山杏，均大于 20.0 亿元 / 年，占保育土壤总价值量的 60.53%；其次为落叶松、经济林、油松和慢生杨，介于 6.0 亿 ~ 20.0 亿元 / 年，占保育土壤总价值量的 30.40%；刺槐、山杨和樟子松保育土壤价值量介于 1.5 亿 ~ 5.0 亿元 / 年，占保育土壤总价值量的 5.46%；其他树种（组）均小于 1.50 亿元 / 年，占保育土壤总价值量的 3.61%。

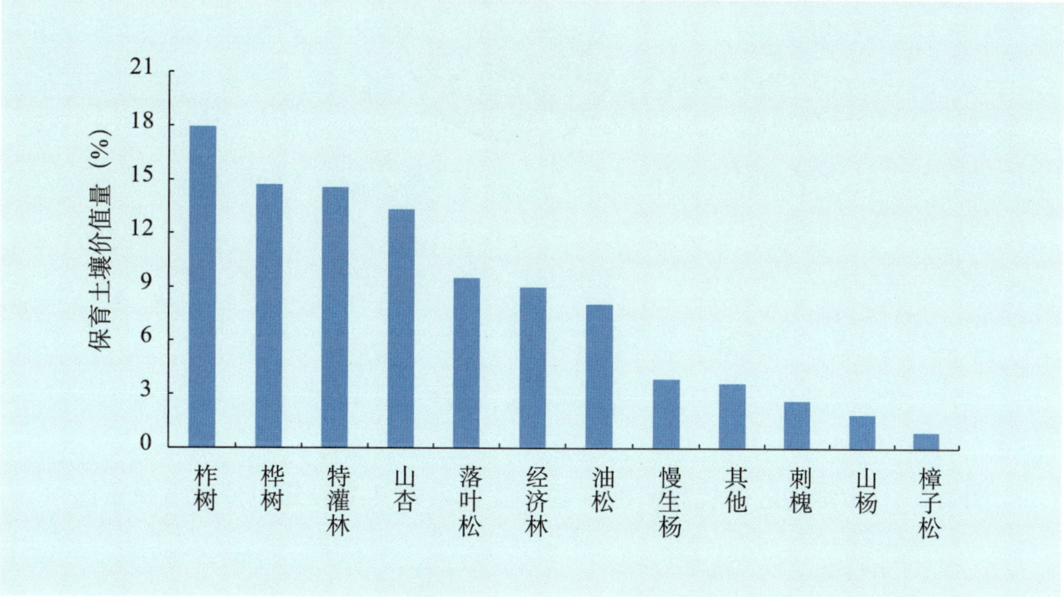

图 3-53　张承地区各优势树种（组）生态系统保育土壤价值量占比

（二）林木养分固持

张承地区各优势树种（组）生态系统林木养分固持价值量占比如图 3-54 所示，最高为柞树、特灌林和桦树，均大于 16.0 亿元 / 年，占林木养分固持总价值量的 55.64%；其次为落叶松、山杏、油松、经济林和慢生杨，介于 6.0 亿～ 15.0 亿元 / 年，占林木养分固持总价值量的 36.50%；刺槐、樟子松和山杨林木养分固持价值量介于 1.3 亿 ~ 2.0 亿元 / 年，占林木养分固持总价值量的 4.05%；其他树种（组）均小于 1.2 亿元 / 年，占林木养分固持总价值量的 3.81%。

（三）绿色“水库”

张承地区各优势树种（组）生态系统涵养水源价值量占比如图 3-55 所示，最高为柞树、山杏、桦树和特灌林，均大于 65.0 亿元 / 年，占涵养水源总价值量的 62.10%；其次为油松、落叶松和经济林，介于 35.0 亿 ~ 60.0 亿元 / 年，占涵养水源总价值量的 24.00%；慢生杨、刺槐、山杨和樟子松涵养水源价值量介于 4.0 亿 ~ 25.0 亿元 / 年，占总涵养水源价值量的 9.31%；其他树种（组）占涵养水源总价值量的 4.58%。

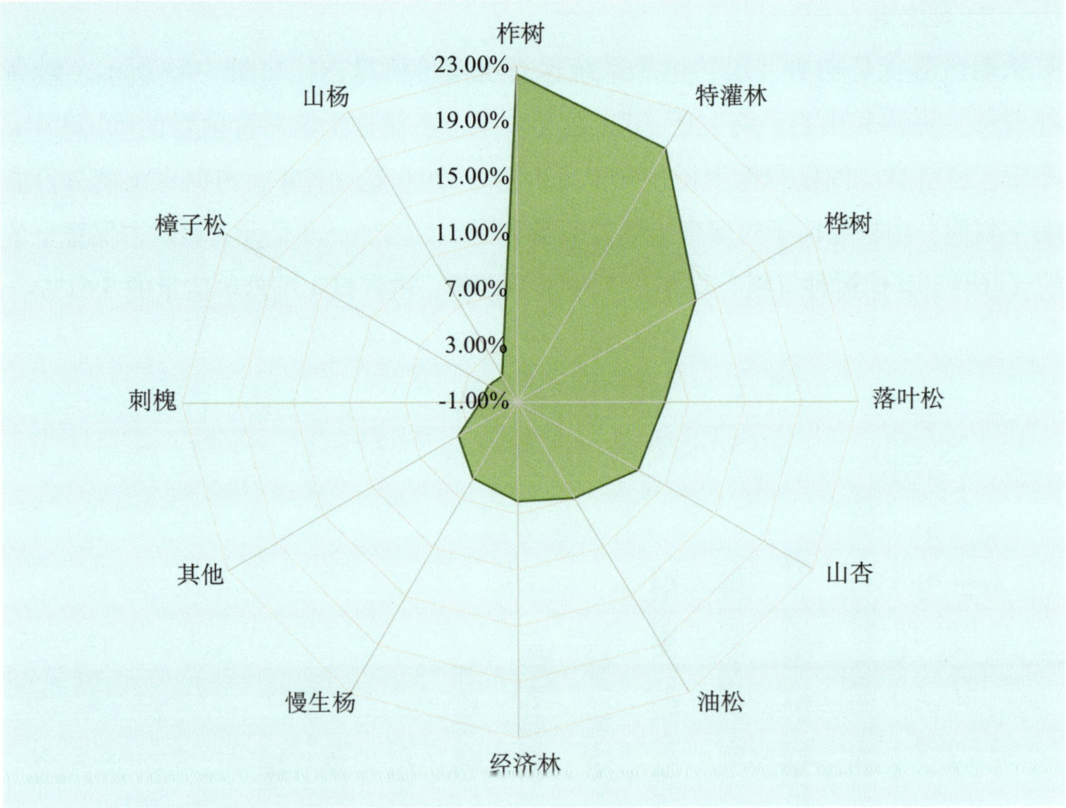

图 3-54　张承地区各优势树种（组）生态系统林木养分固持价值量占比

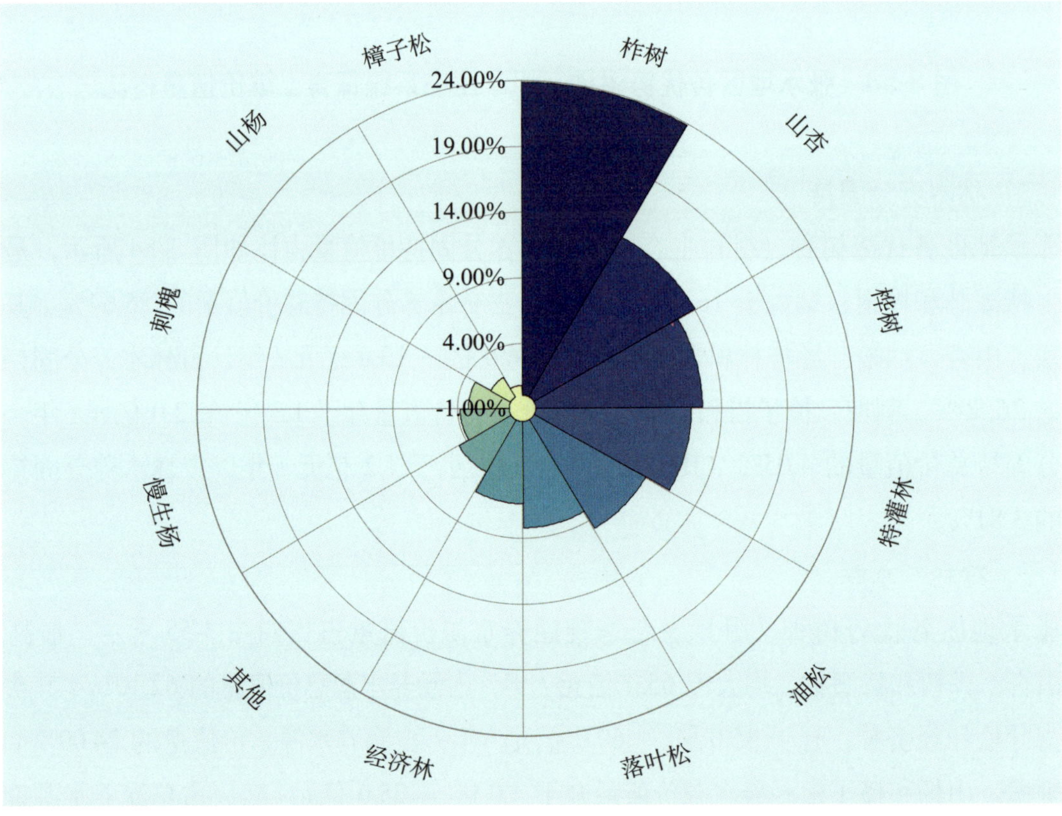

图 3-55　各优势树种（组）生态系统涵养水源价值量占比

（四）绿色“碳库”

张承地区各优势树种（组）生态系统固碳释氧价值量占比如图 3-56 所示，最高为柞树、山杏、桦树和特灌林，均大于 25.0 亿元 / 年，占固碳释氧总价值量的 60.55%；其次为油松、落叶松、经济林和慢生杨，介于 11.0 亿 ～ 25.0 亿元 / 年，占固碳释氧总价值量的 29.40%；刺槐、山杨和樟子松固碳释氧物质量介于 2.5 亿 ～ 8.0 亿元 / 年，占固碳释氧总价值量的 5.48%；其他树种（组）占固碳释氧总价值量的 4.57%。

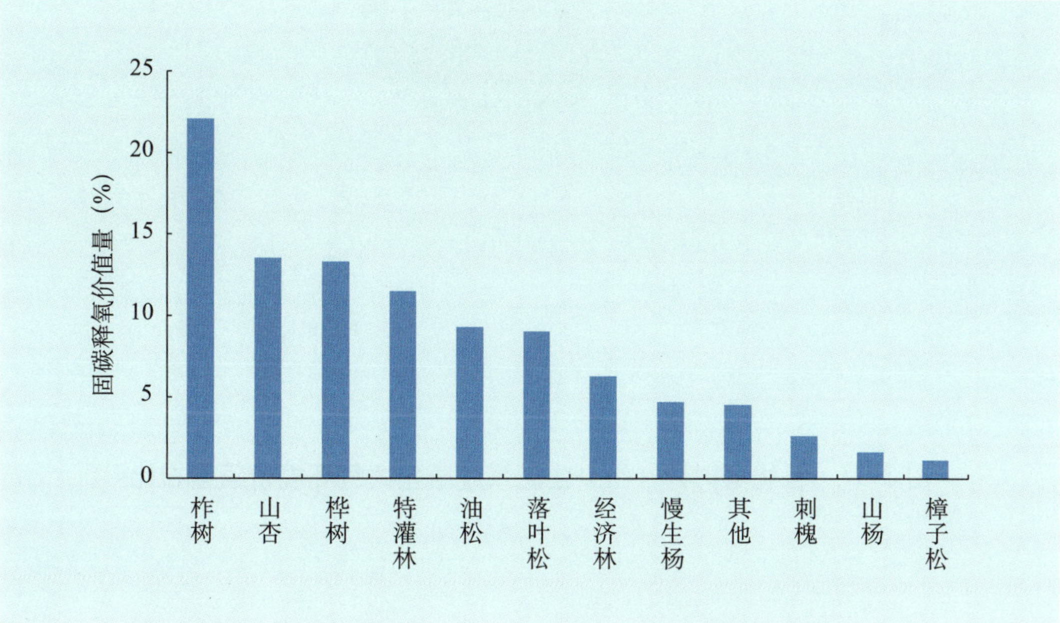

图 3-56 各优势树种（组）生态系统固碳释氧价值量占比

（五）绿色“氧库”

张承地区各优势树种（组）生态系统净化大气环境价值量占比如图 3-57 所示，最高为特灌林、柞树、油松和山杏，均大于 120.0 亿元 / 年，占净化大气环境总价值量的 58.39%；其次为落叶松、经济林、慢生杨和桦树，介于 50.0 亿 ～ 110.0 亿元 / 年，占净化大气环境总价值量的 31.10%；刺槐、山杨和樟子松净化大气环境价值量为 10.0 亿 ～ 35.0 亿元 / 年，占净化大气环境总价值量的 5.75%；其他树种（组）占净化大气环境总价值量的 4.76%。

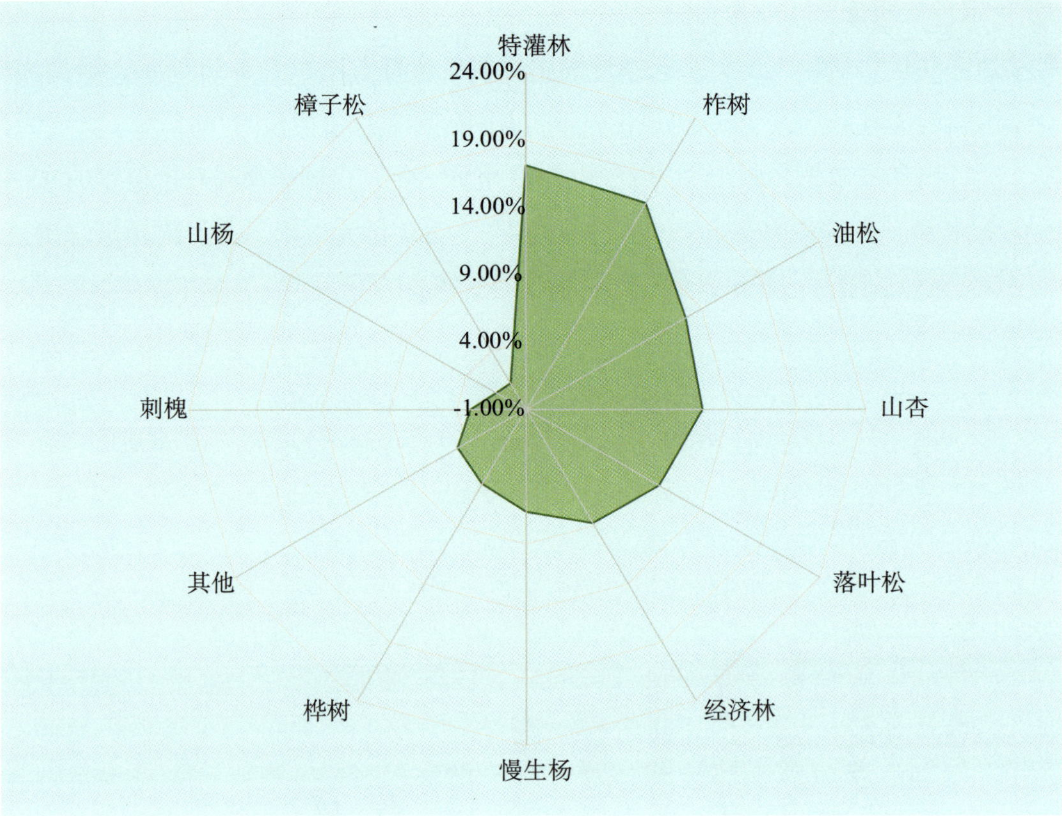

图 3-57　各优势树种（组）生态系统净化大气环境价值量占比

第四章

典型区域森林生态产品绿色核算

本章基于河北省森林资源年度变化监测评价数据与第三次全国国土调查融合数据，依据国家标准《森林生态系统服务功能评估规范》（GB/T 38582—2020）和 SEEA 核算框架对崇礼区、塞罕坝机械林场、雾灵山国家级自然保护区和小五台山国家级自然保护区 4 个典型区域进行单独核算，进而揭示这 4 个典型区域森林生态系统服务功能特征。

第一节　崇礼区森林生态产品绿色核算

崇礼区隶属于河北省张家口市，位于东经 114°17′ ~ 115°34′、北纬 40°47′ ~ 41°17′，地处内蒙古高原与华北平原过渡地带，北倚内蒙古草原，南临张家口市中心城区。崇礼区乔木林面积 81569.99 公顷，蓄积量 352.91 万立方米。按起源分，天然林面积约占其森林资源总面积的 70.0%，按林种分防护林面积占其森林资源总面积的 84.73%。从 20 世纪 70 年代起，崇礼区相继实施了三北防护林、首都周边绿化、京津风沙源治理和塞北林场建设项目等国家级重点绿化工程，依据第三次全国国土调查的融合数据，崇礼区森林覆盖率提高至 69.23%。

近年来，崇礼区全面统筹山水林田湖草沙综合治理，坚定不移守护绿水青山，积极推进国土绿化，因地制宜发展冰雪经济，着力提升森林草原生态系统高质量，筑牢了首都绿色屏障，打造了冬奥赛区最美生态地。在积极践行“绿色办奥”理念的同时，将“生态含绿量就是发展含金量”的思想贯穿于本地发展之中。同时，崇礼区抢抓国家实施碳达峰、碳中和行动和京津冀协同发展、京张体育文化旅游带建设的战略机遇，将崇礼碳汇纳入北京碳汇交易市场。充分利用丰富的森林资源，探索搭建集管护、开发、运营于一体的市场化平台，谋划启动山地苗木基地建设，大力发展林下经济。在全区形成“由点连线、由线成面、点面结合”的生态文明建设工作大格局，构筑天蓝地绿、山青水净、宜居宜业的奥运新家园。

一、物质量评估结果

根据国家标准《森林生态系统服务功能评估规范》（GB/T 38582—2020）的评估指标体系和计算方法，崇礼区森林生态系统各项服务功能物质量评估结果见表 4-1。

表 4-1　崇礼区森林生态系统服务功能物质量评估结果

服务类别	功能类别	指标		物质量
支持服务	保育土壤	固土（万吨/年）		311.50
		减少氮流失（万吨/年）		0.57
		减少磷流失（万吨/年）		0.34
		减少钾流失（万吨/年）		5.02
		减少有机质流失（万吨/年）		10.48
	林木养分固持	固持氮（万吨/年）		1.27
		固持磷（万吨/年）		0.04
		固持钾（万吨/年）		0.93
调节服务	涵养水源	调节水量（亿立方米/年）		0.95
	固碳释氧	固碳（万吨/年）		12.68
		释氧（万吨/年）		38.91
	净化大气环境	提供负离子（$\times10^{22}$个/年）		106.76
		吸收气体污染物（万千克/年）	吸收二氧化硫	1519.29
			吸收氟化物	42.65
			吸收氮氧化物	71.73
		滞尘（亿千克/年）	滞纳TSP	21.86
			滞纳PM_{10}	0.24
			滞纳$PM_{2.5}$	0.10
	森林防护	防风固沙（万吨/年）		0.21

自 2020 年崇礼区申报创建省级、国家级森林城市以来，全区广大干部群众同心协力，共创共建，大力开展“植绿、爱绿、护绿、兴绿”创建行动，掀起创森工作行动高潮，全区围绕冬季奥运会和创森强化生态修复实现全域生态面貌大提升，几乎处处都是翠云山。翠云山因坐拥 4 万多亩的天然白桦林和近 2 万亩人工栽植的落叶松、云杉等，森林覆盖率高达 85.7%，成为崇礼丰富森林资源最核心的地带，也是风光最美的山麓。

从物质量核算结果可以看出，崇礼区涵养水源量为 0.95 亿立方米 / 年，崇礼区境内气候属东亚大陆性季风气候中温带亚干旱区，年平均降水量 488 毫米，降水分布不均。境内清水河为海河流域永定河水系洋河段源头之一，境内地表水主要是降水，年平均降水量较低，可见崇礼森林生态系统涵养水源能力较高，可促进旱时“供水”、涝时“蓄水”，实现“青山常在，碧水长流”，满足亲近森林、享受自然的需要，成为广大群众休养生息的绿色港湾。崇礼区森林生态系统减少氮、磷、钾流失总量和林木养分固持物质量分别是张家口市当年农用化肥施用量 12.92 万吨（折纯）的 45.90% 和 17.34%；固土物质量是永定河水系洋河水系流入官厅水库多年平均输沙量 746 万吨的 41.76%。崇礼区森林全口碳汇量折合二氧化碳量为 58.51 万吨，其占张家口市森林全口径碳汇量的 11.18%；按照一位成年人每天消耗 0.75 千克氧气计算，其产生的释氧物质量大约可供 142 万人呼吸一年。崇礼区的空气负离子浓度高达 10000 个 / 立方米，比城市居民区高 10 倍多，$PM_{2.5}$ 平均值优于国家一级标准。由此可见，崇礼区森林生态系统在维持其生态系统服务功能方面效果显著，优越的自然环境是人们休闲康养的活动场所，也是休闲避暑的“天然氧吧”。

二、价值量评估结果

从图 4-1 可以看出，崇礼区森林生态系统服务总价值量为 114.02 亿元 / 年，其各项服务功能价值量大小排序为净化大气环境＞森林康养＞生物多样性保护＞涵养水源＞固碳释氧＞保育土壤＞林木养分固持＞林木产品供给＞森林防护。崇礼区每公顷森林生态系统相当于每年提供了 9.54 万元的生态服务价值。

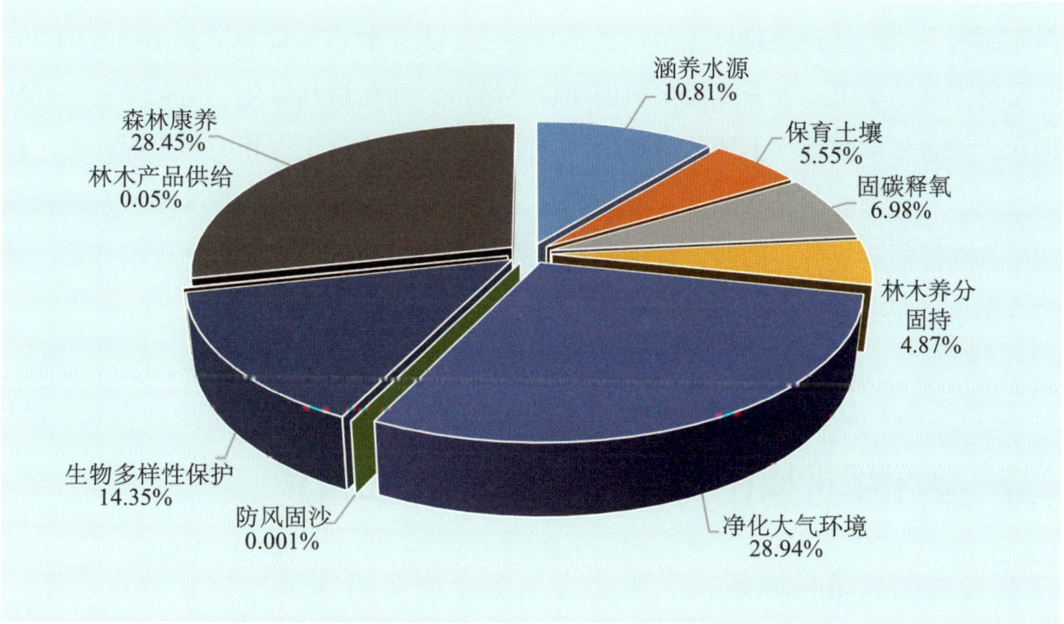

图 4-1　崇礼区森林生态系统服务各功能价值比例

自然因素对森林生态效益地理分异性的驱动作用较为复杂，是不同区域自然环境要素的差异与森林植被群落相互作用的过程。崇礼区境内 80% 为山地，青山隽秀、森林茂密、草场广阔，森林覆盖率较高，主要植被类型有阔叶林、针阔混交磷、落叶针叶林、常绿针叶林等，主要分布有桦树、山杨、华北落叶松等，是河北省天然次生林面积最大的县（区）之一，素有“天然氧吧”之称。根据经济参考报，河北省钢铁企业烧结机脱硫，去除1千克二氧化硫运行费用为5～8元，崇礼区森林生态系统吸收二氧化硫价值量是其工业排污费的0.99～1.58倍。据核算，2020年，崇礼区森林生态系统森林康养价值量占崇礼区当年林业产业总产值21.24亿元的1.53倍，崇礼拥有以万龙、长城岭、塞北、多乐美地四大龙头滑雪场以及集运动休闲、研学旅行、生态观光、民宿康养、农事体验等于一体的体育文化旅游森林乡村示范区等森林康养旅游项目百花齐放。崇礼区野生植物有80科301属553种之多，其中有15种被列入国家、省、市级重点保护物种；尤其是翠云山森林公园从山底到山顶，依次分布着灌丛带、落叶阔叶林带、针阔混交林带、针叶林带以及亚高山草甸。崇礼区森林生态系统蕴含的丰富物种和遗传种质资源是崇礼区宝贵的财富。

自然因素是森林生长的基础，因此良好的自然环境可以有效促进森林群落植被生长、能量流动和养分循环，从而增加其生态效益。林龄对净初级生产力的变化影响较大，中龄林和近熟林有绝对的优势。林分蓄积量随着林龄的增加而增加，随着时间的推移，幼龄林逐渐向成熟林的方向发展，从而提高林分蓄积量。从崇礼区森林资源数据中可以看出，幼龄林和中龄林面积占崇礼区森林资源总面积的44.60%和34.56%，崇礼区桦树、落叶松和山杏的幼龄林和中龄林面积分别占崇礼区森林总面积的34.69%和32.99%，这足以说明这3个树种及崇礼区大部分森林资源正处于林木生长速度最快的阶段，林木的高生长带来了较强的森林生态系统服务。崇礼区现存森林主要以人工林为主，人工林占其森林资源总面积的56.19%。崇礼区紧紧围绕冬季奥运会景观绿化和创建森林城市，强化造林绿化、生态修复和森林质量提升理念，结合张承两地坝上地区造林项目、京津风沙源治理工程和历年工程补植，按照设计规划原则，宜乔则乔、宜灌则灌、针阔混交，实现森林树种多样化，实现了全域森林绿地质量和生态功能的双提升。同时，合理的经营管理措施，使得崇礼区森林可以高效、稳定地发挥其生态系统服务。

第二节 塞罕坝机械林场森林生态产品绿色核算

河北省塞罕坝机械林场位于河北省承德市围场满族蒙古族自治县北部，东经116°53′～117°39′、北纬42°4′～42°36′，主要处于蒙古高原南部与冀北山区交汇地带，也处于内蒙古高原浑善达克沙地南缘。塞罕坝机械林场乔木林面积76535.94公顷，蓄积量1036.26万立方米。按起源分，人工林面积约占其森林资源总面积的70.0%。1962年以来，三代塞罕坝人听从党的召唤，艰苦奋斗、顽强拼搏，通过55年大规模的生态建设，创造了从“绝地荒原”到“人间林海”的人间奇迹，历代塞罕坝人薪火相传、默默耕耘，铸就了“牢记使命、艰苦创业、绿色发展”的塞罕坝精神，用无数青春和血汗在京津大地上筑起了一道阻沙涵水的“绿色长城”，生动诠释了“绿水青山就是金山银山”的科学发展理念。

2021 年 8 月，习近平总书记在塞罕坝机械林场同职工代表交流时深刻指出，塞罕坝精神是中国共产党精神谱系的组成部分。全党全国人民要发扬这种精神，把绿色经济和生态文明发展好。塞罕坝要更加深刻地理解生态文明理念，再接再厉，二次创业，在新征程上再建功立业。新一代的塞罕坝人也应朝着绿色梦想昂首阔步，在茫茫林海续写新的绿色奇迹，为京津冀筑起了一道牢固的绿色生态屏障。

这片世界最大的人工林，牢牢钉在浑善达克沙地南缘，如绿色长城日夜守护着京津冀。但森林生态系统服务不是一成不变的，而是随着时间不断发展变化的，这种动态变化一方面是因为生态系统结构和功能的变化；另一方面是因为不同社会发展水平下，人类对生态系统服务需求与认知的差异。塞罕坝机械林场森林生态产品绿色核算以直观的货币形式呈现了森林生态系统为人们提供生态产品的服务价值，充分反映塞罕坝机械林场生态建设效果，对确定森林生态环境建设中的主体地位和作用具有重要的意义。

一、物质量评估结果

根据国家标准《森林生态系统服务功能评估规范》（GB/T 38582—2020）的评估指标体系和测算方法，塞罕坝机械林场森林生态系统各项服务功能物质量评估结果见表 4-2。

表 4-2　塞罕坝机械林场森林生态系统服务功能物质量评估结果

服务类别	功能类别	指标		物质量
支持服务	保育土壤	固土（万吨/年）		236.31
		减少氮流失（万吨/年）		0.47
		减少磷流失（万吨/年）		0.21
		减少钾流失（万吨/年）		4.48
		减少有机质流失（万吨/年）		8.44
	林木养分固持	固持氮（万吨/年）		0.88
		固持磷（万吨/年）		0.04
		固持钾（万吨/年）		0.67
调节服务	涵养水源	调节水量（亿立方米/年）		0.85
	固碳释氧	固碳（万吨/年）		14.92
		释氧（万吨/年）		27.64
	净化大气环境	提供负离子（$\times 10^{22}$个/年）		135.02
		吸收气体污染物（万千克/年）	吸收二氧化硫	1080.19
			吸收氟化物	16.29
			吸收氮氧化物	46.64
		滞尘（亿千克/年）	滞纳TSP	23.19
			滞纳PM_{10}	0.22
			滞纳$PM_{2.5}$	0.09
	森林防护	防风固沙（万吨/年）		20.71

塞罕坝机械林场处于森林—草原交错带，是典型的半干旱半湿润寒温性大陆季风气候。塞罕坝机械林场极端最高气温 33.4℃，最低气温 -43.3℃，年平均气温 -1.3℃，年平均积雪 7 个月，年均无霜期 64 天，年平均降水量 460.3 毫米，全年干燥多风。其水资源主要来源于大气降水，消耗于地面蒸发、植物蒸腾、人工开采、河流流出等。塞罕坝机械林场河流多，水浅流急，受雨水补给影响，流量变化大，形成小滦河，最终汇入滦河，为下游区域提供了有力的水资源支撑。塞罕坝机械林场森林生态系统减少氮、磷、钾流失总量和林木养分固持总物质分别是承德市当年农用化肥施用量 9.81 万吨（折纯）的 52.60% 和 16.21%；固土物质量是滦河水系流入潘家口水库多年平均输沙量 173 万吨的 1.73 倍。塞罕坝机械林场森林全口碳汇量折合二氧化碳量为 39.33 万吨，其占承德市森林全口径碳汇量的 3.26%；按照一位成年人每天消耗 0.75 千克氧气计算，其产生的释氧物质量大约可供 100 万人呼吸一年。塞罕坝机械林场的空气负离子平均含量比北京城区高 5 倍。

曾经，塞罕坝是北京沙尘暴的风沙源之一，如今的塞罕坝百万亩林海筑起了一道牢固的绿色屏障，由沙尘暴加强区转变为阻滞区，有效地阻滞了浑善达克沙地南侵，不再是“飞鸟无栖树，黄沙遮天日”的荒凉景象。由此可见，塞罕坝机械林场森林生态系统提供优质生态产品本身就是金山银山，为京津冀地区的可持续发展提供了厚重而坚实的保障。塞罕坝机械林场森林生态系统不仅发挥出了重要的生态服务功能，还在维护坝上脆弱地带的生态环境方面起到了巨大作用。

二、价值量评估结果

从图 4-2 可以看出，塞罕坝机械林场森林生态系统服务总价值量为 66.92 亿元 / 年，其

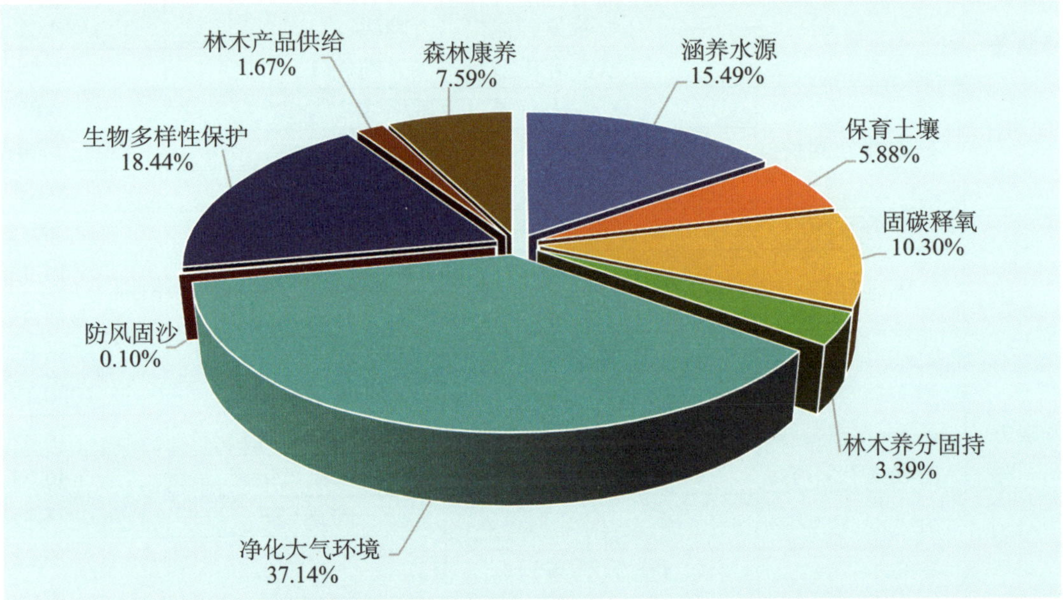

图 4-2 塞罕坝机械林场森林生态系统服务各功能价值比例

各项服务功能价值量大小排序为净化大气环境＞生物多样性保护＞涵养水源＞森林康养＞固碳释氧＞保育土壤＞林木养分固持＞林木产品供给＞森林防护。塞罕坝机械林场每公顷森林生态系统相当于每年提供了 8.54 万元的生态服务价值。

经核算，塞罕坝机械林场森林生态系统服务功能总价值量占塞罕坝机械林场当年林业产业总产值 3.66 亿元 的 18.28 倍。塞罕坝机械林场依托百万亩森林资源，积极发展绿化苗木等生态产业，实现了从无到有、从小到大、从弱到强、从贫到富的跨越式发展。

2022 年 8 月，河北省生态环境厅举办塞罕坝降碳产品价值实现暨金融机构授信签约仪式，12 家企业购买了塞罕坝机械林场等 8 家单位的降碳产品，实现价值转化 2460.59 万元。2016 年塞罕坝机械林场林业碳汇成为华北地区首个在国家发展改革委注册成功并签发的林业碳汇项目，也是迄今全国签发碳减排量最大的林业碳汇自愿减排项目。2018 年 8 月，塞罕坝机械林场在北京环境交易所与北京兰诺世纪科技有限公司达成了首笔造林碳汇交易，交易量 3.6 万吨。截至 2021 年 1 月，林场首批签发造林碳汇核证减排量 18.275 万吨，已完成销售 16.2756 万吨，实现收入 314 万元。按照该交易价格计算，塞罕坝森林生态系统可实现 206.93 万元的收入。

森林是功效绝佳的空气过滤装置，拥有“除污吐新、净化大气”的超强本领，按照河北省钢铁企业烧结机脱硫，塞罕坝机械林场森林生态系统吸收二氧化硫产生的价值量最低是其工业排污费的 2.80 倍。据核算，塞罕坝机械林场森林生态系统森林康养价值量占塞罕坝机械林场当年林业产业总产值的 1.39 倍。空气负离子最大含量是北京市区负离子最大量的 112 倍，平均含量是北京市区的 6 倍。

塞罕坝机械林场依托百万亩森林资源，积极发展生态旅游、绿化苗木、林业碳汇等绿色生态产业，形成了良性循环发展链条，已经形成了木材生产、森林旅游、种苗花卉三大支柱产业，年实现经营收入 5000 多万元。建场以来，累计向财政上缴利税超过 5000 万元，为社会提供造林绿化苗木 2 亿多株，为当地群众提供劳务收入 15000 多万元，有力地拉动了地方经济的增长。每年带动当地实现社会总收入超过 6 亿元，带动 1200 余户贫困户、1 万余贫困人口脱贫致富。

依据河北省 2020 年森林资源年度变化监测评价数据与第三次全国国土调查对接融合后得到资源数据可知，塞罕坝机械林场有林地与建场初相比面积由 24 万亩增加到现在的 115.1 万亩，森林覆盖率由 11.4% 提高到现在的 82%，塞罕坝机械林场乔木林面积约 7.54 万公顷，蓄积量约 1036.26 万立方米，其中人工林占 69.77%。其植被类型多种多样，有落叶针叶林、常绿针叶林、针阔混交林、阔叶林、灌丛、草原与草甸和沼泽及水生群落。与 50 多年前建场初期相比，塞罕坝及周边区域小气候得到有效改善：年无霜期由 52 天增加至 64 天，年均大风日数由 83 天减少到 53 天，年平均降水量由不足 410 毫米增加到 460 毫米，林区空气湿度比林区外无林地高出 50%。河北塞罕坝国家级自然保护区是天然植被集中分布区，区内森林、草甸和湿地均处于原生状态，并集中了塞罕坝地区珍贵、稀有的野生生物物种，孕育了塞罕坝丰富的生物多样性，使其成为珍贵、天然的物种“基因库”，也因此成为全国“生态文明建设范例”，生动诠释了“两山”理念。

第三节　雾灵山国家级自然保护区森林生态产品绿色核算

明代学者顾炎武在《昌平山水记》中记载：“其山高峻，有云雾蒙其上，四时不绝”，赞美雾灵山的云海。明代，大乘天真圆顿教第三代祖天真古佛将此山作为“求道灵山”，加之此山常年有云雾缭绕其上，始称雾灵山。雾灵山国家级自然保护区地处北京、天津、唐山、承德四城市之间，地处东经 117°17′ ~ 117°35′、北纬 40°29′ ~ 40°38′，是京津周边的国家级森林与野生动物型自然保护区，也是华北地区的天然绿色屏障，承担着维护京津冀地区生态安全的重任。

一、物质量评估结果

根据国家标准《森林生态系统服务功能评估规范》(GB/T 38582—2020) 的评估指标体系和计算方法，雾灵山国家级自然保护区森林生态系统各项服务功能物质量评估结果见表 4-3。

表 4-3　雾灵山国家级自然保护区森林生态系统服务功能物质量评估结果

服务类别	功能类别	指标		物质量
支持服务	保育土壤	固土（万吨/年）		36.09
		减少氮流失（万吨/年）		0.08
		减少磷流失（万吨/年）		0.03
		减少钾流失（万吨/年）		0.61
		减少有机质流失（万吨/年）		0.93
	林木养分固持	固持氮（万吨/年）		0.13
		固持磷（万吨/年）		0.01
		固持钾（万吨/年）		0.06
调节服务	涵养水源	调节水量（亿立方米/年）		0.61
	固碳释氧	固碳（万吨/年）		1.71
		释氧（万吨/年）		4.85
	净化大气环境	提供负离子（$\times 10^{22}$个/年）		16.16
		吸收气体污染物（万千克/年）	吸收二氧化硫	1080.19
			吸收氟化物	16.29
			吸收氮氧化物	46.64
		滞尘（亿千克/年）	滞纳TSP	2.85
			滞纳PM_{10}	0.03
			滞纳$PM_{2.5}$	0.01

雾灵山国家级自然保护区属暖温带湿润大陆性季风气候区，具有雨热同季、冬长夏短、四季分明、昼夜温差大的特征。地形地貌的复杂性，决定了气候的多样性，素有“一山有三季，十里不同天”之称。年平均气温 7.6℃，1 月最冷，平均气温 -15.6℃，极限最低温度 -50℃；7 月最热，平均气温 17.6℃，极限最高温度 39℃。≥ 10℃积温为 3000 ～ 3400℃，年平均日照 2870 小时，年平均降水量 763 毫米，局部可达 900 毫米，年平均蒸发量 1444 毫米，无霜期 130 天。4 ～ 10 月山上山下平均日温差达 13℃，盛夏高温天气时更为明显，日温差高达 20℃，是华北“热海”气候中的避暑“凉岛”。经过亿万年的沧桑巨变、陆海沉浮，成为燕山山脉的主峰，主峰海拔 2118 米，最低海拔 450 米，大部分山峰在 1600 米以上，层峦叠嶂。

雾灵山国家级自然保护区地处潮河和滦河上游，由 919 条溪河构成雾灵山水系，水资源十分丰富，每年流入密云水库 3701.61 万立方米（密云水库为北京市提供 70% 的饮用水），潘家口水库 2394.77 万立方米，是北京、天津的重要水源地。北支流有流水沟、字石沟、龙潭沟等 183 条溪河汇于安达木河经潮河入密云水库；西支流有鱼鳞沟、北松树峪、老虎沟、水泉沟、二蟒沟等 290 条溪河汇清水河流入密云水库；东部由仙人塔沟、五岔沟、八道河和冰冷沟等 446 条溪河汇于柳河经滦河流入潘家口水库。2015 年 4 月，中国绿色时报社《森林与人类》杂志在全国发起的“寻找中国森林氧吧”大型公益活动中，雾灵山成为首批也是河北省乃至整个京津冀地区唯一入选的一处“中国森林氧吧”。2015 年 7 月，雾灵山凭借高大茂密的森林、清澈绵延的溪水、天蓝云白的净空、幽静凉爽的气候，荣登“第十二届中外避暑旅游口碑金榜”。由核算知，雾灵山国家级自然保护区森林生态系统提供负离子为 16.16×10^{22} 个 / 年。有专家对空气中负氧离子含量做过测定：闹市区负氧离子含量仅为每立方厘米 100 ～ 200 个，有街道绿化的人行道上为每立方厘米 500 个，一般公园为每立方厘米 2000 个左右，而雾灵山林区内负氧离子含量则高达每立方厘米 8 万～ 10 万个，溪水和瀑布旁更高，达到每立方厘米 12 万个，每公顷森林每天可分泌出萜烯类等杀菌素 2 ～ 5 千克，可杀死白喉、结核、痢疾、葡萄球菌和百日咳杆菌等病菌。雾灵山茂密的森林分泌出大量的杀伤力很强的杀菌素，能杀死空气中的病菌和微生物，对人类有一定保健作用，是京津地区的大气消毒器。

二、价值量评估结果

雾灵山茂密的森林，是京津地区重要的生态屏障，直接关系着京津地区的生态安全，在保持水土、涵养水源、防风固沙、调节气候、净化空气等方面发挥着重要生态作用，年森林生态系统服务价值 9.72 亿元。从图 4-3 可以看出，雾灵山国家级自然保护区森林生态系统功能服务价值量大小排序为净化大气环境＞生物多样性保护＞涵养水源＞固碳释氧＞保育土壤＞林木养分固持＞森林康养。雾灵山国家级自然保护区每公顷森林生态系统相当于每年提供了 7.78 万元的生态服务价值，相比其他区域无林木产品供给和防风固沙服务功能的价值。

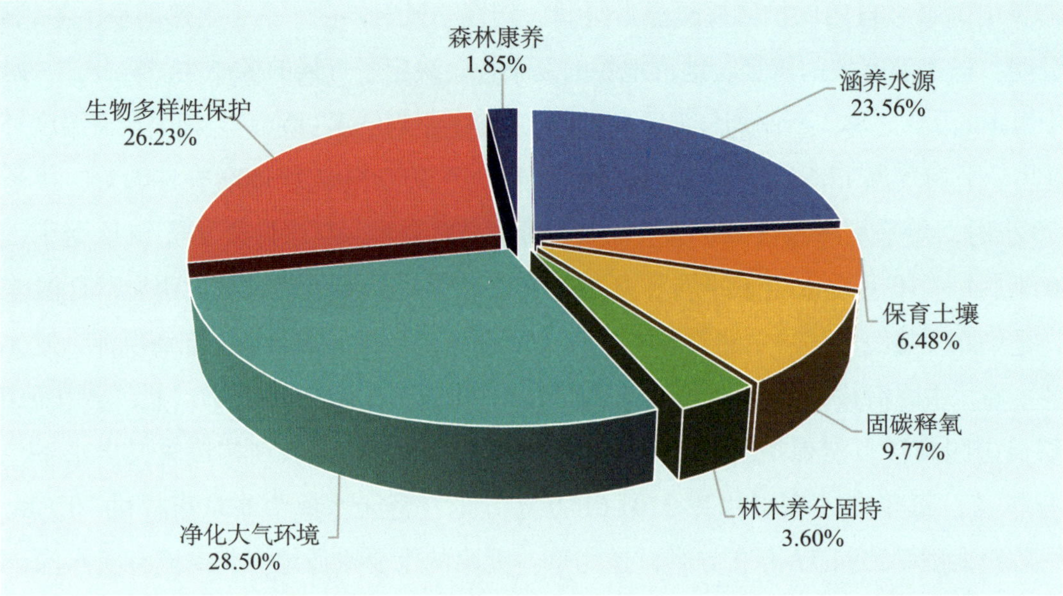

图 4-3　雾灵山国家级自然保护区森林生态系统服务各功能价值比例

雾灵山茂密的森林，涵养了大量优质水资源，据测算：雾灵山每年可为密云水库涵养水源提供的价值约为 4.35 亿元、为潘家口水库涵养水资源提供的价值约为 2.81 亿元。区域生态系统涵养水源功能辐射有助于提高对该区域下游及周边地区人们生产、生活用水的供给能力，对于区域生态系统工农业生产和国民经济发展意义重大。

雾灵山茂密的森林每年吸收二氧化硫、氮氧化物、氟化物等有害气体，同时对华北地区的大气也起着一定的净化作用，也是京津地区的大气过滤器。经核算：雾灵山每年可提供净化大气环境的价值量为 2.77 亿元。雾灵山高大起伏的山峦和茂密的森林，阻挡着来自内蒙古和河北坝上地区风沙带来的颗粒物，大大改善了京津地区的生态环境，减少和避免了沙尘的危害，有效地控制了沙化南侵，护卫京津地区。

雾灵山国家级自然保护区由于其独特的地理位置，在中国植物区系区划上属东北地区、蒙古草原地区及华北地区交会处。雾灵山的天然植被类型有针叶林、阔叶林、针阔混交林、灌丛、灌草丛、草丛、草甸、岩生植被、湿生植被和水生植被 10 种；动植物资源十分丰富，其中有高等植物 1870 种，陆生脊椎动物 173 种，雾灵山共有各级保护动物 141 种，占总种数的 81.5%。丰富的物种资源和复杂多样的生态系统为雾灵山国家级自然保护区提供了较高的生物多样性保护价值，更是华北地区不可多得的物种基因库，还是人与自然和谐相处的最佳典范，绝美的自然景观具有极高的科研生态和美学价值。

雾灵山国家级自然保护区森林生态系统服务功能的维持机制与其森林资源自身的属性和特征有直接关系。其森林资源存在以下特征：①自然因素。雾灵山属暖温带湿润大陆性季风气候区，地处潮河和滦河上游，水系众多，水资源十分丰富，每年流入密云水库 6679 万立方米，潘家口水库 4321 万立方米，是北京、天津的重要水源地。尤其是在水分充足的条件下，温度越高，植物叶片气孔完全打开，呼吸作用增强，为光合作用提供充足的二氧化碳。雾灵山国家级自然保护区丰富的森林资源、优越的自然气候和水资源，使得其林木生长较快则其生态系统服务也就越强。②资源面积。雾灵山国家级自然保护区中软阔、柞树、油松、山杨和桦树的面积占其森林资源总面积的 76.49%；排后几位的均为刺槐、山杏和慢生杨，占其森林资源总面积的 0.08%。由此可见，不同林分类型生态系统服务功能物质量的大小与其面积呈正相关性。③林龄结构。从雾灵山国家级自然保护区森林资源数据中可以看出，幼龄林和中龄林面积占其森林总面积的 32.27% 和 44.29%；软阔、柞树、油松、山杨和桦树的幼龄林和中龄林面积占其森林总面积的 23.70% 和 33.19%。④森林起源。雾灵山国家级自然保护区现存天然林占其森林资源总面积的 83.93%。雾灵山国家级自然保护区主要保护对象为"温带森林生态系统和猕猴分布北限"。植物资源丰富，植被类型多样，许多古老的孑遗植物保存良好。天然林是森林资源的主体和精华，是自然界群落最稳定、生物多样性最丰富的陆地生态系统。加上合理的经营管理措施，使得雾灵山国家级自然保护区森林生态系统发挥高效、稳定的服务功能。⑤自然保护区。雾灵山国家级自然保护区内的生态系统具有较高的完整性和稳定性，是开展生物多样性和自然遗产就地保护最为经济有效的途径，是当地经济持续发展的重要保障。雾灵山茂密的森林，涵养了大量优质水源，瀑飞泉涌、溪水奔流，形成了十八潭、树石奇观两大雾灵山森林康养步道，这奔流不息的溪水，在愉悦、健康游客的同时，成为京津唐广大地区普通百姓的饮用水源。同时，雾灵山国家级自然保护区森林生态系统的净化大气环境和保育土壤功能，给京津地区带来洁净的空气，成为华北地区的天然绿色屏障。

第四节　小五台山国家级自然保护区森林生态产品绿色核算

小五台山国家级自然保护区地处太行山、燕山、恒山三山交汇处，位于蔚县和涿鹿县南部山区，东与北京市门头沟区接壤，地理坐标为东经 114°47′8″ ～ 115°28′56″ 、北纬 39°50′41″ ～ 40°6′30″ 。保护区东西长约 60 千米，南北宽约 28 千米，周边与社区交界 300 多千米，东、西、南、北、中五座山峰海拔均在 2600 米以上，主峰东台海拔 2882 米，为太行山主峰，京津冀最高峰，是华北地区植物种类最丰富的地区之一。同时，其水资源比较丰富，降水充沛，也是永定河、拒马河的重要源头，是京津及其周围地区的重要水源地；也为京西筑起绿色生态屏障，为蔚县和涿鹿县的生态、经济、社会发展作出了积极贡献。

一、物质量评估结果

根据国家标准《森林生态系统服务功能评估规范》（GB/T 38582—2020）的评估指标

体系和计算方法，小五台山国家级自然保护区森林生态系统各项服务功能物质评估结果见表 4-4。

表 4-4　小五台山国家级自然保护区森林生态系统服务功能物质量评估结果

<table>
<tr><th>服务类别</th><th>功能类别</th><th colspan="2">指标</th><th>物质量</th></tr>
<tr><td rowspan="8">支持服务</td><td rowspan="5">保育土壤</td><td colspan="2">固土（万吨/年）</td><td>59.18</td></tr>
<tr><td colspan="2">减少氮流失（万吨/年）</td><td>0.12</td></tr>
<tr><td colspan="2">减少磷流失（万吨/年）</td><td>0.05</td></tr>
<tr><td colspan="2">减少钾流失（万吨/年）</td><td>0.81</td></tr>
<tr><td colspan="2">减少有机质流失（万吨/年）</td><td>2.19</td></tr>
<tr><td rowspan="3">林木养分固持</td><td colspan="2">固持氮（万吨/年）</td><td>0.21</td></tr>
<tr><td colspan="2">固持磷（万吨/年）</td><td>0.01</td></tr>
<tr><td colspan="2">固持钾（万吨/年）</td><td>0.10</td></tr>
<tr><td rowspan="10">调节服务</td><td>涵养水源</td><td colspan="2">调节水量（亿立方米/年）</td><td>0.25</td></tr>
<tr><td rowspan="2">固碳释氧</td><td colspan="2">固碳（万吨/年）</td><td>1.51</td></tr>
<tr><td colspan="2">释氧（万吨/年）</td><td>5.71</td></tr>
<tr><td rowspan="7">净化大气环境</td><td colspan="2">提供负离子（$\times 10^{22}$个/年）</td><td>32.38</td></tr>
<tr><td rowspan="3">吸收气体污染物（万千克/年）</td><td>吸收二氧化硫</td><td>266.61</td></tr>
<tr><td>吸收氟化物</td><td>8.03</td></tr>
<tr><td>吸收氮氧化物</td><td>12.64</td></tr>
<tr><td rowspan="3">滞尘（亿千克/年）</td><td>滞纳TSP</td><td>3.85</td></tr>
<tr><td>滞纳PM_{10}</td><td>0.06</td></tr>
<tr><td>滞纳$PM_{2.5}$</td><td>0.03</td></tr>
</table>

小五台山国家级自然保护区水资源比较丰富，降水充沛，主要水源是降水、地下水和潜水等。属暖温带大陆季风型山地气候，具有雨热同季、冬长夏短、四季分明、夏季昼夜温差大等特点。具有华北山区特点，川谷降水量少，年平均降水量 420 毫米，山腹以上降水量逐渐增大，最多年均达 700 毫米。雨量集中，7 月、8 月降水量约占全年降水量的 49%。温度低，气候寒冷，年平均气温 6.4℃。由于谷深坡陡，落差大，常常形成急流和瀑布。保护区是永定河、大清河的重要源头，每年向永定河上游桑干河流域及大清河上游拒马河流域注入大量的清洁水资源，为京津及周围地区提供了丰富的水资源，保证了本地人民生产生活用水。

小五台山国家级自然保护区森林生态系统保护良好，生物多样性丰富，生态稳定性日益向好，森林覆盖率由 1986 年的 54.9% 增加到现在的 78.4%。小五台山国家级自然保护区属于森林生态类型自然保护区，森林类型主要以落叶阔叶林、针叶林和针阔混交林为主，区系组成复杂、植物种类繁多，达 670 余种，垂直变化明显；在阳坡 2100 米以上为蒿草草甸；2000 ～ 2100 米为以硕桦为主要树种的亚高山灌丛；1400 ～ 2000 米是以白杆、青杆、华北落叶松、油松、白桦和红松为主要树种的针阔叶混交林；1400 ～ 1200 米为次生灌草丛，以沙棘（*Hippophae rhamnoides*）、虎榛子（*Ostryopsis davidiana*）、毛榛（*Corylus mandshurica*）、绣线菊（*Spiraea salicifolia*）等为主；1200 米以下则为农作物区。阴坡除分布高度与阳坡不同外，尚可分出以华北落叶松和云杉为主的针叶林带及以白桦、青杨为主的阔叶林带。区内自然生态系统完整而典型，几乎包括了华北境内所有的天然林类型，植被垂直分布带谱是华北地区的典型代表，为物种多样性和遗传多样性提供了广阔的生存空间，特别是为褐马鸡（*Crossoptilon mantchuricum*）、金钱豹（*Codonopsis javanica*）等珍稀野生动物提供了难得的栖息环境。良好的森林植被涵养了充沛优质的水资源，在海河流域特别是京津地区发挥着重要的生态作用。

二、价值量评估结果

河北小五台国家级自然保护区是河北省西北部的一片绿色宝地，是京津冀地区最高峰，也是华北地区植物和动物种类最丰富的地区之一，更是一个宝贵的“自然基因库”和“天然实验室”。在保持水土、涵养水源、调节气候、净化空气等方面发挥着重要生态作用，森林生态系统服务价值 14.64 亿元 / 年。从图 4-4 可以看出：河北小五台山国家级自然保护区森林生态系统服务价值量大小排序为净化大气环境＞涵养水源＞生物多样性保护＞固碳释氧＞保育土壤＞林木养分固持。雾灵山国家级自然保护区每公顷森林生态系统相当于每年提供了 7.82 万元的生态服务价值，相比其他区域无林木产品供给、森林康养功能和防风固沙服务功能的价值。

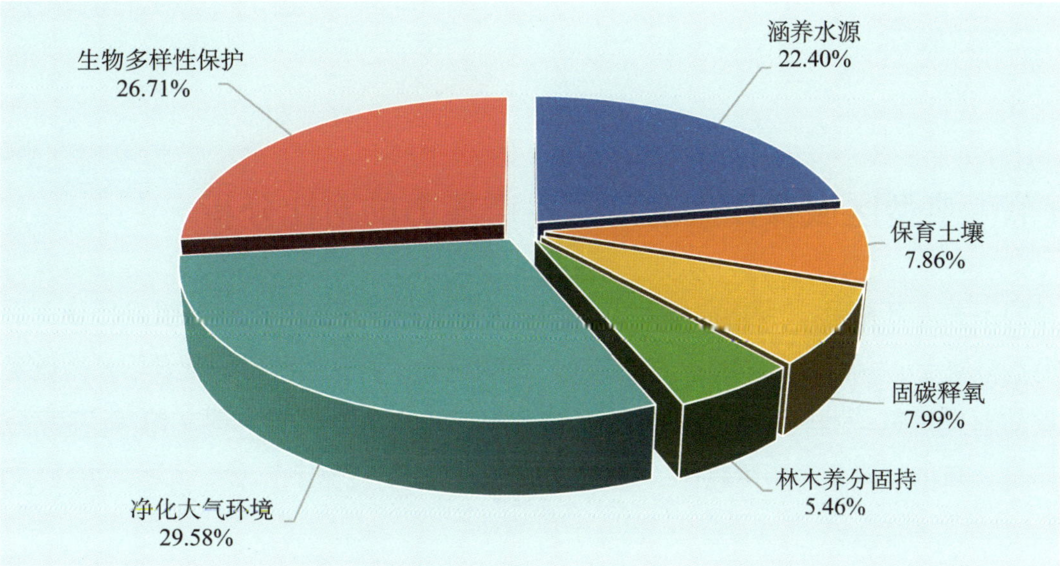

图 4-4　小五台山国家级自然保护区森林生态系统各功能价值比例

森林涵养水源功能主要表现为截留降水、涵蓄土壤水分等。由于森林生态系统的特殊性质，使得它在陆地生态系统中具有最大涵养水源能力。在洪水季节可以蓄水防涝，在干旱季节则可以供水抗旱，故被誉为绿色“水库”。自然保护区是开展生物多样性和自然遗产就地保护最为经济有效的途径，是人类经济持续发展的重要保障。

小五台山国家级自然保护区森林生态系统服务功能的维持机制与其森林资源自身的属性和特征有直接关系。其森林资源存在以下特征：①自然因素。小五台山国家级自然保护区属温带大陆季风山地气候，年平均气温 5 ~ 6℃，四季分明、雨热同季、冬长夏短、夏季昼夜温差大。降水分布不均，川谷降水少，年平均 420 毫米，山腹以上降水逐渐变大，年均多达 700 毫米，雨量集中于 7 ~ 8 月（赵建成，2011）。气候垂直分带性比较明显，集中表现出北方山区气候特点。各大沟谷均有溪水，为永定河、桑干河和拒马河的源头，对北京水源涵养、防治沙尘暴、改善生态环境有着重要的作用。②资源面积。小五台山地区植物种类繁多，其植被垂直带谱自山顶至山基划分为亚高山草甸带、亚高山灌丛带、针叶林带、针阔混交林带、落叶阔叶林带、人工油松林带、次生灌丛带和农田林果带，其植被类型丰富，垂直带普明显，结合森林资源数据统计，小五台山主要的优势树种组为落叶松、油松、柞树、山杏、云杉、山杨和慢生杨等，物质量占比与其资源面积占比基本一致。由此可见，不同林分类型生态系统服务功能物质量的大小与其面积呈正相关。③林龄结构。从小五台山国家级自然保护区森林资源数据中可以看出，小五台山国家级自然保护区现存天然林占其森林资源总面积的 73.74%。幼龄林和中龄林面积仅占其森林总面积的 11.93%，小五台山国家级自然保护区桦树、落叶松、油松和柞树的幼龄林和中龄林面积占小五台山国家级自然保护区森林总面积的 10.52%，而近熟林占森林资源总面积的 72.92%；成、过熟林少，尚未形成稳定的顶级群落，树种结构比较单一。正处于林木生长速度最快的阶段，林木的高生长带来了较强的森林生态系统服务。

第五节　典型区域森林生态产品生产能力的对比分析

党的十九大召开后，“两山”理念成为了习近平生态文明思想的重要组成部分，引领中国坚定不移地走上生态优先、绿色发展之路。在新时代、新发展阶段的背景下，高质量发展成为贯彻新发展理念的具体要求，也是生态文明建设的核心要求（蔡文博等，2021）。生态产品是“两山”理念的物质载体，是实现生态文明的实践抓手（李宇亮等，2021）。

一、绿色“水库”

森林是水库，这是总书记对森林具有多重效益的重要论述，更是对森林发挥改善民生福祉作用的充分肯定。水是生命之源，是人类赖以生存和发展的物质基础。中国民间有一句俗语：“山上栽满树，等于修水库。”“青山常在，绿水长流”，说的其实就是森林的涵养水源、净化水质功能。森林生态系统会对降水起到充分的蓄积和重新分配作用，将其大部分变为有效水，在原有区域内循环。森林蒸散出来的水分进入大气中可以增加空气湿度，还可以在流域内或流域外一定距离又以降水的形式回落地面去滋补农田。这一现象也很好诠释了山水林田湖草沙是一个生命共同体的生态文明理念，更为人类系统认识自然、研究自然提供了现实案例。

绿色“水库”：是指涵养水源功能，主要体现在蓄水、调节径流、削洪抗旱和净化水质等方面，是调节水量和净化水质功能之和。通过对降水的截留、吸收和下渗，对降水进行时空再分配，减少无效水，增加有效水。

经核算，典型区域单位面积涵养水源能力排序为雾灵山国家级自然保护区＞小五台国家级自然保护区＞崇礼区＞塞罕坝机械林场。4 个典型区域森林生态系统绿色“水库”总物质量为 29.08 亿立方米，相当于张承地区多年平均水资源总量的 3.57%。崇礼区、塞罕坝机械林场、雾灵山国家级自然保护区和小五台山国家级自然保护区涵养水源绿色“水库”总价值量是 2020 年河北省洪涝、干旱等自然灾害直接经济损失（39.94 亿元）的 72.81%。

崇礼区境内气候属东亚大陆性季风气候中温带亚干旱区，由于所处地理位置和地形的影响，地表水主要来自于降水。潮白河入密云水库，是北京市的重要水源，滦河入潘家口水库和大黑汀水库，是天津、唐山等地的重要水源。雾灵山国家级自然保护区地处潮白河和滦河上游，汇入安达木河经潮河入密云水库以及汇入清水河流入密云水库的集水面积有 7752.6 公顷，属于海河水系；经滦河入潘家口水库属滦河水系，集水区面积 6557.6 公顷。据测定，雾灵山国家级自然保护区森林生态系统涵养水源量入密云水库 3701.61 万立方米（密云水库为北京市提供 70% 的饮用水），入潘家口水库 2394.77 万立方米，汇入密云水库的水量占流入北京市潮白河水系 2.97 亿立方米（北京市水资源公报，2020）的 12.46%。小五台山水系为海河流域，属永定河和大清河水系。发源于小五台山的支流在怀来县于洋河汇合流入官厅水库，截至 2000 年官厅水库累计向下游供水 398 亿立方米，其中向北京提供的工业用水 173 亿立方米。塞罕坝地处森林草原交错带，区内是滦河、辽河的重要发源地，每年可为滦河、辽河涵养水源、净化水质 0.85 亿立方米，滋养着两河流域的数千万人，它横亘于内蒙古浑善达克沙地与河北北部森林、草原生态系统之间，肩负着为京津蓄水源的生态重任。可见，上游集水区域植被与土壤所涵养的水分通过河流水系等输水通道转移到中下游地区产生服务效用，并带来一定的经济效应。一个流域中的上游地区的涵养水源服务不仅会造福区域本身，还具有通过河流水系等途径向该区范围以外的地区辐射的特征。

二、绿色“碳库”

2021 年 3 月，习近平主持召开中央财经委员会第九次会议指出，要提升生态碳汇能力，强化国土空间规划和用途管控，有效发挥森林、草原、湿地、海洋、土壤、冻土的固碳作用，提升生态系统碳汇增量。2022 年 3 月，习近平总书记在参加首都义务植树活动时强调，森林是水库、钱库、粮库，现在应该再加上一个“碳库”。森林作为陆地生态系统主体，其强大的碳汇功能和作用，成为实现“双碳”目标的重要路径，也是目前最为经济、安全、有效的固碳增汇手段之一。

绿色“碳库”：是指碳中和功能，森林植被通过光合作用将空气中二氧化碳合成碳水化合物转化为生物量，同时释放出等当量的氧气。森林植被土壤是一个巨大的绿色“碳库”，土壤层通过有机碳的积累和储存，捕获并封存了通过植被层固定并迁移到土壤层的碳。绿色植物的“特异功能”是能够进行光合作用，从空气中捕获二氧化碳（灰碳），并转化为葡萄糖（绿碳），再经生化作用合成碳水化合物（绿碳）。植物绿碳经由食物链传递，转化为动物体内碳水化合物（绿碳），与光合作用对应的是呼吸作用。动植物通过呼吸作用把一部分绿碳重新转化为二氧化碳，并释放进入大气（灰碳），另一部分则构成生物机体，在机体内贮存（绿碳）。动植物死后，通过微生物分解作用，尸体中的碳（绿碳）成为二氧化碳排入大气（灰碳）。

经核算，2020 年塞罕坝机械林场、小五台山国家级自然保护区、雾灵山国家级自然保护区和崇礼区森林全口径碳汇量分别为 14.92 万吨 / 年、1.51 万吨 / 年、1.71 万吨 / 年和 12.68 万吨 / 年。典型区域单位面积固碳能力排序为塞罕坝机械林场＞小五台山国家级自然保护区＞雾灵山国家级自然保护区＞崇礼区。据森林资源年度变化监测评价数据可知，塞罕坝机械林场、小五台山国家级自然保护区、雾灵山国家级自然保护区和崇礼区单位面积蓄积量分别为 137.48 立方米 / 公顷、95.24 立方米 / 公顷、67.20 立方米 / 公顷和 43.27 立方米 / 公顷（图 4-5）。4 个典型区域幼、中龄森林资源面积占其森林资源总面积的 63.28% 和 31.30%。同时，4 个典型区域人工林单位面积蓄积量为天然林的 1.55 倍；中幼龄林生长迅速，伴随森林质量不断提升，具有较高的固碳速率和较大的碳汇潜力。同时，人工林在森林碳汇方面起到了非常重要的作用。

研究表明，不同区域森林生态系统碳中和能力受全球气候变化和人类活动等要素的调控，特别是全球变化可能会促进陆地植被活动，进而影响森林生态系统的碳汇大小，例如二氧化碳施肥效应、氮沉降、气候变化和土地覆盖变化等，尤其是近年来极端气候事件频发，给碳达峰、碳中和目标的实现带来严峻挑战。因此，在实现碳达峰目标与碳中和愿景的过程中，除了大力推动经济结构、能源结构、产业结构转型升级，还应进一步加强以完善陆地生态系统结构与功能为主线的生态系统修复和保护措施，加强森林碳汇资源的综合监测工作，掌握森林碳汇资源的分布、结构及其种类，提升森林碳汇资源的生态系统状况、功能效益，进而增强以森林生态系统为主体的森林全口径碳汇功能，提升林业在碳达峰目标与碳中和过程中的参与度，打造具有中国特色的碳中和之路。同时，固碳释氧功能除对本身区域具有重要固碳能力外，还对周边人口密集的城镇、工矿等地区具有重要的辐射效应，森林生态系统的固碳服务可以抵消一部分周边地区工业生产碳排放的数量，同时还可以为周边地区提供氧气，因此森林生态系统固碳释氧服务的辐射范围、转化率是实现区域生态效益与经济效益双赢的重要保障。

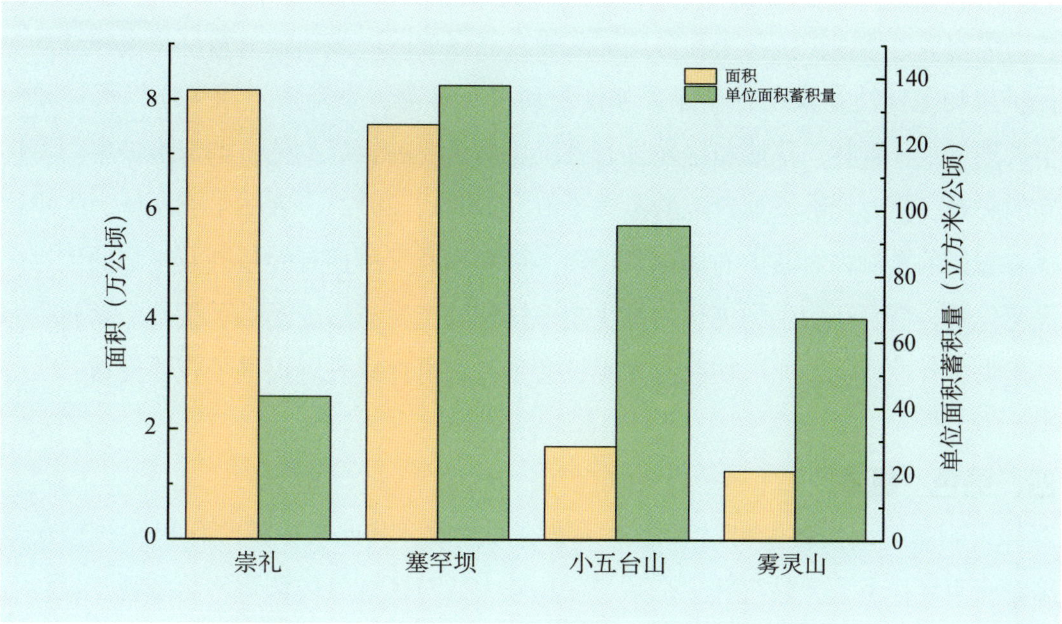

图 4-5　典型区域乔木林面积和单位面积蓄积量

2021 年 9 月，河北省为加快建立健全河北省生态产品价值实现机制，实现降碳产品价值有效转化，遏制高耗能、高排放行业盲目发展，助力经济社会发展全面绿色转型，印发了《关于建立降碳产品价值实现机制的实施方案（试行）》（简称《方案》）。《方案》要求建立以政府主导、市场运作的“谁开发谁受益、谁超排谁付费”的降碳产品价值实现政策体系，调动全社会开发降碳项目积极性，激发“两高”企业节能减污降碳内生动力，充分发挥市场在资源配置中的决定性作用，推动降碳产品生态价值有效转化。

三、绿色“基因库”

近年来，生物多样性保护日益受到国际社会的高度重视，已经将其视为生态安全和粮食安全的重要保障，并提高到人类赖以生存的条件和经济社会可持续发展基础的战略高度来认识。2021 年 10 月，联合国《生物多样性公约》第十五次缔约方大会在昆明举办，大会以“生态文明：共建地球生命共同体”为主题，旨在倡导推进全球生态文明建设，强调人与自然是生命共同体，强调尊重自然、顺应自然和保护自然，努力达成公约提出的到 2050 年实现生物多样性可持续利用和惠益分享，实现“人与自然和谐共生”的美好愿景。

绿色“基因库”：是指生物多样性保护、生境提供功能。森林生态系统为生物物种提供生存与繁衍场所，从而对其起到保育作用的功能。

小五台山国家级自然保护区和雾灵山国家级自然保护区为太行山生物多样性保护优先区域，这些区域植物种类较多、物种丰富度较高，是温带暖温带植物区系的典型代表，是京津冀重要水源涵养地和生态屏障。经核算，2020 年 4 个典型区域生物多样性保护能力排序为雾灵山国家级自然保护区＞小五台山国家级自然保护区＞崇礼区＞塞罕坝机械林场。

保护生物多样性和景观旨在保护和恢复动植物群落、生态系统和生境以保护和恢复天然和半天然景观，森林、草地和湿地生态系统作为重要的景观类型，均与维护生物多样性有着明确的关系，同时能够增加景观的审美价值（SEEA，2012），森林生态系统为生物物种提供生存与繁衍的场所，对其中的动物、植物、微生物及其所拥有的基因及生物的生存环境起到了保育作用，而且还为生物进化以及生物多样性的产生与形成提供了条件。森林生态系统发挥的生物多样性“基因库”功能为人类社会生存和可持续发展提供了重要支撑。

四、绿色“氧库”

森林生态系统以及微生物对水体中污染物的吸收、代谢、分解、积累和减轻水体富营养化等具有重要作用，并且森林生态系统面积较大，对区域气候调节不可忽视。森林可以通过叶片吸收大气颗粒物与有害气体，在净化大气中扮演者重要的角色。此外，还可以提供大量的负离子作为一种无形的旅游资源供人类享用。就像万物生长离不开阳光、空气和水一样，人类健康同样离不开负离子。空气负离子具有杀菌、降尘、给人体补氧补电等多种功效，且能利用其带电功能，将空气中悬浮的污染物、细菌、微生物等吸附捕获，从而使得空气变得清洁。因此，空气负离子含量越高，空气就越清洁舒适。正因为这些神奇的功效，空气负离子有空气清洁剂的美称，也被誉为“空气维生素”。

绿色“氧库”：是指森林生态系统净化大气、水体环境功能，是提供负离子、吸收气体污染物（二氧化硫、氮氧化物和氟化物）、降解污染、滞纳 TSP、滞纳 PM_{10} 和滞纳 $PM_{2.5}$ 功能之和。

2020 年，4 个典型区域治污减霾绿色“氧库”总价值量为 46.46 亿元 / 年，社会经济的快速发展使得人民的生活水平提高的同时，增加了环境工业“三废”污染，而张承地区 4 个典型区域的治污减霾绿色“氧库”功能在区域清洁发展和创造可持续发展的生态福祉中发挥着重要的作用。此外，张承地区地处北方防沙带，是京津地区的重要生态屏障区，在阻止草原沙化、退化，减少水土流失、增大流沙面积等方面起到重要的作用。因此，森林生态系统具有的净化大气环境功能，对区域外产生的污染物具有消减作用。也就是说该区域内森林生态系统提供的服务不仅使区域本身受益，还可以使区域外甚至整个流域、国家得到惠益。一旦该区域生态环境遭到破坏，脆弱的生态系统所提供的生态服务不仅无法满足区内需要，更不能惠及外部辐射地区。

第五章

森林全口径碳中和

2020 年 9 月，习近平总书记在第七十五届联合国大会一般性辩论上宣布，“中国将提高国家自主贡献力度，采取更加有力的政策和措施，二氧化碳排放力争于 2030 年前达到峰值，努力争取 2060 年前实现碳中和”。2021 年 11 月，在格拉斯哥气候大会前，我国正式将其纳入新的国家自主贡献方案并提交联合国。碳中和是指通过采取除碳等措施，使碳清除量与排放量达到平衡，即中和状态；碳达峰与碳中和一起，简称“双碳”。实现“双碳”目标是党中央经过深思熟虑作出的重大战略决策，事关中华民族永续发展和构建人类命运共同体。

碳达峰（peak carbon dioxide emissions）：广义说，碳达峰是指某个时点，二氧化碳的排放不再增长达到峰值，之后逐步回落。根据世界资源研究所的介绍，碳达峰是一个过程，即碳排放首先进入平台期并可以在一定范围内波动，之后进入平稳下降阶段。

碳中和（carbon neutrality）：是指企业、团体或个人测算在一定时间内直接或间接产生的温室气体排放总量，通过植树造林、节能减排等形式，抵消自身产生的二氧化碳排放量实现二氧化碳“零排放”。

目前，实现“双碳”目标已纳入《中共中央关于制定国民经济和社会发展第十四个五年规划和二〇三五年远景目标的建议》。实现碳中和的两个决定因素是碳减排和碳增汇，虽然碳捕获利用与封存（carbon capture utility and storage，CCUS）也有所贡献，但目前而言，其实现大规模的实际应用存在很大的困难，短期内不会成为碳固存的主要方式。

碳捕获利用与封存（carbon capture utility and storage，CCUS）：是指通过物理、化学和生物学的方法进行二氧化碳的捕集、封存与利用。

因此，本章针对张承地区森林资源的特点，基于河北省2020年森林资源年度变化监测评价数据与第三次全国国土调查对接融合后得到资源数据、中国森林生态系统定位观测研究网络（CFERN）的长期观测数据，应用森林全口径碳中和研究方法，对张承地区森林植被全口径碳中和进行精准分析。

第一节 森林全口径碳中和的理论和方法

一、森林全口径碳中和的理论

森林生态系统碳汇研究涉及多学科、多时空尺度、多数据集，传统生物量估测方法在获取高精度、大尺度植被生物量时存在局限性，不能及时反映大尺度上森林生态系统碳汇动态变化及环境状况，因此需要多种新技术手段作为支撑。在森林碳汇中通常使用样地实测法、材积源生物量法、净生态系统交换法和遥感判读法者四种方法，但碳汇测算方法不同，其数据来源和测定结果也存在一定差异，精准分析森林植被的碳汇能力对于我国践行碳中和战略尤为重要。目前，推算森林碳汇量采用的材积源生物量法存在明显的缺陷，导致我国森林碳汇能力被低估。全口径碳汇可以真实地反映林业在生态文明建设战略总体布局中的作用和地位，为地区践行碳中和提供科技支撑。

随着人类社会的发展，温室气体的大量排放引起严重的全球气候变化问题，2020年9月22日，在第七十五届联合国大会一般性辩论上，中国向全世界宣布将提高国家自主贡献力度，采取更加有力的政策和措施，努力争取2060年前实现碳中和。随之而来的便是碳中和成为网络高频热词，百度搜索结果约1亿个！与其密切相关的森林碳汇也成为热词，搜索结果超过1200万个。森林作为陆地生态系统的重要组成部分，包含了陆地生物圈45%以上的碳，在全球碳平衡中扮演了重要角色。IPCC报告指出，1995—2005年全球森林吸收了60亿～87亿吨碳，相当于同时期化石燃料燃烧排放二氧化碳的12%～15%（IPCC，2007）。精准评价森林生态系统的碳汇能力，对于实现“3060”目标尤为重要。森林的不断扩张（即在森林达到稳定状态之前）已被确定为增加碳储量和缓减气候变化的手段；生长速度快的物种与土地质量更好的区域不仅固碳速度快，还可以迅速生产出可利用的木材（UK National Ecosystem Assessment，2011）。2020年，国际知名学术期刊《自然》发表的多国科学家最新研究成果显示，2010—2016年中国陆地生态系统年均吸收约11.1亿吨碳，吸收了同时期人为碳排放的45%。该数据表明，此前中国陆地生态系统碳汇能力被严重低估。2021年，国家林业和草原局新闻发布会介绍，我国森林资源中幼龄林面积占森林面积的60.94%。中幼龄林处于高生长阶段，伴随森林质量不断提升，其具有较高的固碳速率和较大的碳汇增长潜力，这对我国碳中和具有重要作用。

森林碳汇资源：是指能够提供碳汇功能的森林资源，包括乔木林、竹林、特灌林、疏林、未成林造林、非特灌林灌木林、苗圃地、荒山灌丛、城区和乡村绿化散生林木等。

森林全口径碳汇＝森林资源碳汇（乔木林碳汇＋竹林碳汇＋特灌林碳汇）＋疏林地碳汇＋未成林造林地碳汇＋非特灌林灌木林碳汇＋苗圃地碳汇＋荒山灌丛碳汇＋城区和乡村绿化散生林木碳汇区和乡村绿化散生林木碳汇＋土壤碳汇。

在中国森林资源核算第三期研究结果中，中国森林全口径碳汇每年达 4.34 亿吨碳当量，即乔木林植被层碳汇 2.81 亿吨 / 年、森林土壤碳汇 0.51 亿吨 / 年、其他森林植被（非乔木林）1.02 亿吨 / 年。根据我国历次森林资源清查数据，核算近 40 年来我国森林全口径碳汇能力的变化情况表明，我国森林碳汇已经从第二次森林资源清查期间的 1.75 亿吨 / 年提升到第九次森林资源清查期间的 4.34 亿吨 / 年，森林碳汇增长了 2.59 亿吨 / 年，增长幅度为 148.00%。森林全口径碳汇能更全面地评估我国的森林碳汇资源，避免我国森林生态系统碳汇能力被低估，同时还能彰显出我国林业在碳中和中的重要地位。

2021 年 1 月，在召开的中国森林资源核算研究项目专家咨询论证会上，中国科学院院士蒋有绪、中国工程院院士尹伟伦肯定了森林全口径碳中和这一理念，对森林生态服务价值核算的理论方法和技术体系给予高度评价。尹伟伦表示，生态价值评估方法和理论，推动了生态文明时代森林资源管理多功能利用的基础理论工作和评价指标体系的发展。蒋有绪表示，固碳功能的评估很好地证明了中国森林生态系统在碳减排方面的重要作用，希望中国森林生态系统在碳中和任务中担当重要角色。

在了解陆地生态系统特别是森林对实现碳中和的作用之前，需要明确两个概念，即森林碳汇与林业碳汇。我国森林生态系统碳汇能力之所以被低估，主要原因是碳汇方法学存在缺陷，即推算森林碳汇量采用的材积源生物量法是通过森林蓄积量增量进行计算的，而一些森林碳汇资源并未被统计其中（王兵，2021）。森林全口径主要体现在以下四个方面：①乔木林碳中和；②特灌林和竹林碳中和；③疏林地、未成林造林地、非特灌林灌木林、苗圃地、荒山灌丛、城区和乡村绿化散生林木碳中和；④森林土壤碳中和。

森林碳汇（forest carbonsink）：是指森林植被通过光合作用固定二氧化碳，将大气中的二氧化碳捕获、封存、固定在木质生物量中，从而减少空气中二氧化碳浓度。

林业碳汇：通过造林、再造林或者提升森林经营技术增加的森林碳汇，可以进行交易。目前，推算森林碳汇量采用的材积源生物量法存在明显缺陷，导致我国森林碳汇能力被低估。

（一）乔木林碳中和

森林作为陆地生态系统主体，是最大的利用太阳能的载体，也是一个天然大碳库。森林具有多重价值，储碳是森林生态系统服务价值的重要内容，树木通过光合作用吸收了大气中的二氧化碳，并以多种形式固定下来。根据联合国粮食及农业组织发布的2020年《全球森林资源评估报告》，全世界现有森林总面积40.6亿公顷，覆盖了全球近1/3的土地，人均森林面积约0.52公顷。森林植被区的碳储量约占陆地碳库总量的56%，全球森林碳储量达6620亿吨，主要储存在森林生物质、森林土壤以及凋落物和枯死木中。

基于第九次全国森林资源清查数据，核算出我国森林全口径碳中和量为乔木林植被层碳汇2.81亿吨，占我国森林全口径碳汇总量的64.75%。如果按照全国乔木林碳汇2.81亿吨碳当量折合10.30亿吨二氧化碳量计算，相当于中和了2018年全国二氧化碳排放量（100亿吨）的10.30%。乔木林可以起到显著的固碳作用，对于生态文明建设整体布局具有重大的推进作用。其强大的碳汇功能和作用，成为实现"双碳"目标的重要路径，也是目前最为经济、安全、有效的固碳增汇手段之一。"双碳"战略目标下，森林是"碳库"强调的不仅是传统林业上森林的碳汇功能，更在于在应对全球气候变化中，森林的固碳减排效应可以为我国争取更多的话语权，为我国经济社会转型发展争取更多的发展时间和空间。

森林碳汇主要基于自然的过程，这相比工业碳捕捉减排，具有成本低、易施行、兼具其他生态效益等显著特点。森林吸收固定的碳大部分储存在林木生物质中，具有储存时间长、年均累积速率大等明显优势。而且，林木收获后的木产品也可以长时间储存碳，这相对于农田、草地、荒漠和湿地生态系统具有不可比拟的优势。

（二）特灌林和竹林碳中和

森林蓄积量没有统计到特灌林和竹林，只体现了乔木林的蓄积量，而仅通过乔木林的蓄积量增量来推算森林碳汇量，忽略了特灌林和竹林的碳汇功能。历次全国森林资源清查期间我国有林地及其分量（乔木林、经济林和竹林）面积的统计数据见表5-1。我国有林地面积近40年增长了10292.31万公顷，增长幅度为89.28%。有林地面积的增长主要来源于造林。历次全国森林资源清查期间的全国造林面积，造林面积均保持在2000万公顷/5年之上。Chen等（2019）的研究也证明了造林是我国增绿量居于世界前列的最主要原因。近40年来，我国竹林面积处于持续的增长趋势，增长量为309.81万公顷，增长幅度为93.49%；灌木林地（特灌林＋非特灌林灌木林）面积亦处于不断增长的过程中，近40年其面积增长了5倍。竹林是森林资源中固碳能力最强的植物，在固碳机制上，属于碳四（C_4）植物，而乔木林属于碳三（C_3）植物。虽然没有灌木林蓄积量的统计数据，但我国特灌林面积广袤，也具有显著的碳中和能力。

表 5-1 历次全国森林资源清查期间全国有林地面积

万公顷

清查期	年份	有林地			
		合计	乔木林	经济林	竹林
第二次	1977—1981年	11527.74	10068.35	1128.04	331.35
第三次	1984—1988年	12465.28	10724.88	1374.38	366.02
第四次	1989—1993年	13370.35	11370	1609.88	390.47
第五次	1994—1998年	15894.09	13435.57	2022.21	436.31
第六次	1999—2003年	16901.93	14278.67	2139	484.26
第七次	2004—2008年	18138.09	15558.99	2041	538.10
第八次	2009—2013年	19117.5	16460.35	2056.52	600.63
第九次	2014—2018年	21820.05	17988.85	3190.04	641.16

第九次全国森林资源清查结果显示，我国竹林面积 641.16 万公顷、特灌林面积 3192.04 万公顷。竹林是世界公认的生长最快的植物之一，具有爆发式可再生生长特性，蕴含着巨大的碳汇潜力，是林业应对气候变化不可或缺的重要战略资源（张红燕等，2020）。研究表明，毛竹年固碳量为 5.09 吨 / 公顷，是杉木林的 1.46 倍，是热带雨林的 1.33 倍，同时每年还有大量的竹林碳转移到竹材产品碳库中长期保存（武金翠等，2020）。

（三）疏林地、未成林造林地、非特灌林灌木林、苗圃地、荒山灌丛、城区和乡村绿化散生林木碳中和

疏林地、未成林造林地、非特灌林灌木林、苗圃地、荒山灌丛、城区和乡村绿化散生林木也没在森林蓄积量的统计范围之内，它们的碳汇能力也被忽略了。我国近 40 年来疏林地、未成林造林地和苗圃地面积的变化趋势如图 5-1 所示。

第九次全国森林资源清查结果显示，我国疏林地面积为 342.18 万公顷、未成林造林地面积为 699.14 万公顷、非特灌林灌木林面积为 1869.66 万公顷、苗圃地面积为 71.98 万公顷、城区和乡村绿化散生林木株数为 109.19 亿株（因散生林木具有较高的固碳速率，可以相当于 2000 万公顷森林资源的碳中和能力）。疏林地是指附着有乔木树种，郁闭度在 0.1 ~ 0.19 的林地，可以有效增加森林资源、扩大森林面积、改善生态环境的。其郁闭度过低的特点，恰恰说明其活立木种间和种内竞争比较微弱，而其生长速度较快的事实，又体现了其较强的碳汇能力。未成林造林地是指人工造林后，苗木分布均匀，尚未郁闭但有成林希望或补植后有成林希望的林地，是提升森林覆盖率的重要潜力资源之一，其处于造林的初始阶段，也是林木生长的高峰期，碳汇能力较强。苗圃地是繁殖和培育苗木的基地，由于其种植密度较大，碳密度必然较高。有研究表明，苗圃地碳密度明显高于未成林造林地和四旁树，其固碳能力不容忽视。城区和乡村化散生林木几乎不存在生长限制因子，生长速度更接近于生产力的极限，也意味着其固碳能力十分强大。

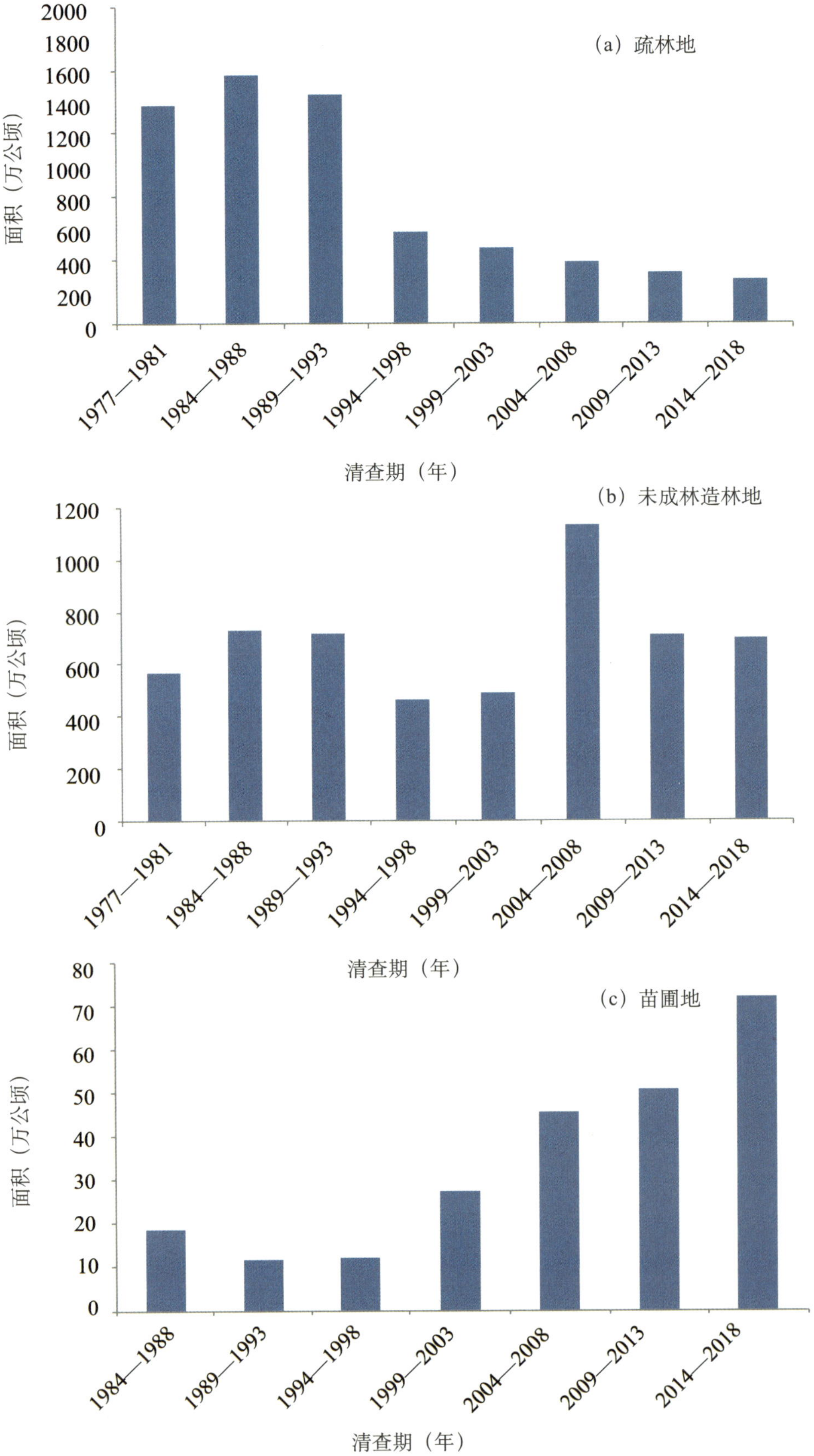

图 5-1 近 40 年我国疏林地、未成林造林地、苗圃地面积变化

（四）森林土壤碳中和

森林土壤碳库是全球土壤碳库的重要组成部分，也是森林生态系统中最大的碳库。森林土壤碳含量占全球土壤碳含量的 73%，森林土壤碳含量是森林生物量的 2 ~ 3 倍（周国模等，2006），它们的碳汇能力同样被忽略了。基于第九次全国森林资源清查结果核算数据，我国森林全口径碳中和量中森林土壤碳汇为 0.51 亿吨，占森林全口径总碳汇量的 11.75%。土壤中的碳最初来源于植物通过光合作用固定的二氧化碳，在形成有机质后通过根系分泌物、死根系或者枯枝落叶的形式进入土壤层，并在土壤中动物、微生物和酶的作用下，转变为土壤有机质存储在土壤中，形成土壤碳汇（王谢，2015）。有研究表明，成熟森林土壤可发挥持续的碳汇功能，土壤表层 20 厘米有机碳浓度呈上升趋势（Zhou et al.，2006）。

基于以上分析和中国森林资源核算项目一期、二期、三期研究成果，提出了森林碳汇资源和森林全口径碳汇新理念。森林全口径碳汇能更全面地评估我国的森林碳汇资源，避免我国森林生态系统碳汇能力被低估，同时还能彰显出我国林业在碳中和中的重要地位。

二、森林全口径碳中和的方法

目前，森林生态系统碳汇的测算研究主要有生物量换算、森林生态系统碳通量测算和遥感测算三种主要途径。其中，基于生物量换算途径的森林碳储量测算方法主要有样地实测法（Preece et al.，2015）、材积源生物量法（Fang et al.，1998；林卓，2016）；基于森林生态系统碳通量途径的测算方法是净生态系统碳交换法（陈文婧，2013）；基于遥感测算途径的测算方法是遥感判读法（Li et al.，2015）。其中，样地实测法由于直接、明确、技术简单，省去了不必要的系统误差和人为误差，可以实现森林碳汇的精确测算（Whittaker et al.，1975）。

样地实测法（measurement of sample plot）：是指在固定样地上用收获法连续调查森林的碳储量，通过不同时间间隔的碳储量的变化，测算森林生态系统的碳汇功能的一种碳汇测测算方法。

森林生态系统的碳储量可通过生物量进行估算。由于植物通过光合作用可以吸收并贮存二氧化碳，植物每生产 1 克生物量（干物质）需吸收固定 1.63 克二氧化碳，可用生物量（干物质）重量来推算植物从大气中固定和贮存二氧化碳量（Hazarika et al.，2005；Zeng et al.，2008）。计算公式如下：

$$M_C=1.63\times 12\div 44C_B\approx 0.445C_B \tag{5-1}$$

式中：M_C——固碳量（吨碳 / 公顷）；

C_B——生物量（吨 / 公顷）。

森林生态系统碳库是由植被碳库和土壤碳库组成的。近年来，研究者对植被碳储量进行了大量研究（Fang et al.，2007），但土壤碳储量的研究相对薄弱。由于在树木生长过程中，树木通过光合作用吸收固定的绝大部分碳由根系和枯枝落叶转化成土壤有机质，蕴藏在土壤中。当林地的属性不发生变化时，林地土壤固碳能力通常不会发生较大的变动。因此，土壤是一个巨大的碳库，准确估算森林土壤碳汇作用变得尤为重要。土壤碳库的样地实测也是通过一段时间间隔内森林土壤碳储量的变化来测算森林生态系统的碳汇功能。

Kolari 等（2004）通过样地实测法计算了植被碳储量和土壤碳储量，获得整个森林生态系统的碳汇。2010 年，“中国森林生态系统服务功能评估”项目组利用样地实测法收集了大量长期野外观测数据，通过测算不同时期森林生态系统植被碳储量和土壤碳储量，基于分布式测算方法获得了全国森林生态系统碳储量及其空间格局、动态变化情况（张永利等，2010；“中国森林生态系统服务功能评估”项目组，2010）。2013—2015 年退耕还林生态效益监测国家报告基于森林生态连续清查体系，应用样地实测法对退耕还林重点省份、黄河和长江中下游区域、风沙区、全国前一轮退耕还林以及集中连片特困地区森林生态系统碳储量及其空间格局、动态变化情况进行研究（国家林业局，2013，2014，2015）；“中国森林资源核算研究”项目组（2015）利用样地实测法，获得了第八次全国森林资源清查后的全国森林生态系统碳储量。

为精确测量森林生态系统的碳汇功能，样地实测法需要将植被、凋落物和土壤各部分的碳储量进行实测，累加后得到整个森林生态系统的碳储量。森林生态系统固碳量分为植被固碳和土壤固碳两部分。其中，植被固碳包括地上和地下生物量的变化量，土壤固碳包括凋落物、根系等死有机物和土壤碳储量的变化量。

（一）植被层固碳量

采用收获法测定乔木层的树干、枝叶和根系生物量，以及灌木层、草本层和层间植物生物量，计算得森林植被层净初级生产力，具体方法参照《森林生态系统长期定位观测方法》（GB/T 33027—2016）。通过得到的评估林分植被年净初级生产力（NPP）获得评估林分植被层固碳量。

1. 植被层生物量

根据单位面积乔木层生物量的计算公式如下：

$$W=\frac{G}{\sum_{i=1}^{n} g_i}\sum_{i=1}^{n} W_i \tag{5-2}$$

式中：W——单位面积乔木生物量（千克）；

G——胸高断面积（平方米）；

g_i——标准木胸高断面积（平方米）；

W_i——标准木生物量（千克）。

标准木生物量计算公式如下：

$$W_i=W_R+W_S+W_B+W_L \tag{5-3}$$

式中：W_i——标准木生物量（千克）；

W_R——根系生物量（千克）；

W_S——树干生物量（千克）；

W_B——树枝生物量（千克）；

W_L——树叶和花、果的生物量（千克）。

2. 植被层年净初级生产力

根据植被生物量的动态数据，可用增重积累法对植被净初级生产力（NPP）进行测算，计算公式如下：

$$NPP=\frac{W_a-W_{a-n}}{n} \tag{5-4}$$

式中：NPP——植被年净初级生产力[千克/（公顷·年）]；

W_a——第 a 年测定的单位面积生物量[包括乔木层、灌木层、草本层、层间植物生物量和凋落物量，千克/（公顷·年）]；

W_{a-n}——第 $a-n$ 年测定的单位面积生物量[包括乔木层、灌木层、草本层、层间植物生物量和凋落物量，千克/（公顷·年）]；

n——间隔年数。

3. 植被层固碳量

计算公式如下：

$$G_{植被固碳}=1.63R_{碳}\times A\times B_{年}\times F \tag{5-5}$$

式中：$G_{植被固碳}$——评估林分年固碳量（吨/年）；

$B_{年}$——实测林分净生产力[吨/（公顷·年）]；

$R_{碳}$——二氧化碳中碳的含量，为27.27%；

A——林分面积（公顷）；

F——森林生态系统服务功能修正系数。

公式计算得出森林的潜在年固碳量，再从其中减去由于森林年采伐造成的生物量移出从而损失的碳量，即为森林的实际年固碳量。

（二）土壤层固碳量

森林生态系统土壤固碳量的计算采用两次评估期间土壤有机碳储量的差值计算得到。依据土壤类型和植被类型的空间分布设置土壤采样点并通过剖面法采集土壤样品，样品带

回实验室后通过 $FeSO_4$ 滴定的方法测定土壤中有机碳含量，具体采样方法和试验方法参照《森林生态系统长期定位观测方法》(GB/T 33027—2016) 和《森林土壤分析方法》(LY/T 1210—1275)。公式如下：

1. 土壤有机碳含量

计算公式如下：

$$SOC=\frac{\frac{c\times 5}{V_0}\times (V_0-V)\times 10^{-3}\times 3.0\times 1.1}{m\times k}\times 1000 \tag{5-6}$$

式中：SOC——土壤有机碳含量（克/千克）

c——0.8000 摩尔/升（1/6 重铬酸钾）标准溶液的浓度；

5——重铬酸钾标准溶液加入的体积（毫升）；

V_0——空白滴定消耗的硫酸亚铁体积（毫升）；

V——样品滴定消耗的硫酸亚铁体积（毫升）；

3.0——1/4 碳原子的摩尔质量（克/摩尔）；

10^{-3}——将毫升换算成升；

1.1——氧化校正系数；

m——风干土样质量（克）；

k——烘干土换算系数。

2. 土壤有机碳密度

计算公式如下：

$$SOCD_k=C_k\times D_k\times E_k\times (1-G_k)/100 \tag{5-7}$$

式中：$SOCD_k$——第 k 层土壤有机碳密度（千克/平方米）；

k——土壤层次；

C_k——第 k 层土壤有机碳含量（克/千克）；

D_k——第 k 层土壤密度（克/立方厘米）；

E_k——第 k 层土层厚度（厘米）；

G_k——第 k 层土层中直径大于 2 毫米石砾所占体积百分比（%）。

3. 土壤有机碳储量

计算公式如下：

$$TSOC=\sum_{i=1}^{k} SOCD_i\times S_i \tag{5-8}$$

式中：$TSOC$——土壤有机碳储量（千克）；

$SOCD_i$——第 i 样方土壤有机碳密度（千克/平方米）；

i——土壤碳储量计算样方。

4. 土壤层固碳量

计算公式如下：

$$G_{土壤固碳}=\frac{TSOC_a-TSOC_{a-n}}{n} \tag{5-9}$$

式中：$G_{土壤固碳}$——评估林分对应的土壤年固碳量（吨/年）；

$TSOC_a$——第 a 年评估林分土壤有机碳储量（吨）；

$TSOC_{a-n}$——第 $a-n$ 年评估林分土壤有机碳储量（吨）；

n——间隔年数。

（三）森林全口径固碳量

分别计算森林资源碳汇（乔木林碳汇＋竹林碳汇＋特灌林碳汇）、疏林地碳汇、未成林造林地碳汇、非特灌林灌木林碳汇、苗圃地碳汇、荒山灌丛碳汇、城区和乡村绿化散生林木碳汇，最后汇总为森林植被全口径碳汇。

年固碳量公式如下：

$$G_{碳}=G_{植被固碳}+G_{土壤固碳} \tag{5-10}$$

式中：$G_{碳}$——评估林分生态系统年固碳量（吨/年）；

$G_{植被固碳}$——评估林分年固碳量（吨/年）；

$G_{土壤固碳}$——评估林分对应的土壤年固碳量（吨/年）。

公式计算得出森林的潜在年固碳量，再从其中减去由于森林年采伐造成的生物量移出从而损失的碳量，即为森林的实际年固碳量。

第二节 森林全口径碳中和评估结果

一、森林全口径碳中和评估总结果

森林固碳机制是通过自身的光合作用过程吸收二氧化碳，制造有机物，积累在树干、根部和枝叶等部位，并释放出氧气，从而抑制大气中二氧化碳浓度的上升，发挥绿色碳中和作用（Liu et al.，2012）。基于森林全口径碳汇评估方法，张承地区森林全口径碳汇主要包括四部分，即乔木林植被层、特灌林层、森林资源土壤层（乔木林和特灌林）和其他森林植被层（其他灌木林、疏林地、未成林造林地、苗圃地、散生木、四旁树等）。评估结果显示，张承地区森林全口径碳汇量为474.28万吨/年，其中，张家口市和承德市森林全口径碳汇量分别占总碳汇量的30.39%和69.61%。按照张承地区森林全口径碳汇474.28万吨/年碳当量折合1738.66万吨二氧化碳量计算，相当于中和了2020年河北省碳排放量的7.80%，如图5-2所示。由此可以说明，森林生态系统发挥了显著的森林碳中和作用，对于张承地区生态文明建设整体布局具有重大的推进作用。张承地区要增强以森林生态系统为主体的森林全口径碳汇功能，加强绿色减排能力，提升林业在碳达峰与碳中和过程中的贡献，探索具有区域特色的碳中和之路。

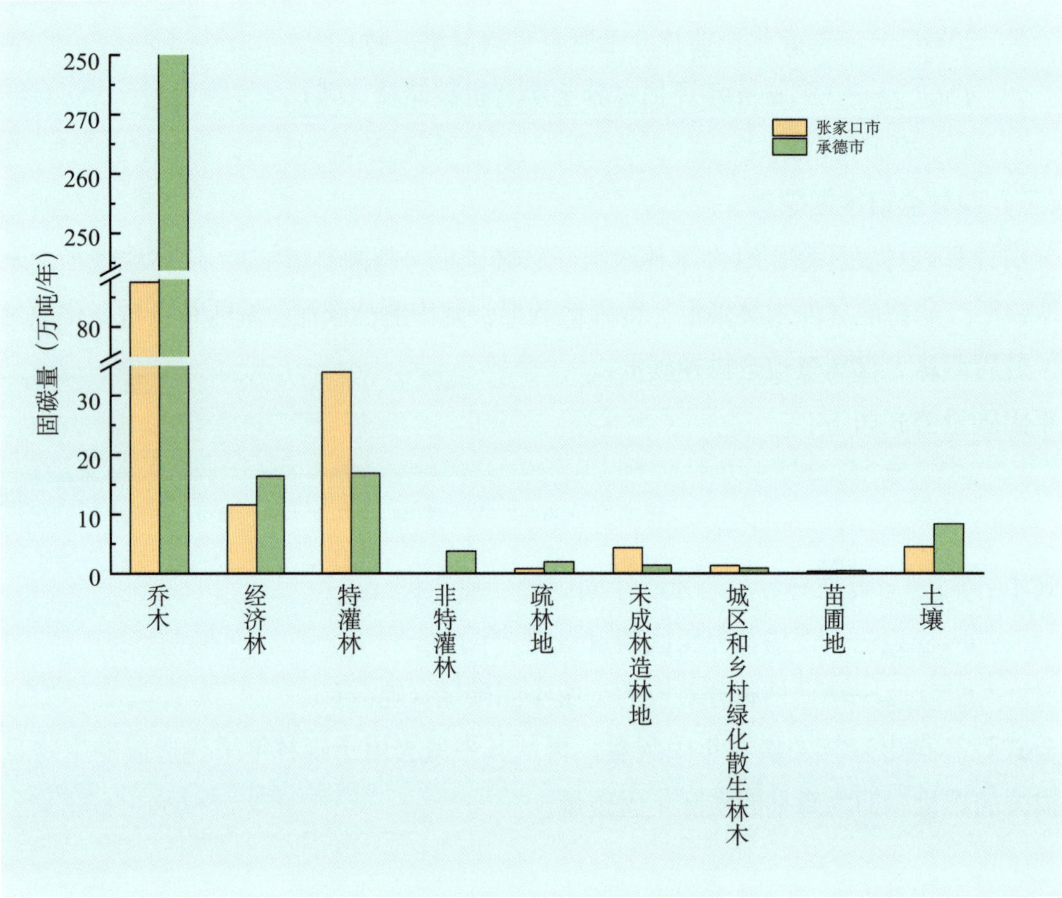

图5-2 张承地区森林全口径碳汇

二、森林全口径碳中和空间分布

植物在生长过程中通过光合作用吸收二氧化碳并将其作为生物量固定在植物体中，从而降低大气中温室气体浓度，减缓气候变化。张承地区乔木林植被层固碳量最大为367.85万吨/年，占森林全口径碳汇总量的77.56%，其中张家口市和承德市乔木林植被固碳分别占总固碳量的18.45%和59.11%。将张承地区乔木林植被层固碳量折合成二氧化碳量为1350.01万吨，相当于中和了2020年河北省碳排放量的6.52%。张承地区森林资源分布状况不同，森林的碳中和能力也存在较大空间异质性（图5-3)。从图中可以看出，张承地区碳汇能力较强的为围场满族蒙古族自治县和丰宁满族自治县，其碳汇能力均大于14.0%，占张承地区总碳汇量的29.36%

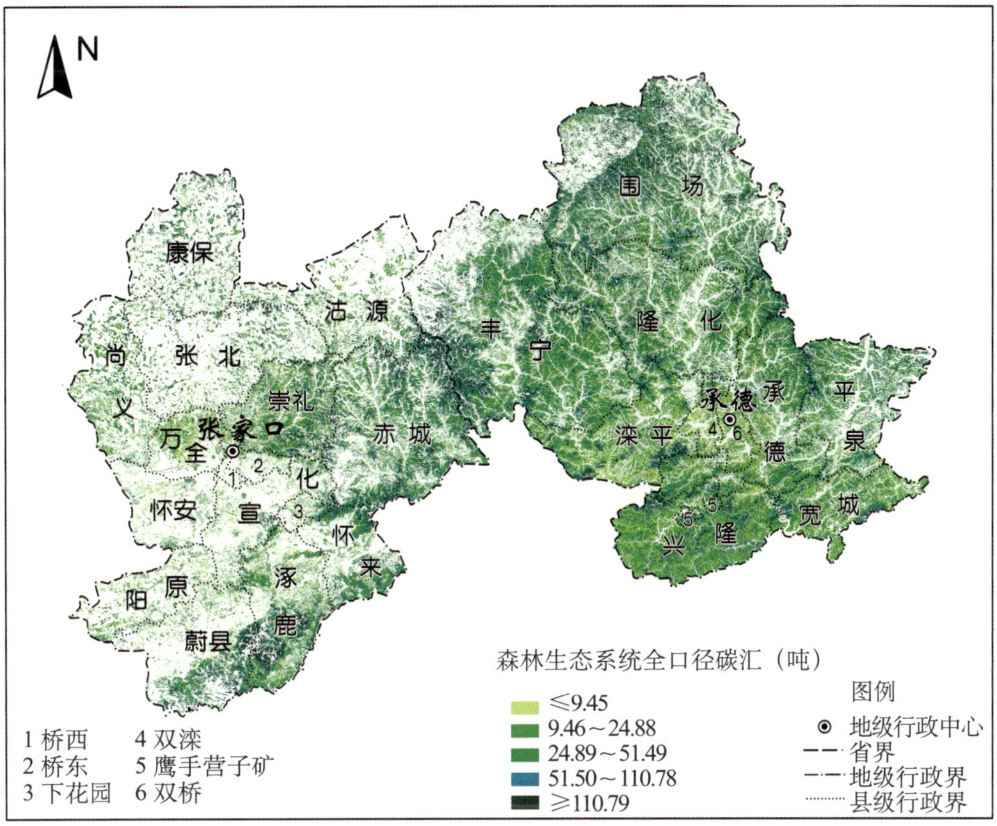

图 5-3 张承地区各县（区）森林全口径碳汇空间分布

目前，张承地区人工林面积达 105.63 万公顷，其面积约占天然林的 63.32%，但单位面积蓄积生长量为天然林的 1.60 倍，张承地区人工林在森林碳汇方面起到了非常重要的作用。另外，张承地区森林资源中幼龄林和中龄林面积分别占总森林面积的 55.09% 和 22.23%，中幼龄林处于高生长阶段，具有较高的固碳速率和较大的碳汇增长潜力。由此可见，张承地区乔木林是发挥碳中和功能的主体，其固碳能力强弱是影响张承地区全口径森林碳中和能力的关键因素，为张承地区节能减排赢得了时间的同时也诠释了森林全口径碳汇在生态文明建设战略总体布局中的作用和地位。

张承地区 2020 年森林资源年度变化监测评价数据与第三次全国国土调查对接融合后得到资源数据显示，张承地区特灌林面积为 53.24 万公顷，其中张家口市和承德市特灌林面积分别占其总面积的 73.0% 和 27.0%。张承地区特灌林资源分布状况不同，其碳中和能力也存在较大空间异质性。张承地区特灌林固碳量为 50.76 万吨 / 年，占森林全口径固碳总量的 10.76%，其中张家口市和承德市特灌林植被固碳分别占总固碳量的 66.78% 和 33.22%。张承地区特灌林固碳量折合为二氧化碳量 186.29 万吨，相当于中和了 2020 年河北省碳排放量的 0.90% 。灌木是森林和灌丛生态系统的重要组成部分，地上枝条再生能力强，地下根系庞大，具有耐寒、耐热、耐贫瘠、易繁殖、生长快的生物学特性（曹嘉瑜等，2020）。尤其是在干旱、半干旱地区，生长灌木林的区域是重要的生态系统碳库，对减少大气中二氧化碳含量具有重要作用。虽然张承地区特灌林蓄积量没有统计数据，但其特灌林面积广袤，也具有显著的碳中和能力。

张承地区2020年森林资源年度变化监测评价数据显示，张承地区疏林地面积为4.87万公顷、未成林造林地面积为31.28万公顷、非特灌林灌木林面积为26.51万公顷、苗圃地面积为2.03万公顷、城区和乡村绿化散生林木株数为656.93万株（因散生林木具有较高的固碳速率，可以相当于1.2万公顷森林资源的碳中和能力）。张承地区疏林地、未成林造林地、非特灌林、苗圃地、城区和乡村绿化散生林木固碳量分别为2.71万吨/年、5.64万吨/年、3.73万吨/年、0.72万吨/年和2.17万吨/年，分别占张承地区森林全口径固碳总量的0.57%、1.19%、0.79%、0.15%和0.46%，碳中和能力分别为9.95万吨/年、20.70万吨/年、13.69万吨/年、2.64万吨/年和7.96万吨/年（图5-4）。由于疏林地郁闭度低种间种内竞争弱长势快、未成林生长速度快、苗圃种植密度大的特点，其固碳能力不容忽视；城区和乡村绿化散生林木几乎不存在生长限制因子，生长速度更接近于生产力的极限，也意味着其固碳能力十分强大。

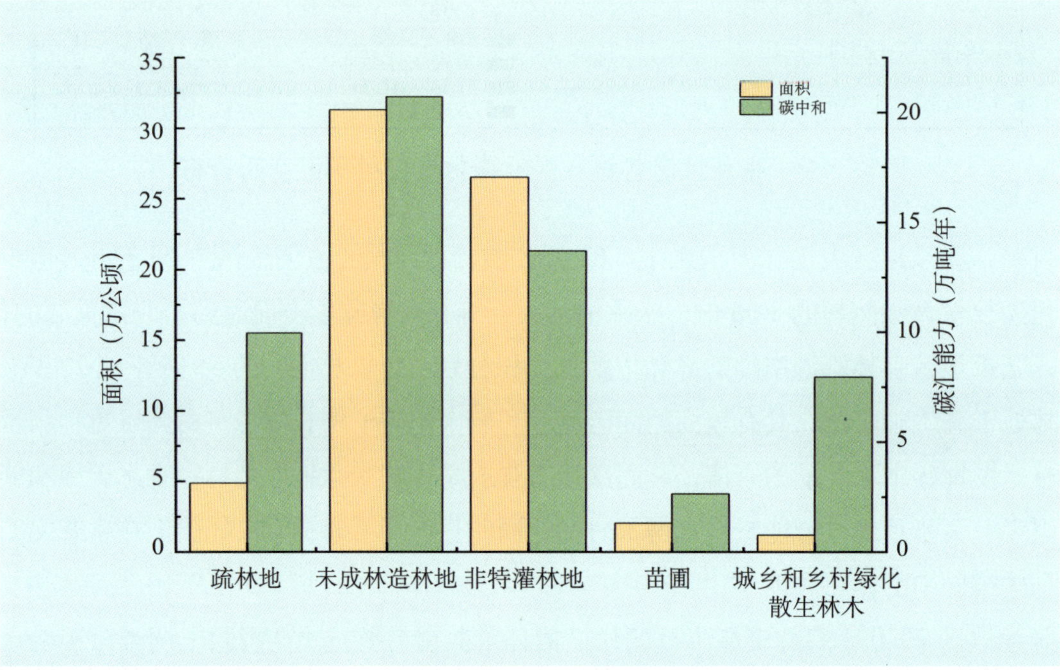

图5-4 疏林地、未成林造林地、非特灌林灌木林、苗圃地、城区和乡村绿化散生林木碳中和

同样，土壤也是一个巨大的碳库，其固碳量的波动会对气候变化产生巨大影响。固定到土壤中的有机碳一部分会经过土壤微生物的分解转化以二氧化碳形式重新返回到大气；剩余的有机质则经过多年累积转化成稳定的有机碳储存到土壤。基于张承地区2020年森林资源年度变化监测评价数据核算，张承地区土壤碳汇量为12.76万吨，占其森林全口径碳汇量的2.69%。土壤碳循环的过程由诸多自然因素和人为因素共同影响，且人为因素对土壤碳循环和碳储量的影响程度远超自然因素。在自然因素方面，土壤碳库的变化受到多种物理和生物因素的影响，如气候、土壤结构及化学、物理和生物属性，植被类型，微生物生理生化过程等，且各因素之间存在相互作用。在人为因素方面，不同土地覆被和利用方式，导致土壤碳汇能力差异很大。一般土壤碳汇能力从大到小表现为森林 > 草地 > 湿地 > 农田 > 未利用地和建设用地。当人类活动引起土地利用 / 土地覆被变化（LUCC）时，一方面直接改变了生态系统类型，从而影响生态系统的净初级生产力及土壤有机碳输入；另一方面间接改变了土壤生物和土壤理化属性，进而影响土壤呼吸作用以及土壤碳输出强度（周璞，2021）。

第六章

森林生态产品价值化实现

第一节　森林生态产品价值化实现概况

“生态产品”可以被看作是生态系统服务的中国升级版，在2010年《全国主体功能区规划》中首次提出，被定义为“维系生态安全、保障生态调节功能、提供良好人居环境的自然要素”，一方面基于国际上生态系统服务研究成果，以生态系统调节服务为主；另一方面从人类需求角度出发，将清新空气、清洁水源等人居环境纳入其中，对比生态系统服务来说是一个巨大的提高。“产品”是作为商品提供给市场、被人们使用和消耗的物品，产品的生产目的就是通过交换转变成商品，商品是用来交换的劳动产品，产品进入交换阶段就成为商品。2021年4月26日，中共中央办公厅、国务院办公厅印发《关于建立健全生态产品价值实现机制的意见》指出：建立健全生态产品价值实现机制，是贯彻落实习近平生态文明思想的重要举措，是践行“两山”理念的关键路径。生态产品价值实现是要把生态系统服务提供的、没有体现在GDP统计体系中的额外附加价值显现出来，把自然资产和生态产品纳入经济制度决策中，完善国民财富核算体系，让优美的生态环境成为经济发展新的“增长极”。因此，我国提出生态产品概念的战略意图就是要把生态环境转化为可以交换消费的生态产品，充分利用我国改革开放后在经济建设方面取得的经验、人才、政策等基础，用搞活经济的方式充分调动起社会各方开展环境治理和生态保护的积极性，让价值规律在生态产品的生产、流通与消费过程发挥作用，以发展经济的方式解决生态环境的外部不经济性问题。

森林生态系统是维护地球生态平衡最主要的一个生态系统，在物质循环、能量流动和信息传递方面起到了至关重要的作用。特别是森林生态系统服务发挥的绿色“水库”、绿色“碳库”、净化环境“氧库”和生物多样性“基因库”四个生态库功能，为经济社会的健康发展，尤其是人类福祉的普惠提升提供了生态产品保障。目前，国内对于森林生态产品价值的研究主要涉及实现路径、机制构建、价值转化、定量评估等方面，虽然通过探索取得了一定研究成果，但针对森林生态产品价值实现的专项研究规模仍然不足，其丰富性、系统性和实用性有待进一步提高。目前，如何核算森林生态功能与其服务的转化率以及价值化实现，并为其生态产品设计出科学可行的实现路径，正是当今研究的重点和热点。本章将基于大量的森林生态系统服务评估实践，开展价值化实现路径设计研究，以期为“绿水青山”向“金山银山”转化提供可复制、可推广的范式。

生态产品价值实现（ecosystem product value realization）：是将生态产品所蕴含的内在价值转化为经济效益、社会效益和生态效益的过程，是经济社会发展格局、城镇空间布局、产业结构调整和资源环境承载能力相适应的过程，有利于实现生产空间、生活空间和生态空间的合理布局。

党的十九大报告明确提出：“既要创造更多物质财富和精神财富以满足人民日益增长的美好生活需要，也要提供更多优质生态产品以满足人民日益增长的优美生态环境需要。”因此，建立健全生态产品价值实现机制，既是贯彻落实习近平生态文明思想、践行“两山”理念的重要举措，也是坚持生态优先、推动绿色发展、建设生态文明的必然要求。习近平总书记在深入推动长江经济带发展座谈会上强调，要积极探索推广绿水青山转化为金山银山的路径，选择具备条件的地区开展生态产品价值实现机制试点，探索政府主导、企业和社会各界参与、市场化运作、可持续的生态产品价值实现路径。探索生态产品价值实现，是建设生态文明的应有之义，也是新时代必须实现的重大改革成果。

一、生态产品概念的提出与发展历程

“生态产品”一词首先诞生于中国，是具有鲜明中国特色的新概念。起初，均是以学者个人角度开展生态产品研究，“生态产品”最早出现在1985年发表的《从黄土高原的历史变迁讨论种草种树和生态产品的转化问题》中。此后，对于“生态产品”成果日益增多，研究角度也多种多样。随着研究的不断深入，学者们从人与生态系统的关系角度入手研究生态产品（唐潜宁，2017）。我国官方关于生态产品概念的提出及其发展历程如图6-1所示。

2010年发布的《全国主体功能区规划》中首次提出“生态产品”的概念，即维系生态安全、保障生态调节功能、提供良好人居环境的自然要素，包括清新的空气、清洁的水源和宜人的气候等。陈岳等（2021）根据经济学原理的相关释义，将生态产品分为具有一般私人物品特征、具有公共资源特征、具有俱乐部物品特征和具有纯公共物品特征4个类别。廖茂林等（2021）基于产品的供给视角、消费视角、功能视角以及人与自然互动等4个方面对生态产品的分类进行了阐述。李忠（2021）在《全国主体功能区规划》中给出定义的基础上，将生态产品进行了更为深入的划分，阐述生态产品与生态标识产品、绿色产品的内在联系，认为生态产品产业链的下游产品为绿色产品和生态标识产品。自然资源部有关部门认为能够增进人类福祉的产品和服务来源于自然资源生态产品和人类的共同作用，这就是生态产品概念的内涵和外延（张兴等，2020）；张林波等（2021）将生态系统自然生长过程的生物生产与人类社会共同作用下，提供给人类使用和消费的产品或者服务称之为生态产品，其可以细化为共性生态产品、准公共生态产品和经营性生态产品三类；马晓妍等（2020）认为生态产品是指生态系统生产或由人类劳动共同参与生产，当前或者将来比较稀缺的，且能够进入人类经济活动的，具有使用价值或交换价值的产品、功能和效益等；沈辉和李宁（2021）认为生态产品是需要通过投入人类劳动及物质资源生产的最终产品或服务，具有整体性、公共性、外部性、时空可变性特征；王金南等（2021）同样将生态产品定义为生态系统通过生态过程或与人类社会生产共同作用为增进人类及自然可持续福祉提供的产品和服务。至此，生态产品的概念逐渐清晰，虽尚未形成统一或公认的概念，但对生态产品的基本内涵和属性的理解大致趋同，包括干净空气、清洁水源、宜人气候等在内的生态调节服务是狭义概念上的生态产品，而广义概念上的生态产品一方面包含由生态系统服务提供且难以通过市场交易实现其价值的产品；另一方面还应包括人类凝聚劳动并参与生产的产品，包括生态有机农畜产品、生态调节产品和生态文化产品三类，广义的生态产品概念更加能够突显生态产品多重价值属性（经济价值、生态价值、文化价值等）（苟延佳，2021）。

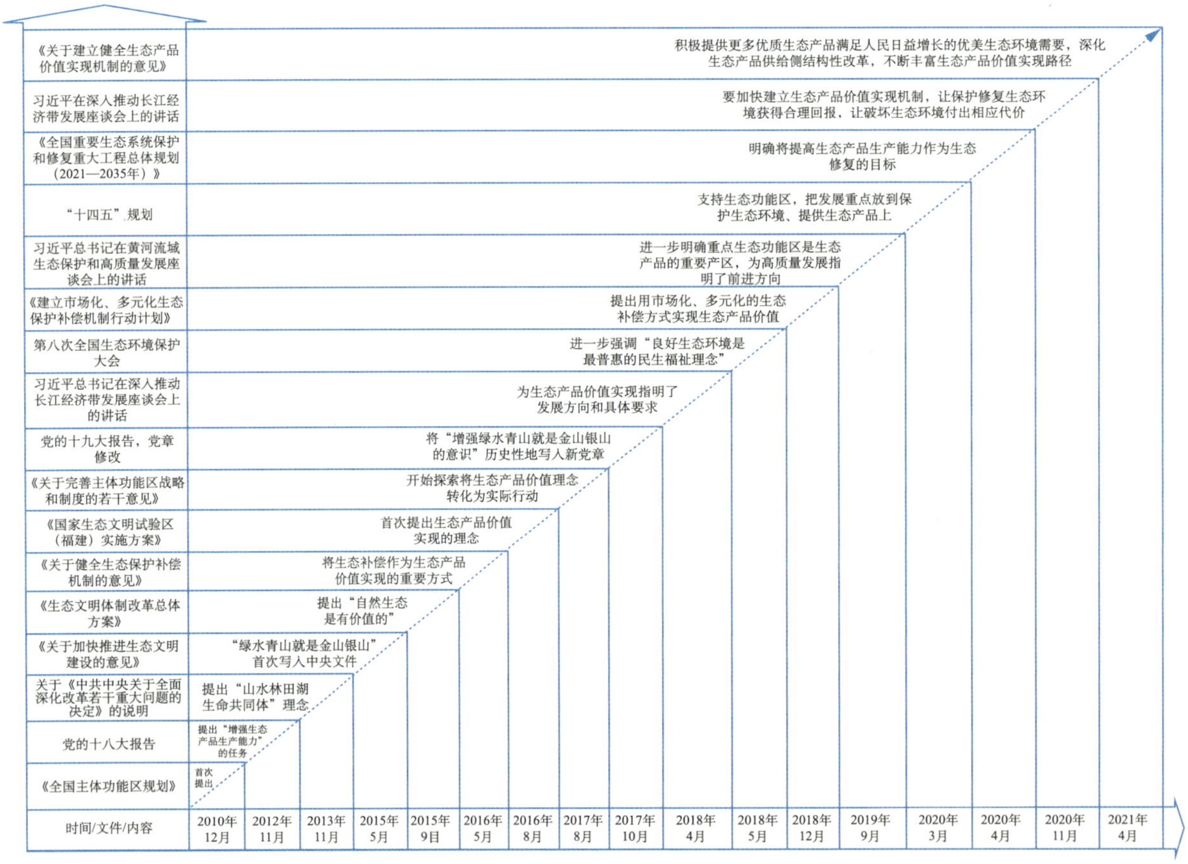

图 6-1 生态产品价值实现理念发展历程

综上所述，本研究界定生态产品是指人类从生态系统中获得的各种惠益，是所有生态系统服务的集合；森林生态产品的概念也可据此得出。需要强调的是，生态产品是生态系统基于“可持续发展”的产出方式提供的产品。因此，不可再生的化石能源和矿产资源、大量使用化肥和农药的产品不属于生态产品。

二、森林生态产品价值化实现理论基础

2022年3月30日，习近平总书记参加义务植树活动时指出，森林是重要的水库、钱库、粮库，现在应该再加上个“碳库”，总书记用朴素的语言形象地道出了森林的多元功能和多重价值，深刻揭示了其蕴含的巨大的生态服务价值，为人类社会提供了丰富而宝贵的森林生态产品。当前，我国正处在大力推进生态文明建设、深入践行“两山”理念的重要历史时期，森林生态产品价值实现已经成为我国林区经济转型、产业结构重塑、推动乡村振兴、增进民生福祉的强大动力。

森林生态产品的定义与生态产品一脉相承，是指在森林生态系统中形成的具有一定经济价值、生态价值和社会价值的物质或非物质产品，包括森林物质供给产品、森林生态调节服务产品、森林文化服务产品。森林物质供给产品是人类从森林生态系统获得的所有可利用的物质；森林生态调节服务产品是人类从森林生态系统获得的固碳释氧、水源涵养、防风固沙等各种生态调节服务；森林文化服务产品是人类从森林生态系统获得的游憩康养、科研教育等文化服务（王岩，2023）。这些产品源于森林生态系统中的各种生物（植物、动物、微生物等），也源于森林生态系统中的自然环境（水、土壤、空气等），在森林生态系统环境中产生，并依托森林生态系统存在和发展，在人类社会的生产和生活中有着广泛的应用和需求。

生态产品价值实现的主要步骤可以概括为“算出来、转出去、管起来”，核心是要解决三个基本问题，即生态产品的价值到底有多大？怎样转化？如何保障？这就分别涉及生态产品价值核算、转化路径和政策创新。其中，价值核算是基础，转化路径是关键，政策创新是保障，相应的关键机制就包括生态产品价值实现的核算机制、转化机制和保障机制（陈光炬，2020）。国外没有“生态产品”的专业术语，与之类似的便为生态系统服务（ecosystem services）。生态系统服务维持地球上生命物质的生物地球化学循环与水文循环，维持生物物种的多样性，净化大气环境，是人类赖以生存和发展的基础。

森林作为陆地生态系统的主体和最复杂的组成部分，对于维持全球生态系统平衡起到了至关重要的作用。同时，通过其自身的生态过程，向人类社会提供各种生态产品，包括涵养水源、固碳释氧、防风固沙、净化大气环境等。1970年，SCEP（study of critical environmental problem）报告中，首次将自然生态系统所提供的调控洪水、水土保持、土壤形成、昆虫控制及授粉、渔业、气候调节和物质循环等归纳为“service”，标志着人类将生态系统服务真正作为科学问题来开展研究。Ehrlich（1981）提出了生物多样性降低对生态

系统服务可能产生影响和科学技术能否替代自然生态系统服务的思考，随后 Ehrlich（1983）正式提出“生态系统服务”的概念。生态学家 Daily（1997）和 Costanza（1997）把生态系统服务定义为直接或间接增加人类福祉的生态特征、生态功能或生态过程，也就是生态系统形成和所维持的人类赖以生存和发展的环境条件和效用，这是最典型的生态系统服务定义。联合国千年生态评估的首个研究成果《生态系统与人类福利：评估框架》将生态服务定义为人类从生态系统中获取的效益（MA，2005），将生态服务视为自然产出物，不受人类活动影响（Wallace, 2007）。国内的相关学者也进行了生态系统服务的分类和核算（表 6-1），2020 年国家标准《森林生态系统服务功能评估规范》（GB/T 38582—2020）发布，这标志着我国森林生态服务评估迈出了新的步伐，对提高人们的环境意识，加强林业建设在国民经济中的主导地位，健全生态效益补偿机制，推进森林资源保育，促进区域可持续发展，准确践行习近平总书记生态文明思想具有十分重要的意义。

表 6-1 生态系统服务分类

学者	类型
Freeman（1993）	资源—环境服务价值、政府干预、私人对政府规章响应度、为获得资源—环境服务而输入的其他资源等四大类
Daily等（1997）	缓解干旱和洪水、废物的分解和解毒、产生和更新土壤和土壤肥力、植物授粉、农业害虫的控制、稳定局部气候、支持不同的人类文化传统、提供美学和文化、娱乐等13 种类型
Costanza等（1997）	水资源供给、水分调节、气候调节、气体调节、干扰调节、养分循环、控制侵蚀和沉积物保持、土壤形成、养分循环、废物处理、授粉、生物控制、食物生产、原材料、 基因资源、提供避难所、娱乐、文化等18个类
欧阳志云等（1999）	产品和环境两大类及8个子类
赵同谦等（2004）	森林生态系统服务功能主要包括提供产品、调节功能、文化功能和支持功能这四大类，共计13项功能
MA（2005）	供给、调节、文化和支持四大类服务，共计25个子类
UK NEA （2011）	供给、调节、文化和支持四大类服务，8大生态系统
国家林业和草原局（2020）	供给、调节、文化和支持四大类服务，涵养水源、保育土壤、林木养分固持、固碳释氧、净化大气环境、森林防护、生物多样性保护、林木产品供给和森林康养等9项功能24项指标

近年来，国内外学者对各类生态系统服务进行了评估和价值核算，为生态产品价值实现奠定了基础。生态系统观测研究网络的快速发展，为生态产品精准化核算提供了良好的平台，尤其以中国森林生态系统定位观测研究网络（CFERN）的作用最为明显，王兵（2015）创新地构建了“森林生态系统服务全指标体系连续观测与清查技术体系”（简称：森林生态连清体系），该体系最大的特点就是有一套以国家标准为主体的森林生态连清标准体系，包括 GB/T 40053、GB/T 35377、GB/T 33057 和 GB/T 38582，保证了生态产品核算所需数据的科学性、可比性以及生态产品核算结果的可靠性。

依据森林生态连清体系，开展了不同尺度的生态产品核算工作：①国家尺度：国家林业和草原局从第七次森林资源清查开始已经连续15年开展了“中国森林生态系统服务功能评估与绿色核算项目”的研究以及成果发布，第七次、第八次和第九次森林资源清查期我国森林生态系统服务总价值分别为10.01万亿元/年、12.68万亿元/年和15.88万亿元/年；②省域及以下尺度：在全国选择60个省级及代表性地市、林区等开展森林生态系统服务评估实践，评估结果以“中国山水林田湖草生态产品监测评估及绿色核算”系列丛书的形式向社会公布；③生态工程尺度：开展了退耕还林（草）工程（6期）和天然林资源保护工程（2期）生态效益监测评估工作，并向社会发布了评估结果，形成了国家报告。此外，国家林业和草原局森林资源管理司依托国家林草生态综合监测，对生态空间（森林、草地和湿地）产品价值进行了核算，总价值超过28万亿元/年。以上研究，均为生态产品价值实现提供了充足理论基础。

第二节　张承地区森林生态产品价值化实现路径设计

习近平总书记在深入推动长江经济带发展座谈会上强调，要积极探索推广绿水青山转化为金山银山的路径，选择具备条件的地区开展生态产品价值实现机制试点，探索政府主导、企业和社会各界参与、市场化运作、可持续的生态产品价值实现路径。探索生态产品价值实现，是建设生态文明的应有之义，也是新时代必须实现的重大改革成果。

森林生态产品的经济价值主要由森林生态系统产出的各类物质资源（木质、非木质林产品）及服务，经过开发、利用和交易在市场中流通变现，绿水青山随即转化为金山银山。以这些产品为基础的产业多为林区的经济支柱，如木（竹）材加工、木本粮油、坚（浆）果、食用菌、山野菜、森林药材、森林养殖、旅游康养等。尤其在森林“粮库”和“大食物观”发展理念之下，近年来森林食品产业发展迅猛，为林区经济社会发展提供了必要的物质供给，与之相关的加工、包装、仓储、物流、信息等产业也随之兴起，共同推动了区域经济发展和乡村振兴进程。这些产品的产权大多比较明确，其价值主要通过生态产业化、产业生态化和直接市场交易来实现。

森林生态产品还承载了丰富的社会服务价值，如依托国家公园、自然保护区、风景名胜区的森林景观和动植物资源，构成了开展生态旅游、森林康养、自然教育的资源基础，发挥森林景观利用功能，体现森林生态文化精髓，满足公众对于教育、文化、娱乐等方面的多元需求，唤起人与自然和谐共生的生态意识，推动当地林区生态扶贫和乡村振兴进程，为区域经济发展、民生福祉增进、生态文明构建作出了积极贡献。

张林波等（2020）在大量国内外生态文明建设实践调研的基础上，总结分析近百个生态产品价值实现实践案例，从生态产品使用价值的交换主体、交换载体、交换机制等角度，归纳形成 8 大类和 22 小类生态产品价值实现的实践模式或路径，包括生态保护补偿、生态权益交易、资源产权流转、资源配额交易、生态载体溢价、生态产业开发、区域协同开发和生态资本收益等。国际上较为成功的案例：①法国国家公园使国家公园公共性生态产品价值附着在国家公园品牌产品上实现载体溢价，利用良好生态环境吸引企业投资、刺激产业发展是间接载体溢价模式；②瑞典森林经理计划在保证采伐量低于生长量的前提下开展经营；③德国"村庄更新"计划依托生物资源发展农村产业链；④法国毕雷矿泉水公司为保持水质向上游水源涵养区农牧民支付生态保护费用；⑤哥斯达黎加 EG 水公司为保证发电所需水量、减少泥沙淤积购买上游生态系统服务。

王兵等（2020）结合中国森林生态系统服务评估实践，设计了森林生态系统生态产品价值化实现路径，将森林生态系统的四大服务(支持服务、调节服务、供给服务、文化服务)的 9 大功能类别与 10 大类实现路径建立了功能与服务转化率高低和价值化实现路径可行性的大小关系（图 6-2）。森林生态产品价值化实现路径可分为就地实现和迁地实现。就地实现是在生态系统服务产生区域内完成价值化实现，例如，固碳释氧、净化大气环境等生态功能价值化实现；迁地实现是在生态系统服务产生区域之外完成价值化实现，例如，大江大河上游森林生态系统涵养水源功能的价值化实现需要在中、下游予以体现。

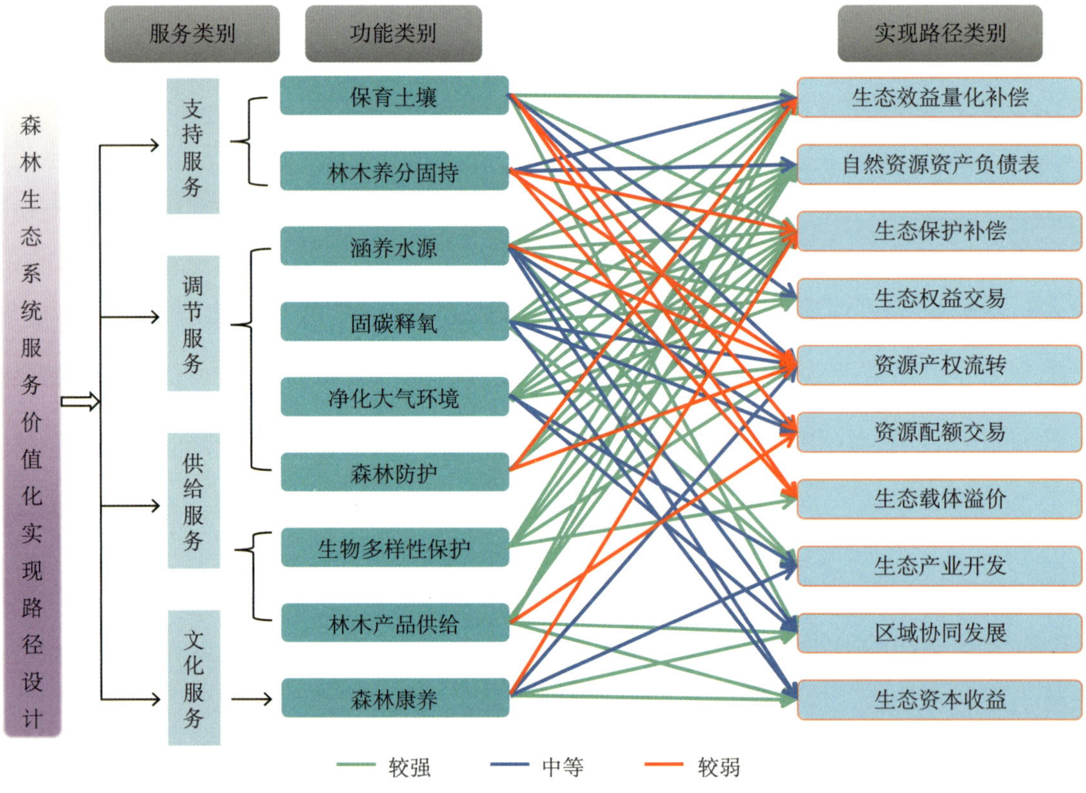

图 6-2 森林生态产品价值实现路径设计

注：不同颜色代表了功能与服务转化率的高低和价值化实现路径可行性的大小。

为实现多样化的生态产品价值，需要建立多样化的生态产品价值实现途径。加快促进生态产品价值实现，需遵循“界定产权、科学计价、更好地实现与增加生态价值”的思路，有针对性地采取措施，更多运用经济手段最大程度地实现生态产品价值，促进环境保护与生态改善。本节基于张承地区生态产品禀赋，结合生态产品价值化实现典型案例，设计张承地区生态产品价值化实现路径，进而为管理者制定生态补偿措施，解决生态产品供给不足和市场需求无法满足的困境提供决策依据。

张承地区生态产品价值实现机制具有跨行政区域特征（当前京津为张承生态产品主要受惠方），应充分把握国家层面统筹推动生态产品价值实现机制试点示范区建设的战略性机遇，重点在生态产品价值核算、生态系统服务供需精准对接、生态补偿等方面开展实践，探索出一条生态兴市、生态强市的“张承模式”，促进生态文明建设与经济发展同步发展。

一、森林生态效益精准量化补偿实现路径

生态效益量化补偿：是基于人类发展指数的多功能定量化补偿，结合了生态系统服务和人类福祉的其他相关关系，并符合不同行政单元财政支付能力的一种给予生态系统服务提供者的奖励。

人类发展指数：是对人类发展情况的总体衡量尺度。主要从人类发展的健康长寿、知识的获取以及生活水平三个基本维度衡量一个国家取得的平均成就。

森林生态效益量化补偿分配系数：是指各市森林生态效益与全市森林生态效益的比值。该系数表明，某地方森林生态效益越高，那么相应地获得的补偿总量就越多。

探索开展生态产品价值计算，推动横向生态补偿逐步由单一生态要素向多生态要素转变，丰富生态补偿方式，加快探索“绿水青山就是金山银山”的多种现实转化路径。张承地区拥有丰富的森林资源，每年发挥2716.99亿元的生态服务功能，生态产品价值极大。以张承地区森林生态效益量化补偿为例，利用人类发展指数的森林生态效益多功能定量化补偿系数计算方法，计算出森林生态效益定量化补偿系数、财政相对能力补偿指数、补偿总量及补偿额度。

2016年5月，国务院办公厅发布《关于健全生态保护补偿机制的意见》，提出“以生态产品产出能力为基础，加快建立生态保护补偿标准体系”（国务院办公厅，2016），要求建立多元化生态保护补偿机制，将生态补偿作为生态产品价值实现的重要方式，明确生态产品产出能力是生态补偿标准的确定依据。根据《河北省经济年鉴（2020）》和《张家口市2021年国民经济和社会发展统计公报》《承德市2021年国民经济和社会发展统计公报》数据，计算得出张承地区森林生态效益多功能定量化补偿系数、财政相对补偿能力指数、补偿总量及补偿额度，见表6-2。

表 6-2 张承地区森林生态定量化补偿情况

市	财政相对补偿能力指数	补偿系数（%）	补偿总量（亿元）	补偿额度	
				元/（公顷·年）	元/（亩·年）
承德市	0.030	0.221	12.11	521.98	34.80
张家口市	0.085	0.089	6.73	563.40	37.56

为了能够更加科学合理地实现生态效益的补偿，可以通过森林生态效益补偿分配系数来确定各县（区、中心、管理中心）林业和草原局所获得的补偿总量及补偿额度。根据张承地区森林生态效益定量化补偿额度计算出各县(区)森林生态效益定量化补偿额度，见表 6-3。2020 年承德市各县（区）生态效益分配系数介于 0.34% ~ 20.01% 之间，最高的是围场满族蒙古族自治县，其次是丰宁满族自治县和隆化县；张家口市各县（区）生态效益分配系数介于 0.39% ~ 22.98% 之间，最高是赤城县，其次是涿鹿县和崇礼区；张承地地区补偿总量的变化趋势均与补偿系数的变化趋势一致，均与各地市森林生态效益价值量成正比。随着人们生活水平的不断提高，人们对于舒服环境的追求已经成为一种趋势，而森林生态系统对舒适环境的贡献已形成共识，所以如果政府每年投入约 1% 的财政收入来进行森林生态效益补偿，那么相应地将会极大提高当地人民的幸福指数（牛香，2012）。

表 6-3 张承地区森林生态效益定量化补偿情况

市	县（区）	生态效益（亿元/年）	分配系数（%）	补偿总量（亿元）	补偿额度	
					元/（公顷·年）	元/（亩·年）
承德市	围场满族蒙古族自治县	406.07	22.50	2.72	529.43	35.30
	丰宁满族自治县	361.15	20.01	2.42	477.22	31.81
	隆化县	228.55	12.66	1.53	474.05	31.60
	兴隆县	209.53	11.61	1.41	615.75	41.05
	承德县	177.22	9.82	1.19	533.55	35.57
	平泉市	155.88	8.64	1.05	564.58	37.64
	滦平县	120.10	6.65	0.81	507.19	33.81
	宽城满族自治县	102.35	5.67	0.69	545.77	36.38
	双桥县	24.75	1.37	0.17	556.47	37.10
	双滦区	13.40	0.74	0.09	551.95	36.80
	鹰手营子矿区	6.07	0.34	0.04	565.17	37.68
张家口市	赤城县	205.53	22.98	1.55	540.08	36.01
	涿鹿县	119.23	13.33	0.90	567.28	37.82
	崇礼区	114.02	12.75	0.86	718.54	47.90
	怀来县	70.56	7.89	0.53	624.40	41.63
	蔚县	68.66	7.68	0.52	519.94	34.66

（续）

市	县（区）	生态效益（亿元/年）	分配系数（%）	补偿总量（亿元）	补偿额度	
					元/（公顷·年）	元/（亩·年）
张家口市	张北县	56.62	6.33	0.43	534.24	35.62
	康保县	49.91	5.58	0.38	509.82	33.99
	沽源县	46.38	5.18	0.35	512.78	34.19
	尚义县	42.77	4.78	0.32	515.33	34.36
	宣化区	30.34	3.39	0.23	529.20	35.28
	怀安县	24.16	2.70	0.18	589.29	39.29
	万全县	23.45	2.62	0.18	588.52	39.23
	阳原县	22.85	2.55	0.17	526.39	35.09
	张市桥东区	8.76	0.98	0.07	577.04	38.47
	下花园区	7.79	0.87	0.06	583.21	38.88
	张市桥西区	3.47	0.39	0.03	597.59	39.84

不同地区生态产品价值实现机制需要根据区域特征进行针对性设计。张承地区地理区位特殊，生态产品价值实现条件充分，结合张承和京津冀实际，可考虑在以下典型机制先行先试和重点突破。对生态补偿的研究有利于生态效益评估工作的推进与开展，生态效益评估有助于生态补偿制度的实施和利益分配的公平性。根据“谁受益、谁补偿，谁破坏、谁恢复”的原则，完善对重点生态功能区的生态补偿机制，形成相应的横向生态补偿制度，森林生态效益补偿可以更好地给予生态效益提供者相应的补助（牛香，2012；王兵，2015）。

张承地区是潮白河、洋河、桑干河、滦河等河流主要发源地，是官厅水库、密云水库重要水源地，对于供水服务而言，水供给服务受益区的实际获益者需要向上游为保护水供给服务作出贡献的居民和生态系统进行补偿。在我国水资源费用用于一切有关资源的保护与管理工作，用水者交付水费的同时交付水资源费。这部分费用属于保护上游水供给服务的生态补偿金范畴。因此，水供给服务横向生态补偿的下限为水资源费，上限为水供给服务价值。横向生态补偿的关键就是解决如何征收水资源费和水资源征收后如何进行分配的问题，因此水供给服务的空间流动量在水供给服务的供给区与需求区建立起空间联系，并且这种联系可以精确到栅格单元上的水供给服务流动量。该流动量可以作为比例系数将下游实际受益者缴纳的水资源分配到上游的水供给服务供给单元，从而得到水供给服务流动价值量的空间流动过程，进一步推动落实更大范围、更高层次的京冀流域生态补偿机制，提高流域上下游协同能力、探索“造血型”生态补偿机制，加大上游生态环境基础设施建设（推动多种绿色融资机制创新），持续改善河流出境断面水质，创造流域生态补偿的“京冀模式”。

同时，政府也可以根据林草生态资产质量和价值提升情况，争取更多国家重点生态功能区生态补偿和林草补助奖励资金；充分利用中央对京津冀生态功能重要区域的倾斜政策，加快生态产品价值核算发布，及时准确传达张承地区生态环保建设成就，推动补偿标准与实际生态效益挂钩、解决补偿标准普遍偏低导致的生态保护与经济发展不协调问题。简而言之，可以生态补偿为核心，以生态环境保护为根本，以绿色发展为路径，以互利共赢为目标，以体制机制建设为保障，跨区域协作，共建共享绿色发展道路。

二、绿色“碳库”功能生态权益交易价值化实现路径

生态权益交易：是指生产消费关系较为明确的生态系统服务权益、污染排放权益和资源开发权益的产权人和受益人之间直接通过一定程度的市场化机制实现生态产品价值的模式，是公共性生态产品在满足特定条件成为生态商品后直接通过市场化机制方式实现价值的唯一模式，是相对完善成熟的公共性生态产品直接市场交易机制，相当于传统的环境权益交易和国外生态系统服务付费实践的合集。

该模式的典型案例为自然资源部发布的《生态产品价值实现典型案例（第三批）》中的德国生态账户及生态积分案例、福建三明市碳汇交易促进生态产品价值实现案例。在生态价值核算过程中，德国不是采用“货币化”的方式度量生态系统服务的价值，而是采用“指数化”的方式将其转化为生态积分，既避免陷入“算多少、值多少”的误区，又为通过市场力量配置生态产品奠定了基础。福建三明市借助国际核证碳减排、福建碳排权交易试点等管控规则和自愿减排市场，探索开展林业碳汇产品交易，该做法是降生态系统的绿色“碳库”功能转化为可交易的碳汇产品，有利于实现生态产品的综合效益。

（一）CCER 碳减排

塞罕坝机械林场为实现碳汇生态价值，林场在 2016 年申请备案两个 CCER 项目，是全国唯一实现碳汇造林和森林经营两个领域项目开发的单位。两个项目预计年碳汇量 15.8 万吨，30 年计入期内累计碳汇量 474.8 万吨，分别占全国 27 个备案 CCER 碳汇项目的 4.3% 和 3.5%。其中，造林项目在 2016 年获得 18.3 万吨签发，占全部 CCER 碳汇签发量的 22%(刘海燕，2023)。项目直接经济效益为 CCER 扣除项目开发及监测等成本后的交易收入。截至 2021 年年底，林场共出售 CCER 约 16.3 万吨，实现静态收入（未考虑货币时间价值）约 314 万元，均价 19.3 元 / 吨。按此价格估算，30 年计入期内可实现收入约 9165 万元；项目开发及 30 年计入期 6 次监测成本合计约 200 万元。基于张承地区 2020 年森林资源年度变化监测评价数据显示，塞罕坝机械林场的乔木林面积有 7.54 万公顷，林木蓄积量为 1036.26 万立方米。按 CCER 交易价格估算，2020 年塞罕坝机械林场森林全口径碳汇 10.73 万吨，可实现收入 207.09 万元。塞罕坝机械林场的造林项目地点均为生态区位重要和生态环境脆弱的荒山沙土地带，既增强森林生态系统碳汇功能，也为加快森林恢复进程、防风固沙、涵养水土、保护生物多样性和改善环境承载力发挥积极作用。与此同时增加了当地林户收入，促进了当地经济社会的可持续发展。

（二）降碳产品

2021 年 9 月，河北省为加快建立健全河北省生态产品价值实现机制，实现降碳产品价值有效转化，遏制高耗能、高排放行业盲目发展，助力经济社会发展全面绿色转型，印发了《关于建立降碳产品价值实现机制的实施方案（试行）》（简称《方案》）。该《方案》要求建立以政府主导、市场运作的“谁开发谁受益、谁超排谁付费”的降碳产品价值实现政策体系，调动全社会开发降碳项目积极性，激发“两高”企业节能减污降碳内生动力，充分发挥市场在资源配置中的决定性作用，推动降碳产品生态价值有效转化。

《方案》紧紧围绕增强造林固碳能力和营林固碳能力，持续开展大规模国土绿化行动，大力推进塞罕坝机械林场及周边区域林业质量提升工程，深入实施太行山燕山绿化、白洋淀上游规模化林场、雄安新区“千年秀林”等国家和省林业重点工程；科学选择造林树种，抓好中幼龄林抚育、退化林修复、疏林封育及补植补造、灌木林经营提升等工作；以降碳产品方法学为指导，加快全省降碳产品开发、申报、登记等工作，鼓励支持社会各界开发降碳产品，加强降碳项目储备。在钢铁行业开展建设项目碳排放环境影响评价试点，科学确定新改扩建项目碳排放量，核定现有钢铁企业年度碳排放总量，引导钢铁、焦化项目和超出核定总量的钢铁企业购买降碳产品，原则上新改扩建项目按照年核发排放量的 1% 一次性购买碳中和量，现有钢铁企业按照超出核定总量部分的 10% 购买碳中和量；依托河北省污染物排放权交易服务中心，建立全省降碳产品价值实现管理平台，组织实施降碳产品项目审核、备案；依托河北环境能源交易所建立全省统一的降碳产品价值实现服务平台，保障价值实现机制持续健康运行。

2021 年 9 月，河北省生态环境厅在雄安新区启动首批降碳产品生态价值实现仪式，河北省御道口林场、承德市滦平国有林场总场于营子林场、承德市狮子沟国有林场分别与唐山港陆钢铁有限公司、河北荣信钢铁有限公司、唐山市丰南区经安钢铁有限公司签订降碳产品生态价值实现协议进行交易；2021 年 12 月，河北省启动第二批降碳产品价值实现，完成降碳产品价值实现 24.85 万吨二氧化碳当量，交易金额 1102.27 万元。截至 2021 年，河北省累计完成降碳产品价值实现 52.19 万吨二氧化碳当量，交易金额 2315.1 万元。2022 年 8 月，在河北承德市举办的塞罕坝降碳产品价值实现暨金融机构授信签约仪式上，12 家企业购买了塞罕坝机械林场等 8 个降碳产品，实现价值转化 2460.59 万元。按照河北省降碳产品的交易价格计算，张承地区森林全口径碳汇 1738.66 万吨二氧化碳当量，可实现交易价格 7.71 亿元。张承地区降碳产品资源丰富，积极开发降碳产品，实现降碳产品价值有效转化，不仅可以将生态优势转化为经济优势，助力实现张承地区二次创业，也必将有力推动全省产业结构绿色低碳转型，实现经济社会高质量发展。降碳产品生态价值实现服务平台启动运行，可以更好服务降碳产品生态价值实现，为保障价值实现机制持续健康运行，做大做优做强河北绿色低碳产业，注入绿色创新活力。

为持续推进降碳产品价值实现，2021 年 12 月，河北省第二批降碳产品价值实现暨服务平台启动仪式在石家庄通过“线下 + 线上”形式举办。本次降碳产品价值实现完成 24.8483 万吨二氧化碳当量，交易金额 1102.27 万元。至此，全省累计完成 52.1889 万吨二氧化碳当量，交易金额 2315.1 万元。本次降碳产品价值实现暨服务平台启动运行标志着河北省探索创新降碳产品生态价值实现迈出了坚实步伐，走上了快车道。

（三）林业碳票

林业碳票：依据林业碳票管理办法，经第三方机构监测核算、有关部门审定备案并签发的碳减排量而制发的凭证，赋予交易、质押、兑现、抵消等权能的实物载体。

张承地区可借鉴三明市“林业碳票”的模式，运用河北省的市场经济机制，建立张承地区碳交易市场，提高农户植树造林的积极性，拉动张承地区低碳经济增长，进而使资源达到优化配置的有效手段。同时，可借鉴国内外碳交易模式的先进经验，结合张承地区的实际情况，在初期示范阶段，适用自愿交易模式，后期成熟后，可逐步发展为强制市场，并全面展开一级、二级市场交易。具体实施步骤如下：张承地区首先由政府部门根据环境质量控制总体和相关法律政策的约束推算出二氧化碳的最大允许排放量，然后将最大允许排放量分割成若干排放权并以“许可证”的形式免费分配给碳排放企业。同时，由碳汇提供者直接向第三方认证机构提出申请，或委托代理机构向第三方认证机构提出申请，由第三方认证机构对碳汇量进行检测认证，通过第三方认证机构实际测定供给方生产的碳汇量，经换算后由政府相关部门授予其额度相当的“碳票”。供给方可以将其在交易市场上发布交易公告，进行出售。碳排放量超过既定配额的企业则向政府部门提出申请，在获得市场准入资格后，可根据公告，向交易所提出申请，进行交易。需求者向供给方购买相应“碳票”以冲抵其超额的碳排放，而通过节能减排和应用新技术产生的多余的“碳票”，企业亦可将其在市场上进行出售。由专门的监督机构和管理机构对交易流程进行监督，并在交易后负责检测和报告。“林业碳票”更加准确地反映林业在实现碳中和愿景中的重要作用，更好地构建森林生态产品价值补偿机制，调动林业经营主体造林育林的积极性，对于增加森林面积、提升森林质量、促进森林健康、增强森林生态系统碳汇增量，实现碳中和意义重大。

（四）单株碳汇精准扶贫

张承地区可借鉴贵州省实施的单株碳汇精准扶贫模式（图 6-3），结合三北防护林、退耕还林、封山育林等工程，以“株”为单位进行开发。基于张承地区 2020 年森林资源年度变化监测评价数据，张承地区四旁树和散生木约 656.93 万株，尤其是怀来县和围场满族蒙古族自治县四旁树和散生木均大于 55 万株，隆化县、蔚县、怀安县、张北县、万全县、丰宁满族自治县、承德县、阳原县、张家口市经济开发区、平泉市、宣化区的四旁树和散生木介于 20 万～50 万株，滦平县、尚义县、宽城满族自治县、兴隆县、沽源县、赤城县、康保县、张家口市桥东区和涿鹿县的四旁树和散生木介于 10 万～ 19 万株，按照森林全口径碳汇核算出张承地区四旁树和散生木总碳汇量为 2.17 万吨，可实现 114.53 万元的收入。康保县、沽源县、尚义县、张北县、丰宁满族自治县、围场满族蒙古族自治县、阳原县和隆化县为张承地区的深度贫困县，开展单株碳汇精准扶贫将为贫困户带来经济效益，同时提升农户种植碳汇林的积极性，不仅促进了温室气体减排，还可提高涵养水源，净化大气环境等生态功能，提升环境质量。

实施单株碳汇具体步骤如下：单株碳汇精准扶贫就是把每一户建档立卡的贫困户种植的每一棵树，编上身份证号，按照科学的方法测算出碳汇量，拍好照片，上传到单株碳汇精准扶贫平台，然后面向国内外致力于低碳发展的个人、企事业单位和社会团体进行销售；社会各界对贫困户碳汇的购买资金，将全额进入贫困农民的个人账户，碳汇购卖者在实现社会责任的同时，也可起到精准帮助贫困户脱贫的作用。

通过借鉴以上案例，以生态权益交易模式逐步打通将生态价值转化为经济价值的渠道，实现生态环境保护与经济发展协同共进。

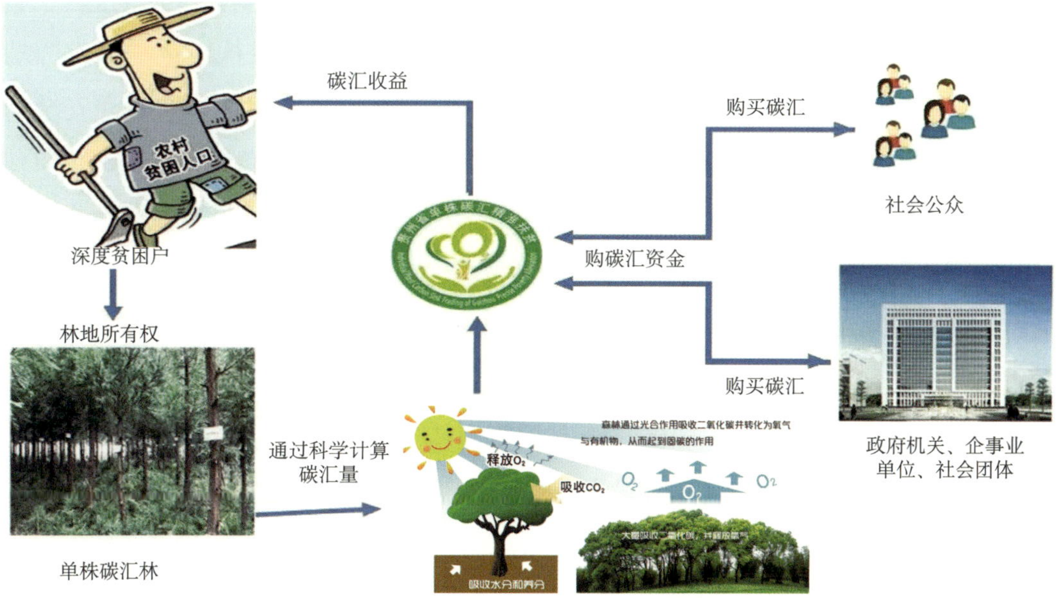

图 6-3　贵州单株碳汇精准扶贫案例示意

三、绿色“水库”功能区域协同发展价值化实现路径

区域协同发展可以分为在生态产品受益区域合作开发的异地协同开发和在生态产品供给地区合作开发的本地协同开发两种模式。

潮白河发源于河北省承德市丰宁县和张家口市沽源县，经密云水库的泄水分两股进入潮白河系，一股供天津生活用水；另一股流入北京市区，是北京重要水源之一。根据《北京市水资源公报（2020）》，北京 2020 年对潮白河的截流量为 2.42 亿立方米，占北京当年用水量（40.6 亿立方米）的 5.96%。同年，张承地区潮白河流域森林涵养水源的绿色“水库”功能为6.11亿立方米，北京市实际利用潮白河流域森林涵养水源量占其绿色“水库”功能的39.61%。滦河发源地位于燕山山脉的西北部，向西北流经沽源县，经内蒙古自治区正蓝旗转向东南又进入河北省丰宁满族自治县。河流蜿蜒于峡谷之间，至潘家口越长城，经罗家屯龟口峡谷入冀东平原，最终注入渤海。根据《天津市水资源公报（2020)》，2020年，天津引滦调水量为6.89亿立方米，占天津当年用水量（27.82亿立方米）的24.80%。同年，张承地区滦河流域森涵养水源的绿色“水库”功能为26.85亿立方米/年，则天津市引滦调水量占其滦河流域森林绿色“水库”功能的25.66%。根据《北京市水资源公报（2015)》，北京2015年对潮白河的截流量为2.21亿立方米，占北京当年用水量(38.2亿立方米)的5.79%。同年，张承地区潮白河流域森林涵养水源的绿色“水库”功能为5.28亿立方米，北京市实际利用潮白河流域森林涵养水源量占其绿色“水库”功能的41.86%。滦河发源地位于燕山山脉的西北部，向西北流经沽源县，经内蒙古自治区正蓝旗转向东南又进入河北省丰宁县。河流蜿蜒于峡谷之间，至潘家口越长城，经罗家屯龟口峡谷入冀东平原，最终注入渤海。根据《天津市水资源公报（2015)》，2015年，天津引滦调水量为4.51亿立方米，占天津当年用水量（23.37亿立方米）的9.30%。同年，张承地区滦河流域森涵养水源的绿色“水库”功能为25.31亿立方米/年，则天津市引滦调水量占其滦河流域森林绿色“水库”功能的17.82%。作为京津地区的生态屏障，张承地区森林生态系统对京津地区水资源安全起到了非常重要的作用。森林涵养的水源通过潮白河、滦河等河流进入京津地区，缓解了京津地区水资源压力。京津地区作为水资源生态产品的下游受益区，应该在下游受益区建立京津—张承协作共建产业园，这种异地协同发展模式不仅保障了上游水资源生态产品的持续供给，同时为上游地区提供了资金和财政收入，有效地减少了上游地区土地开发强度和人口规模，实现上游重点生态功能区定位。

此外，张承地区地处生态脆弱区（东北林草交错生态脆弱区、北方农牧交错生态脆弱区）、生态屏障区（东北森林带）、全国重要生态系统保护和修复重大工程区等典型生态区，对于保护生物多样性、调节东北亚地区水循环与局地气候、维护国家生态安全和保障国家木材资源具有重要战略意义。张承地区相关部门应同北京、天津一起，坚持以“森林是陆地生态系统的主体和重要资源，是人类生存发展的重要保障”为根本遵循，以推动森林生态系统、草原生态系统自然恢复为导向，立足国家重点生态功能区，全面加强森林、草原、河湖、湿地等生态系统的保护，大力实施天然林资源保护和修复，连通重要生态廊道，切实强化重点区域沼泽湿地和珍稀候鸟迁徙地、繁殖地自然保护区保护管理，稳步推进退耕还林还草还湿，提升区域生态系统功能稳定性，保障生态安全。

四、森林康养功能生态产品价值化实现路径

生态产业开发是经营性生态产品通过市场机制实现交换价值的模式，是生态资源作为

生产要素投入经济活动的生态产业化过程，是市场文化程度最高的生态产品机制实现方式。生态产业开发的关键是如何认识和发现生态资源的独特经济价值，如何开发经营品牌提高产品的“生态”溢价率和附加值。

生态产业开发：是指经营性生态产品通过市场机制实现交换价值的模式，是生态资源作为生产要素投入经济生产活动的生态产业化过程，可以根据经营性生态产品的类别分为物质原料开发和精神文化产品两类。

这么近那么美周末到河北。高原、山地、丘陵、沙漠、盆地、平原、河流……交织出一部浓缩版“国家地理读本”。“森林康养”是利用特定森林环境、生态资源及产品，配备相应的养生休闲及医疗、康体服务设施，开展以修身养心、调适机能、延缓衰老为目的的森林游憩、度假、疗养、保健、休闲、养老等活动的统称。

依据《崇礼区2021年国民经济和社会发展统计公报》可知，2020年，崇礼区全年接待游客277万人次，总收入19.7亿元。通过本次核算结果可知，2020年，崇礼区森林生态系统森林康养价值量是崇礼区当年林业产业总产值21.24亿元的1.53倍，同时也是全区旅游收入的1.65倍。

张承地区森林康养功能生态产品价值化实现路径实现以全域高质量森林旅游为引领，以京津冀协同发展空间格局为框架，以立地条件、文化脉络、交通体系等为因子，在张承地区构建“一圈、多中心、三带串联、多点支撑”的全域森林旅游发展新格局。

“一圈”是环北京休闲旅游度假圈。抓紧京津冀协同发展战略机遇，以满足京津地区居民休闲、度假、康养等休闲娱乐需求，以张承坝下地区为主体，辐射到其他生态资源、特色建设较好的地方，协同发展、串联融合、共享共建为路径，打造集生态休闲、度假的先导区、示范区与引领区。

“多中心”以张承地区黄羊山国家森林公园、河北大青山国家森林公园、河北黑龙山国家森林公园、河北坝上沽源源国家森林公园、河北怀来国家森林公园、隆化县茅荆坝国家森林公园、辽河源国家级森林公园、白草洼国家森林公园、磬锤峰国家森林公园、河北小五台山国家级自然保护区、雾灵山国家级自然保护区为中心。同时，借助冬奥会的契机，发展森林旅游业，打造一批高品质集林区观光、休闲度假、生态养生、自然探索等于一体的森林康养基地，由局域森林旅游辐射带动全域森林旅游转变；同时辐射带动京西桑干河、洋河河谷、张家口草原天路等区域旅游发展。

“三带串联”遵循景观延续性、文化完整性和产业聚集性原则，依托境内太行山山地旅游带、燕山长城旅游带以及张承地区坝上草原旅游带，发挥近邻京津的区位优势，突出森林资源特色，做好生态保护等重大工程，打造集文化太行、秘境太行、康养太行、绿色太行、研学太行等多功能于一体的复合型山水生态休闲旅游目的地。同时，依托张承坝上地区独具优势的生态环境和优美的森林草原景观，整合提升“国家一号风景道”和“草原天路”旅游产品体系，通过整合资源、提升品质，打造引领坝上旅游区域发展的千里草原风景画廊，突出草原、森林草原、皇家文化等特色，建成享誉国内外著名的森林草原避暑胜地。

“多点支撑”政府可建立更加紧密的京津冀蒙文化和旅游联盟，以京津冀地区及周变的国家级森林公园、省级森林公园、康养基地，以及塞罕坝机械林场、滦平县于营子林场、宽城满族自治县冰沟林场、兴隆县六里坪林场、张家口塞北林场、北沟林场等多点支撑，发挥跨区域文旅联动效应，利用冬奥遗产，充分发掘后冬奥发展机遇，打造全域旅游品牌，依托绿色生态与红色文化资源优势，充分发挥独特地理优势，发展红色旅游、冰雪运动、绿色康养等生态产业，与北京、张家口体育文化旅游带发展战略同步规划同步实施；充分依托河北省旅发大会等平台推介张承品牌，系统性提升张承生态产品附加值，加快张承生态产品从“好颜值”向“好价值”有效转化。最重要的是可促进特色旅游与张承地区部分区域脱贫攻坚协同发展。

参考文献

白晓航，张金屯，曹科，等，2017. 河北小五台山国家级自然保护区森林群落与环境的关系 [J]. 生态学报，37（11）：3683-3696.

包学英，李兴，魏拦柱，2020. 隆化县古树名木现状及主要病虫害防治对策 [J]. 特种经济动植物，23（1）：44-47.

蔡文博，徐卫华，杨宁等 . 生态文明高质量发展标准体系问题及实施路径 [J]. 中国工程科学，2021，23（3）：40-45.

曾贤刚，虞慧怡，谢芳，2014. 生态产品的概念、分类及其市场化供给机制 [J]. 中国人口·资源与环境，24（7）：12-17.

陈贵，冀海英，常进忠，等，2005. 张家口古树奇观 [M]. 北京：中国林业出版社 .

陈文婧，2013. 城市绿地生态系统碳水通量研究 [D]. 北京：北京林业大学 .

房瑶瑶，王兵，牛香，2015. 陕西省关中地区主要造林树种大气颗粒物滞纳特征 [J]. 生态学杂志，34（6）：1516-1522.

顾松圃，2008. 京津风沙源区生态环境治理存在的问题与对策 [J]. 山西水土保持科技（1）：36-38.

关林涛，孙克南，赵小宇，2020. 对承德市古树资源的分析及其保护对策 [J]. 林业建设（3）：44-49.

郭慧，2014. 森林生态系统长期定位观测台站布局体系研究 [D]. 北京：中国林业科学研究院 .

国家发展与改革委员会能源研究所（原：国家计委能源所），1999. 能源基础数据汇编（1999）[G].

国家环保部，2018. 中国环境统计年报 [M]. 北京：中国统计出版社 .

国家林业和草原局，2003. 森林生态系统定位观测指标体系（GB/T 35377—2011）[S]. 北京：中国标准出版社

国家林业和草原局，2005. 森林生态系统定位研究站建设技术要求（LY/T 1626—2005）[S]. 北京：中国标准出版社 .

国家林业和草原局，2007. 干旱半干旱区森林生态系统定位监测指标体系（LY/T 1688—2007）[S]. 北京：中国标准出版社 .

国家林业和草原局，2007. 暖温带森林生态系统定位观测指标体系（LY/T 1689—2007）

[S]. 北京：中国标准出版社.
国家林业和草原局，2008. 寒温带森林生态系统定位观测指标体系（LY/T 1722—2008）[S]. 北京：中国标准出版社.
国家林业和草原局，2010. 森林生态系统定位研究站数据管理规范（LY/T 1872—2010）[S]. 北京：中国标准出版社.
国家林业和草原局，2010. 森林生态站数字化建设技术规范（LY/T 1873—2010）[S]. 北京：中国标准出版社.
国家林业和草原局，2011. 森林生态系统长期定位观测方法（GB/T 33027—2016）[S]. 北京：中国标准出版社.
国家林业和草原局，2016. 天然林资源保护工程东北、内蒙古重点国有林区效益监测国家报告 [M]. 北京：中国林业出版社.
国家林业和草原局，2017. 湿地生态系统服务功能评估规范（LY/T 2899—2017）[S]. 北京：中国标准出版社.
国家林业和草原局，2017. 中国森林资源报告（2014—2018）[M]. 北京：中国林业出版社.
国家林业和草原局，2020. 森林生态系统服务功能评估规范（GB/T 38582—2020）[S]. 北京：中国标准出版社.
国务院，2015. 全国主体功能区规划 [M]. 北京：人民出版社.
黄士良，王振杰，李大林，等，2012. 河北山地种子植物属的区系地理成分分析 [J]. 河北师范大学学报（自然科学版），36（4）：409-415+432.
黄士良，王振杰，赵建成，等，2009. 河北省侧蒴藓类植物垂直分布研究 [J]. 河北师范大学学报（自然科学版），33（5）：666-670.
蒋淑磊，李国松，汪民，等，2012. 河北省主栽用材林资源调查分析 [J]. 林业资源管理（1）：26-32.
李东胜，王丽，许中旗，等，2014. 燕山北部山地典型植物群落的物种多样性 [J]. 河北农业大学学报，37（3）：44-50.
李庆旭，张彪，史芸婷，等，2017. 张承地区生态系统服务及其区域关联分析 [J]. 生态与农村环境学报，33（1）：38-46.
李少宁，王兵，郭浩，等，2007. 大岗山森林生态系统服务功能及其价值评估 [J]. 中国水土保持科学，5（6）：58-64.
李帅英，吴增志，李保会，2002. 物种多样性研究进展 [J]. 河北林果研究（1）：72-79.
李腾，2015. 河北省城镇古树名木资源调查分析 [D]. 保定：河北农业大学.
李宇亮，陈克亮，2021. 生态产品价值形成过程和分类实现途径探析 [J]. 生态经济，37（8）：157-162.

林卓，2016. 不同尺度下福建省杉木碳计量模型、预估及应用研究 [D]. 福州：福建农林大学 .
刘洛余，刘环宇，2020. 承德：城区绿美相拥城郊森林环抱 [J]. 河北林业（10）：16-18.
刘增力，郑成洋，方精云，2004. 河北小五台山北坡植物物种多样性的垂直梯度变化 [J]. 生物多样性（1）：137-145.
鲁少波，2009. 河北小五台山森林生态系统主要因子间量化关系研究 [D]. 北京：北京林业大学 .
牛香，2012. 森林生态效益分布式测算及其定量化补偿研究——以广东和辽宁省为例 [D]. 北京：北京林业大学 .
牛香，宋庆丰，王兵，等，2013. 黑龙江省森林生态系统服务功能 [J]. 东北林业大学学报，41（8）：36-41.
牛香，王兵，2012. 基于分布式测算方法的福建省森林生态系统服务功能评估 [J]. 中国水土保持科学，10（2）：36-43.
全国人民代表大会常务委员会，2018. 中华人民共和国环境保护税法 [M]. 北京：中国法治出版社 .
宋庆丰，杨新兵，鲁绍伟，等，2009. 河北雾灵山典型森林群落物种多样性研究 [J]. 林业资源管理（6）：70-74.
王兵，2015. 森林生态连清技术体系构建与应用 [J]. 北京林业大学学报，37（1）：1-8.
王兵，丁访军，2010. 森林生态系统长期定位观测标准体系构建 [J]. 北京林业大学学报，32(6)：141-145.
王兵，丁访军，2012. 森林生态系统长期定位研究标准体系 [M]. 北京：中国林业出版社 .
王兵，鲁绍伟，2009. 中国经济林生态系统服务功能价值评估 [J]. 应用生态学报，20（2）：417-425.
王兵，任晓旭，胡文，2011. 中国森林生态系统服务功能及其价值评估 [J]. 林业科学，47（2）：145-153.
王兵，宋庆丰，2012. 森林生态系统物种多样性保育价值评估方法 [J]. 北京林业大学学报，34（2）：157-160.
王兵，魏江生，胡文，2011. 中国灌木林—经济林—竹林的生态系统服务功能评估 [J]. 生态学报，31（7）：1936-1945.
王江，2018. 承德市久久为功筑屏障涵水阻沙惠京津 [J]. 河北林业（10）：18-19.
王江，牟广泽，等，2020. 承德市古树名木 [M]. 北京：中国林业出版社 .
王金南，刘桂环，2021. 完善生态产品保护补偿机制促进生态产品价值实现 [J]. 中国经贸导刊（11）：44-46.
王俊枝，常屹冉，匡文慧，等，2018. 浑善达克沙漠化防治重点生态系统功能区防风固沙功

能动态特征分析 [J]. 北京师范大学学报：自然科学版（3）：348-356.
王谢，2015. 柏木人工林土壤有机碳组分对人工更新林窗的早期响应机制 [D]. 雅安：四川农业大学 .
王雄宾，耿凤梅，谷建才，等，2007. 油松天然林与人工林物种丰富度及最小面积的比较研究 [J]. 河北林果研究（2）：122-125.
王岩，许谭，申昊轩，等，2023. 森林生态产品价值实现探讨：要点、问题与促进措施 [J]. 中国林业经济（3）：12-16.
王振杰，赵建成，等，2010. 河北山地高等植物区系与珍稀濒危植物资源 [M]. 北京：科学出版社 .
谢高地，鲁春霞，冷允法，等，2015. 青藏高原生态资产的价值评估 [J]. 自然资源学报，18(2)：189-196.
谢高地，张钇锂，鲁春霞，等，2001. 中国自然草地生态系统服务功能价值 [J]. 自然资源学报，16（1）：47-53.
姚丹阳，董雪婷，2018. 塞罕坝国家级自然保护区不同森林类型植物物种多样性比较 [J]. 林业与生态科学，33（1）：44-49.
尹铭秀，冯博，张志傲，等，2021. 承德市古树名木——国槐和油松的保护方法 [J]. 中国林副特产（4）：41-42.
虞慧怡，张林波，李岱青，等，2020. 生态产品价值实现的国内外实践经验与启示 [J]. 环境科学研究，33（3）：685-690.
袁业，孙国龙，苑美燕，等，2017. 塞罕坝植物物种丰富度海拔分布格局 [J]. 安徽农业大学学报，44（3）：496-501.
张建民，陈雅娟，2010. 承德市古树名木资源现状及其保护对策 [J]. 林业建设（2）：15-17.
张林波，虞慧怡，李岱青，等，2020. 生态产品价值实现的国内外实践经验与启示 [J]. 环境科学研究，33（3）：685-690.
张林波，虞慧怡，李岱青，等，2019. 生态产品内涵与其价值实现途径 [J]. 农业机械学报，50（6）：173-183.
张维康，2016. 北京市主要树种滞纳空气颗粒物功能研究 [D]. 北京：北京林业大学 .
张伟，封晓然，尚丽晨，等，2020. 河北省古树名木资源现状分析与保护对策研究 [J]. 河北林业科技（2）：46-49.
张英，2004. 聚焦京津风沙源 [J]. 中国林业（11）：4-10.
张志刚，高庆先，矫梅燕，等，2007. 影响北京地区沙尘天气的源地和传输路径分析 [J]. 环境科学研究（4）：21-27.
赵建成，李琳，2004. 河北省珍稀濒危高等植物资源及其保护对策初探 [J]. 华北农学报（2）：

108-114.

赵景柱，肖寒,2000. 生态系统服务的物质量与价值量评价方法的比较分析 [J]. 应用生态学报，11（2）：290–292.

赵同谦，欧阳志云，贾良清，等，2004. 中国草地生态系统服务功能间接价值评价 [J]. 生态学报，24（6）：1101-1110.

赵同谦，欧阳志云，郑华，等，2004. 草地生态系统服务功能分析及其评价指标体系 [J]. 生态学杂志，23（6）：155-160.

中国国家标准化管理委员会，2008. 综合能耗计算通则（GB 2589—2008）[S]. 北京：中国标准出版社 .

中国森林资源核算及纳入绿色 GDP 研究项目组，2004. 绿色国民经济框架下的中国森林资源核算研究 [M]. 北京：中国林业出版社 .

中国森林资源核算研究项目组，2015. 生态文明制度构建中的中国森林资源核算研究 [M]. 北京：中国林业出版社 .

中国生物多样性研究报告编写组，1998. 中国生物多样性国情研究报告 [M]. 北京：中国环境科学出版社 .

周璞，侯华丽，张惠，等，2021. 碳中和背景下提升土壤碳汇能力的前景与实施建议 [J]. 环境保护，49（16）：63-67.

左志高，刘昕颖，2015. 承德市城镇古树名木保护调查与思考 [J]. 河北林业科技（2）：64-66.

ALI A A，XU C，ROGERS A，et al.，2015.Global-scale environmental control of plant photosynthetic capacity[J]. Ecological Applications，25（8）：2349-2365.

BELLASSEN V，VIOVY N，LUYSSAERT S，et al.，2011. Reconstruction and attribution of the carbon sink of European forests between 1950 and 2000[J]. Global Change Biology，17(11)：3274-3292.

CALZADILLA P I，SIGNORELLI S，ESCARAY F J，et al.，2016.Photosynthetic responses mediate the adaptation of two Lotus japonicus ecotypes to low temperature[J]. Plant Science，250：59-68.

CARROLL C，HALPIN M，BURGER P，et al.，1997. The effect of crop type，crop rotation，and tillage practice on runoff and soil loss on a Vertisol in central Queensland[J]. Australian Journal of Soil Research，35（4）：925-939.

CHEN C，PARK T，WANG X，et al.，China and India lead in greening of the world through land-use management[J]. Nature Sustainability，2019，2（2）：122-129.

COSTANZA R，D ARGE R，GROOT R，et al.，1997. The value of the world’s ecosystem services and natural capital[J].Nature，387（15）：253-260.

DAILY G C，1997. Nature’s services：Societal dependence on natural ecosystems[M].Washington D C：Island Press.

DAN W，BING W，XIANG N，2013. Forest carbon sequestration in China and its development[J].China E-Publishing，4：84-91.

FANG J Y，CHEN A P，PENG C H，et al.，2001.Changes in forest biomass carbon storage in China between1949 and 1998[J]. Science，292：2320-2322.

FANG J Y，WANG G G，LIU G H，et al.，1998.Forest biomass of China：An estimate based on the biomass volume relationship[J].Ecological Applications，8（4）：1084-1091.

FENG L，CHENG S K，SU H，et al.，2008.A theoretical model for assessing the sustainability of ecosystem services[J].Ecological Economy，4：258-265.

GILLEY J E，RISSE L M，2000. Runoff and soil loss as affected by the application of manure[J]. Transactions of the American Society of Agricultural Engineers，43（6）：1583-1588.

GOWER S T，MCMURTRIE R E，MURTY D，1996.Above ground net primary production decline with stand age：Potential causes[J].Trends in Ecology and Evolution，11（9）：378-382.

IPCC，2013. Contribution of working group I to the fifth assessment report of the intergovernmental panel on climate change. Climate Change 2013：the physical science basis [M]. Cambfige：Cambfige University Press.

IPCC，2003.Good Practice Guidance for Land Use，Land-Use Change and Forestry[R].The Institute for Global Environmental Strategies（IGES）.

IUCN，2006.CEM World Conservation Union Commission on Ecosystem Management. Biodiversity，Livelihoods[R].IUCN，Gland，Switzerland.

MA（Millennium Ecosystem Assessment），2005.Ecosystem and Human Well-Being：Synthesis[M].Washington DC：Island Press.

MURTY D，MCMURTRIE R E，2000. The decline of forest productivity as stands age：A model-based method for analysing causes for the decline[J].Ecological modelling，134（2）：185-205.

NIKOLAEV A N，FEDOROV P P，Desyatkin A R，2011.Effect of hydrothermal conditions of permafrost soil on radial growth of larch and pine in Central Yakutia [J].Contemporary Problems of Ecology，4（2）：140-149.

NISHIZONO T，2010. Effects of thinning level and site productivity on age-related changes in stand volume growth can be explained by a single rescaled growth curve[J].Forest ecology and management，259（12）：2276-2291.

NIU X, WANG B, 2014.Assessment of forest ecosystem services in China：A methodology [J]. Journal of Food, Agriculture and Environment, 11：2249-2254.

NIU X, WANG B, LIU S R, 2012.Economical assessment of forest ecosystem services in China：Characteristics and Implications[J]. Ecological Complexity, 11：1-11.

NIU X, WANG B, WEI W J, 2013. Chinese forest ecosystem research network：A platform for observing and studying sustainable forestry[J]. Journal of Food, Agriculture & Environment, 11（2）：1008-1016.

NOWAK D J, HIRABAYASHI S, BODINE A, et al., 2013.Modeled $PM_{2.5}$ removal by trees in ten US citiesand associated health effects[J].Environmental Pollution, 178：395-402.

PALMER M A, MORSE J, BERNHARDT E, et al., 2004.Ecology for a crowed planet[J]. Science, 304：1251-1252.

PANCHAL P, PREECE C, PEÑUELAS J, et al., 2022. Soil carbon sequestration by root exudates[J]. Trends in Plant Science.

POST W M, EMANUEL W R, ZINKE P J, et al., 1982.Soil carbon pools and world life zones[J].Nature, 298：156-159.

POWE N A, WILLIS K G, 2004. Mortality and morbidity benefits of air pollution（SO_2 and PM_{10}）absorption attributable to woodland in Britain [J]. Journal of Environmental Management, 70：119-128.

RICHARDS K R, STOKES C, 2004.A review of forest carbon sequestration cost studies：A dozen years of research[J].Climatic Change, 63（1-2）：1-48.

SMITH N G, DUKES J S, 2013.Plant respiration and photosynthesis in global scale models：Incorporating acclimation to temperature and CO_2 [J].Global Change Biology, 19（1）：45-63.

SONG C, WOODCOCK C E, 2003.Monitoring forest succession with multitemporal Landsat images：Factors of uncertainty[J].IEEE Transactions on Geoscience and Remote Sensing, 41（11）：2557-2567.

SONG Q F, WANG B, WANG J S, et al., 2016.Endangered and endemic species increase forest conservation values of species diversity based on the Shannon-Wiener index[J].Forest Biogeosciences and Forestry, 9（3）：469.

SUTHERLAND W J, ARMSTRONG B S, ARMSWORTH P R, et al., 2006.The identification of 100 ecological questions of high policy relevance in the UK[J].Journal of Applied Ecology, 43：617-627.

SUTHERLAND W J, ARMSTRONG-BROWN S, ARMSWORTH P R, et al., 2006.The identification of 100 ecological questionsof high policy relevance in the UK[J].Journal of

Applied Ecology，43：617-627.

TEKIEHAIMANOT Z，1991.Rainfall interception and boundary conductance in relation to trees pacing[J]. Jhydrol，123：261-278.

UK National Ecosystem Assessment，2011.The UK National Ecosystem Assessment Technical Report[M]. UNEP-WCMC，Cambridge.

WANG B，REN X X，HU W，2011.Assessment of forest ecosystem services value in China[J]. Scientia Silvae Sinicae，47（2）：145-153.

WANG B，WANG D，NIU X，2013a.Past，present and future forest resources in China and the implications for carbon sequestration dynamics[J].Journal of Food，Agriculture & Environment，11（1）：801-806.

WANG B，WEI W J，LIU C J，et al.，2013b.Biomass and carbon stock in Moso Bamboo forests in subtropical China：Characteristics and Implications[J].Journal of Tropical Forest Science，25（1）：137-148.

WANG B，WEI W J，XING Z K，et al.，2012.Biomass carbon pools of cunninghamia lanceolata（Lamb.）Hook.Forests in Subtropical China：Characteristics and Potential[J]. Scandinavian Journal of Forest Research：1-16

WANG R，SUN Q，WANG Y，et al.，2017.Temperature sensitivity of soil respiration：Synthetic effects of nitrogen and phosphorus fertilization on Chinese Loess Plateau[J].Science of The Total Environment，574：1665-1673.

WOODALL C W，MORIN R S，STEINMAN J R，et al.，2010.Comparing evaluations of forest health based on aerial surveys and field inventories：Oak forests in the Northern United States[J].Ecological Indicators，10（3）：713-718

XUE P P，WANG B，NIU X，2013. A Simplified Method for Assessing Forest Health，with Application to Chinese Fir Plantat ions in Dagang Mountain，Jiangxi，China[J].Journal of Food，Agriculture & Environment，11（2）：1232-1238.

ZHANG B，WENHUA L，GAODI X，et al.，2010.Water conservation of forest ecosystem in Beijing and its value[J].Ecological Economics，69（7）：1416-1426.

ZHANG W K，WANG B，NIU X，2015.Study on the adsorption capacities for airborne particulates of landscapeplants in different polluted regions in Beijing（China）[J].International Journal of Environmental Research and Public Health，12（8）：9623-9638.

附　表

表 1　IPCC 推荐使用的生物量转换因子（*BEF*）

编号	a	b	森林类型	R^2	备注
1	0.46	47.50	冷杉、云杉	0.98	针叶树种
2	1.07	10.24	桦类	0.70	阔叶树种
3	0.48	30.60	杨树	0.87	阔叶树种
4	0.40	22.54	杉木	0.95	针叶树种
5	1.15	8.55	蒙古栎	0.98	阔叶树种
6	0.61	33.81	兴安落叶松	0.82	针叶树种
7	1.04	8.06	樟木、楠木、槠、青冈	0.89	阔叶树种
8	0.81	18.47	针阔混交林	0.99	混交树种
9	0.63	91.00	檫树落叶阔叶混交林	0.86	混交树种
10	1.09	2.00	樟子松	0.98	针叶树种
11	0.59	18.74	华山松	0.91	针叶树种

注：资料引自 Fang 等（2001）；生物量转换因子计算公式为 B=aV+b，其中 B 为单位面积生物量；V 为单位面积蓄积量；a、b 为常数；表中 R^2 为相关系数。

表 2　不同树种组单木生物量模型及参数

序号	公式	树种组	建模样本数	模型参数	
				a	b
1	B/V=a（D^2H）b	杉木类	50	0.788432	–0.069959
2	B/V=a（D^2H）b	硬阔叶类	51	0.834279	–0.017832
3	B/V=a（D^2H）b	软阔叶类	29	0.471235	0.018332
4	B/V=a（D^2H）b	红松	23	0.390374	0.017299
5	B/V=a（D^2H）b	云冷杉	51	0.844234	–0.060296
6	B/V=a（D^2H）b	兴安落叶松	99	1.121615	–0.087122
7	B/V=a（D^2H）b	胡桃楸、黄波罗	42	0.920996	–0.064294

注：资料引自李海奎和雷渊才（2010）。

附　件

植绿正当时，习近平强调绿色发展是我国发展的重大战略

4 月 4 日，中共中央总书记、国家主席、中央军委主席习近平在参加首都义务植树活动时强调，当前和今后一个时期，绿色发展是我国发展的重大战略。人民网邀请专家进行解读。

4 月 4 日，党和国家领导人习近平、李强、赵乐际、王沪宁、蔡奇、丁薛祥、李希、韩正等冒雨来到北京市朝阳东坝中心公园参加首都义务植树活动。这是习近平同大家一起植树。

当前和今后一个时期，绿色发展是我国发展的重大战略。开展全民义务植树是推进国土绿化、建设美丽中国的生动实践。各地区各部门都要结合实际，组织开展义务植物。要创新组织方式、丰富尽责形式，为广大公众参与义务植树提供更多便利，实现“全年尽责、多样尽责、方便尽责”。让我们积极行动起来，从种树开始，种出属于大家的绿水青山和金山银山，绘出美丽中国的更新画卷。

——2023 年 4 月 4 日，习近平在参加首都义务植树活动时强调

专家解读

王兵

中国林业科学研究院研究员、博士生导师

4 月 4 日，习近平总书记在植树时强调“绿色发展是我国发展的重大战略”。这个重大战略任务的实施，要求我们为“三生空间”注入更多绿色活力——

为“生产空间”增添更浓重的绿意。低碳排放、减少污染，逐步实现产业生态化，通过生态产业化实现“生产空间”的全面绿化。

为“生活空间”增添更多生态福祉。要让绿色成为“生活空间”的底色，通过提

供更多优质生态产品，不断满足人民日益增长的优美生态环境需要。

为"生态空间"增添更多生机活力。发挥森林作为水库、粮库、钱库、碳库的作用，将其转化为金山银山的压舱石和永恒底色，让森林全口径碳汇功能在"双碳"工作中大放异彩，以绿色发展擘画中国式现代化美好图景。

来源：人民日报、新华社

保护好来之不易的草原、森林，习近平强调坚持系统理念

2023年6月5日至6日，中共中央总书记、国家主席、中央军委主席习近平在内蒙古自治区巴彦淖尔市考察，主持召开加强荒漠化综合防治和推进三北等重点生态工程建设座谈会并发表重要讲话。

要坚持系统观念，扎实推进山水林田湖草沙一体化保护和系统治理。要统筹森林、草原、湿地、荒漠生态保护修复，加强治沙、治水、治山全要素协调和管理，着力培育健康稳定、功能完备的森林、草原、湿地、荒漠生态系统。要强化区域联防联治，打破行政区域界限，实行沙漠边缘和腹地、上风口和下风口、沙源区和路径区统筹谋划，构建点线面结合的生态防护网络。要优化农林牧土地利用结构，严格实施国土空间用途管控，留足必要的生态空间，保护好来之不易的草原、森林。

——2023年6月6日，习近平在加强荒漠化综合防治和推进三北等重点生态工程建设座谈会上的讲话

专家解读

王兵

中国林业科学研究院研究员、博士生导师

三北工程建设影响着东北林草交错生态脆弱区、北方农牧交错生态脆弱区、西北荒漠绿洲交接生态脆弱区的保护，因此必须坚持系统观念，以水定绿，扎实推进山水林田湖草沙一体化保护和系统治理——

在东北林草交错生态脆弱区，要大力提升其生态系统的质量和稳定性，进而全力打好荒漠化土地治理歼灭战；在北方农牧交错生态脆弱区，要坚持“宜林则林、宜牧则牧，打赢防沙治沙攻坚战；在西北荒漠绿洲交接生态脆弱区，要提升水源涵养能力，打好防沙治沙阻击战。

因地制宜，分区施策，以系统治理的方式共同筑牢生态安全屏障。

来源：人民日报、新华社

中国林业产业联合会生态产品监测评估与价值实现专业委员会上的讲话

王兵

各位领导、嘉宾、学术同行大家好!

感谢中国林业产业联合会对专委会的支持，感谢以尹伟伦院士为首的特聘专家队伍对专委会的帮助，也感谢专委会全体会员共同的努力和付出。

2021 年 4 月，中共中央办公厅、国务院办公厅印发《关于建立健全生态产品价值实现机制的意见》，我们就向中国林业产业联合会申请成立生态产品分会，该申请得到了中国林业产业联合会封加平会长的大力支持和高度肯定。在封加平会长的支持下，以及中国林业产业联合会相关部门的关心和帮助下，中国林业产业联合会生态产品监测评估与价值实现专业委员会在今天正式成立。

首先，对我个人而言，这是一个天大的喜事。因为一个人的职业生涯是有限的，在我即将到达 60 岁甲子的年龄，以一个理事长的身份面对大家，我特别地高兴。其次，对专委会的全体同行、团队站友，我们得到了一个更高的展示平台。在这样的高度上，专委会要对中国的林业产业作一些贡献，我想在座的各位同仁也是同样的想法。第三，中国林业产业联合会现在的组织架构已经从原来传统的第一产业——种植业，第二产业——林木加工业，第三产业——林草旅游业，转变为涵盖第四产业——生态产品产业全新完整的产业链。

专委会成立的目的是为了精准量化绿水青山到底值多少金山银山，精准量化林草湿构成的生态空间，其绿色“水库”的库容有多少？中和二氧化碳的碳中和能力是多少？生物多样性保育价值的“基因库”又是多大？以及林草湿生态系统的生态康养功能，对社会又有多少价值？这是专委会成立的第一项工作。只知道是多少还不够，接下来专委会还要努力打通林草湿生态产品价值化实现的路径。按照中共中央办公厅、国务院办公厅的文件要求，生态产品价值化路径要把其监测、评估、开发、补偿、保障和推进这 6 大路径打通。专委会现在有底气更有信心的原因，是因为基于中国森林生态系统定位研究网络这个平台，已拥有近百个野外科学观测研究站，已经在国内外处于生态产品监测的一个领先的地位。同时，在生态产品评估方面，依托生态产品价值评估规范的国家标准《森林生态系统服务功能评估规范》

*　王兵，研究员，博士生导师，中国林业科学研究院森林生态环境与自然保护研究所首席专家，国家陆地生态系统定位观测研究站森林生态站专业组组长、中国林业产业联合会生态产品监测评估与价值实现专委会理事长。

(GB/T 38582—2020)，以及出版发布的国家评估报告，特别是天然林保护工程的效益监测，退耕还林工程的效益监测，中国森林资源绿色核算的国家报告，和国家林草生态综合监测白皮书等成果作为专委会团队的技术支撑和底气来源，因此在评估方面，专委会已处于国内外先进行列。有了监测和评估两个机制的加持和保障，现在专委会也有信心把中国林草湿生态产品的价值实现路径找到并向前推进，突破生态产品"交易难、变现难、抵押难"的瓶颈。

专委会之所以这么有信心，是因为我看到了一个成功的范例，此时此刻，我们站在"雪如意"顶峰会议室，透过大楼的窗，就可以看到崇礼太子城的绿水青山，通过 2022 年冬奥会的引领，现在已经逐步转化成金山银山。通过监测、评估和生态产品价值实现，崇礼太子城的冰天雪地，将有更大的空间变成金山银山，这也是专委会树立的一个目标。

天赐良机，让我们在对的时间、对的地点成立了专委会。之后是天道酬勤，因为专委会有了生态产品监测评估的系列国家标准《森林生态系统长期定位观测方法》(GB/T 33027—2016)、《森林生态系统长期定位观测指标体系》(GB/T 35377—2017)、《森林生态系统服务功能评估规范》(GB/T 38582—2020) 以及《森林生态系统长期定位观测研究站建设规范》(GB/T 40053—2021)，以及系列国家报告和"十四五"时期国家重点出版物出版专项规划项目"中国山水林田湖草生态产品监测评估及绿色核算"系列丛书的加持，专委会的天道酬勤必将有一个好的结果。天赐良机和天道酬勤之后，就会天降恩惠。我此时仿佛和在座的各位一起看到了我们林草湿生态产品带给人类的福祉和贡献。我眼前仿佛出现了一幅美好的生态画卷，我好像听到了林草的漫歌、江河的心跳、土壤的呼吸、种子的心声、天空的呢喃、森林的脚步、飞鸟的啼鸣，这些万物共生的生态产品正在为全社会的人类带来福祉，也为专委会推动生态产品价值化也带来了各种机遇。

我保证，将带领专委会的各位同仁一起努力，把专委会工作搞得更好，不辜负封加平会长和尹伟伦院士，以及各位专家、领导们的期望和厚爱，谢谢大家！

“中国山水林田湖草生态产品监测评估及绿色核算”系列丛书目录*

1. 安徽省森林生态连清与生态系统服务研究，出版时间：2016 年 3 月
2. 吉林省森林生态连清与生态系统服务研究，出版时间：2016 年 7 月
3. 黑龙江省森林生态连清与生态系统服务研究，出版时间：2016 年 12 月
4. 上海市森林生态连清体系监测布局与网络建设研究，出版时间：2016 年 12 月
5. 山东省济南市森林与湿地生态系统服务功能研究，出版时间：2017 年 3 月
6. 吉林省白石山林业局森林生态系统服务功能研究，出版时间：2017 年 6 月
7. 宁夏贺兰山国家级自然保护区森林生态系统服务功能评估，出版时间：2017 年 7 月
8. 陕西省森林与湿地生态系统治污减霾功能研究，出版时间：2018 年 1 月
9. 上海市森林生态连清与生态系统服务研究，出版时间：2018 年 3 月
10. 辽宁省生态公益林资源现状及生态系统服务功能研究，出版时间：2018 年 10 月
11. 森林生态学方法论，出版时间：2018 年 12 月
12. 内蒙古呼伦贝尔市森林生态系统服务功能及价值研究，出版时间：2019 年 7 月
13. 山西省森林生态连清与生态系统服务功能研究，出版时间：2019 年 7 月
14. 山西省直国有林森林生态系统服务功能研究，出版时间：2019 年 7 月
15. 内蒙古大兴安岭重点国有林管理局森林与湿地生态系统服务功能研究与价值评估，出版时间：2020 年 4 月
16. 山东省淄博市原山林场森林生态系统服务功能及价值研究，出版时间：2020 年 4 月
17. 广东省林业生态连清体系网络布局与监测实践，出版时间：2020 年 6 月
18. 森林氧吧监测与生态康养研究——以黑河五大连池风景区为例，出版时间：2020 年 7 月
19. 辽宁省森林、湿地、草地生态系统服务功能评估，出版时间：2020 年 7 月

* 本套丛书中 1 ~ 20 种原丛书名为“中国森林生态系统连续观测与清查及绿色核算”系列丛书

20. 贵州省森林生态连清监测网络构建与生态系统服务功能研究，出版时间：2020 年 12 月
21. 云南省林草资源生态连清体系监测布局与建设规划，出版时间：2021 年 8 月
22. 云南省昆明市海口林场森林生态系统服务功能研究，出版时间：2021 年 9 月
23. “互联网 + 生态站”：理论创新与跨界实践，出版时间：2021 年 11 月
24. 东北地区森林生态连清技术理论与实践，出版时间：2021 年 11 月
25. 天然林保护修复生态监测区划和布局研究，出版时间：2022 年 2 月
26. 湖南省森林生态产品绿色核算，出版时间：2022 年 4 月
27. 国家退耕还林工程生态监测区划和布局研究，出版时间：2022 年 5 月
28. 河北省秦皇岛市森林生态产品绿色核算与碳中和评估，出版时间：2022 年 6 月
29. 内蒙古森工集团生态产品绿色核算与森林碳中和评估，出版时间：2022 年 9 月
30. 黑河市生态空间绿色核算与生态产品价值评估，出版时间：2022 年 11 月
31. 内蒙古呼伦贝尔市生态空间绿色核算与碳中和研究，出版时间：2022 年 12 月
32. 河北太行山森林生态站野外长期观测数据集，出版时间：2023 年 4 月
33. 黑龙江嫩江源森林生态站野外长期观测和研究，出版时间：2023 年 7 月
34. 贵州麻阳河国家级自然保护区森林生态产品绿色核算，出版时间：2023 年 10 月
35. 江西马头山森林生态站野外长期观测数据集，出版时间：2023 年 12 月
36. 河北省张承地区森林生态产品绿色核算与碳中和评估，出版时间：2024 年 1 月